Jurij Brězan
Ohne Paß und Zoll

Jurij Brězan

Ohne Paß und Zoll

Aus meinem Schreiberleben

Gustav Kiepenheuer Verlag

Für die Unterstützung bei der Drucklegung des Bandes danken wir
der Stiftung für das sorbische Volk e.V.

ISBN 3-378-00617-X

1. Auflage 1999

Einbandgestaltung Torsten Lemme
Satz Dörlemann Satz, Lemförde
Druck und Binden Graphischer Großbetrieb Pößneck
Ein Mohndruck-Betrieb
Printed in Germany

Vorsatz

Manches im Leben mußte ich auch nach der Schulzeit als Formel lernen, einmal zum Beispiel: »Der Karabiner K 08/15 zerfällt in …« und später: »Der Sozialismus besteht aus …« Nun, hin und wieder danach befragt, meine ich auch die Formel zu wissen, die *mich* bestimmt: Ein Schreiberleben besteht aus gewöhnlichem Alltag, aus Sonderbarkeiten, die anekdotisch darin erscheinen, und dem Bemühen, daraus Geschichten zu machen.

Oder auch: Ein Schreiberleben zerfällt in die Bücher, die einer geschrieben hat, und die, die er hatte schreiben wollen.

Mit diesem Buch hoffe ich zu beweisen, daß beide Formeln sowohl richtig als auch falsch sind.

Falsch für einen, dem alles nach Plan geraten ist. Und richtig für mich, der ich unbedacht, ohne Paß und nichts in der Tasche, das zu verzollen wäre, in solches Leben eingewandert bin.

Martin Andersen Nexö erzählte mir einmal – eine alte Geschichte – von einem Frosch, der in einen Milchkrug fiel und so lange strampelte, bis er einen Butterklumpen erstrampelt hatte und vom Klumpen aus dem Krug springen konnte …

Der Anfang

1 Dorfkindzeit

Ich war acht Jahre alt, als mich Umstände nötigten, Geschichtenerfinder zu werden. Die Umstände bestanden darin, daß ich drei jüngere Schwestern besaß, die ich – wiederum anderer Umstände wegen – auf Mutters Anordnung hin zu hüten hatte. Das Geschäft, schwierig an sich, wurde schwieriger noch, weil zu den Schwestern sich gleichaltrige Freundinnen gesellten und sechs Mädchen nur eine Puppe zum Bemuttern zur Verfügung stand. Irgendeines Regentags, genervt durch den Streit der Puppenmütter um ihr Kind, tat ich, was seit Adams Zeiten alle Männer tun, wenn es gilt, Frauen zu beruhigen: Ich erfand Märchen. *Erfinden* mußte ich, weil mir selbst niemand Märchen erzählt hatte. Vater und Mutter, mit den Realitäten von Brot und Kleid für uns und sich umgetrieben, hatten weder Zeit noch Sinn für Märchen, und Großmutter und Großvater waren nicht im Haus. Also erzählte ich, verwob Bruchstücke aus meiner Wirklichkeit: von Dorf und Steinbruch, wohin ich dem Vater fünfmal in der Woche sein Mittagskübelchen brachte, vom Vieh in unserem dunklen Stall, der Helle reifer Kornfelder, dem Hamsterbau darin, dem Lerchennest, vor dem der Vater die Sense verhielt, dem wilden Geschrei der Raben, deren Nest mein Freund Paul und ich zu plündern versuchten, von der heimlich-unheimlichen Stille des abgelegenen Waldteichs – verwob es mit den Borkenschiffchen, die ich in den Teich vor unserem Hoftor setzte, Abenteuer der Ozeane, Untergang und Erreichen fremder Gestade, und daraus die Träume. Und immer und in allem der Wassermann, der Bart aus Binsengrün, die Augen nicht ergründbare

Trauer, aber warum zieht er die Kinder hinab und läßt sie ertrinken?

Ich erzählte, und die Mädchen vergaßen die Puppe.

Jeder Erzähler giert nach Zuhörern, ich fand neue in meiner Jungenhorde. Die Minuten, die sich der graubärtige Lehrer allmorgendlich vor der ersten Schulstunde schenkte, waren meine Erzählzeit. Ich wurde ein Vorfahre von Fernsehautoren unendlicher Serien, erfand ein Wesen (eine Art Dino-Mickey-Mouse), das frei agierte in aller mir benennbaren Welt, im gelben China und auf dem Mond, im Polareis und auf Robinsons Insel, auf wilden Meeren und sogar in den engen Gassen unserer Kreisstadt – und daheim war im Miteinander und Gegeneinander meiner Realität und meiner Träume. Ich erzählte aus der immer neuen Freude an meiner Unbegrenztheit, die mich in Grenzenlosigkeiten führen konnte, und aus dem Vergnügen am Vergnügen meiner Zuhörer.

Einmal trat ein neuer Lehrer, ein Deutscher, mitten in einer Geschichte in die Klasse. Ich bemerkte ihn nicht und brach erst ab, als alle auf ihre Plätze verschwanden.

Der Lehrer sagte: »Erzähl mir deine Geschichte.«

Ich verstotterte mich im ersten Satz. So mühelos, wie sich die Geschichte in meiner Sprache abgesponnen hatte, so unerzählbar war sie in der anderen, die meine Wirklichkeiten nur an ihrem äußersten Rande berührte.

Der Lehrer wurde mein Lieblingslehrer, aber eine Geschichte hat er nie von mir gehört. Mein Unvermögen verwunderte mich und störte mich auf: Hatte ich doch die in englisch geschriebene, in deutsch gelesene Geschichte eines Schiffbrüchigen ohne Schwierigkeiten auf sorbisch meinem Freund Paul in vielen Fortsetzungen erzählen können. Viele Jahre später begriff ich, daß auch die beste Kenntnis der Wörter einer Sprache nicht genügt, um darin – vorausgesetzt die Begabung – Literatur machen zu können. Man muß den Urgrund der Wörter kennen und das Leben, in dem sie leben. Darum war ich genötigt, einige Jahre lang eine Dorfgeschichte sorbisch zumindest zu denken – wenn »denken« das trifft, was dem Schreiben unmittelbar vorangeht –, um sie deutsch schreiben zu können, und umgekehrt war es mir unmöglich, Krieg und mich darin sorbisch darzustellen. Erst nach und nach lernte ich, mir in beiden Sprachen jede Lebenssphäre zu erschließen. Ausgenommen blieb das Lied, ich brachte nie einen deutschen Liedtext zustande. Wahrscheinlich brauchen Lieder zum Grund das Schlaflied der Mutter.

In das dritte oder vierte Schuljahr fiel meine erste Begegnung mit einer Zensurbehörde. In der Religionsstunde wurde ich aufgefordert, über die biblische Hochzeit von Kanaan zu berichten. Schon in den Eingangssätzen verirrte ich mich aus dem biblischen Land in mein sorbisches, machte Jesu Mutter Maria zur Taufpatin der Braut, einer *Słónka* also …

»Wo steht denn das?« fragte der Kaplan.

»Weil sie was zu sagen hat«, erklärte ich, fuhr fort im Bericht erlebter Dorfwirklichkeit, machte den kanaanischen Speisemeister zum *Braschka* – dem Hochzeitsmeister – mit Band am Zylinderhut und blau-rot-weiß bebändertem Stab, ließ die Gäste das rechte Brautlied singen, und der Herr Jesus mußte erst das Wasser aus unserem Dorfbrunnen holen lassen, um daraus den biblischen Wein zu machen.

Die Klasse hörte gespannt zu wie nie in der Religionsstunde. Nachdem ich zu Ende erzählt hatte, blickte der Kaplan streng drein, gab mir eine schlechte Note und erklärte, daß die Heilige Schrift heilig sei in jedem ihrer Worte und also nur Wort für Wort nachzubeten – eine Belehrung, die mir später des öfteren widerfuhr.

Zum erstenmal geschah solches 1951, als mein erstes Buch deutsch erschienen, von den Lesern gut aufgenommen und öffentlich in Maßen belobt worden war. Einem Mann namens Viehweg mit Stuhl im höchsten Haus *der* Partei gefiel jedoch weder der Titel noch die Titelgeschichte. Ich solle beides ändern, oder aber das Buch werde nicht wieder erscheinen. Ich weigerte mich – nicht als ideologischer Widerständler, sondern als Sachkundiger von Umständen –, der Viehweg verbot das Buch, zwei Jahre später wurde er selbst »verboten« und das Buch wieder erlaubt.

Die strittige Titelgeschichte hieß »Auf dem Rain wächst Korn«. So gerade fünfzig Buchseiten lang, verdient sie – aus anderen Regionen und anderen, äußeren wie inneren, Lebensumständen betrachtet – jedwedes Negativ-Adjektiv, wirklich ist sie didaktisch in der Anlage und unbeholfen in der Ausführung. Das Anliegen jedoch war ein einfach-menschliches und sorbisch-spezielles. Unser Volk bestand überwiegend aus Leuten – um es heutig zu benennen – mit einem doppelten Job: Tags waren sie Arbeiter in Land und Forst, im Steinbruch, in der Kohle oder in Fabriken, morgens und abends Bauern auf einem Fleckchen, zumeist magerer Erde. Ihre Arbeitszeit zählte von März bis November vierzehn oder auch sechzehn Stunden. Ihre Kinder waren ihr Gesinde, und was vor den Kindern lag, war das Leben der Väter und Mütter. Daß ein Junge – ganz zu schweigen von einem Mädchen – »auf die Schule« gehen konnte, wie ich, war ein Ausnahmefall. Drei meiner Schwestern dienten als Mägde auf größeren Höfen, eine, die Begabteste von uns, war dann, als Mutter abgearbeitet war, Magd auf unseren eigenen drei Hektar. Einen Beutel mehr Zeit zum Leben, einen Sack weniger Mühsal auf den Schultern der Älteren und den Jungen eine Chance nach Neigung und Begabung – kein anderer Weg führte dahin, als sie aus der Knechtschaft der Kuhäcker zu befreien.

Auch die Bauern waren Knechte auf dem Eigenen, ich kannte keinen, der sich mehr als einen Urlaubstag hatte leisten können. Aber ich kannte einen, der hinter dem Pflug Blut zu husten begann und den man eines Tages auf dem Saatbeet fand, erstickt am eigenen Blut, und die Pferde vor der Drillmaschine grasten am Feldrand.

Das war, und ich schrieb, daß es so nicht bleiben dürfe.

Man hat mich solchen Schreibens wegen des öfteren – zumeist abwertend – einen Aufklärer genannt. Das hat mir nie an der Seele gekratzt, meine ich doch, daß ein

Schriftsteller, wenn er nicht ausschließlich aufs Geld hin schreibt, sein »Gut und Böse« mitteilt, um – bewußt oder unbewußt – den Leser darüber zumindest nachdenken zu lassen. Aufklärung in einer Zeit der Abwertung menschlicher Werte ist ein sehr menschliches Unterfangen.

Als zehn Jahre nach Erscheinen jener Geschichte absehbar war, daß das, was ich mir als freies allmähliches Wachsen vorgestellt hatte, nach sowjetischem Muster in ganz anderen Verhältnissen unseres Landes durchgesetzt wurde mit Vertreibung, Enteignung, mit Tricks vor Gerichten, Rechtsbeugung und Rechtsverletzung, Gefängnis auch, und mancher Bauer floh nicht über die grüne Grenze, sondern in den Selbstmord, da schrieb ich zwar in einem besonderen Fall einen Brief an Ulbricht – der »Fall« steht als Schicksal des Simon Mjetk und seiner Frau Beate und dem des Bauern Jakub Domanja in »Mannesjahre« –, davor jedoch eine umfangreiche Erzählung. Ich nannte das Buch »Trix und der Ochse Esau«, eine – fast – heitere Geschichte, und war voll Trauer aus Ohnmacht. Ich wollte meinen bäuerlichen Lesern helfen, dem Unausweichlichen zu begegnen, ohne sich selbst aufzugeben. Die Wucht der Ereignisse überspülte das Buch, und ob es auch nur einem eine Hilfe war, weiß ich nicht.

Für mich war es auf besondere Weise ein Neues: Meine fröhlichste Schwester starb durch ärztlichen Pfusch an ihrem vierten Kind, ich sah sie sterben und zwang mich, die heitere Geschichte zu Ende zu schreiben.

Zum anderen war es die erste Dorfgeschichte, die ich ohne Umweg über das Sorbische in deutsch denken konnte. Ich ließ sie in einem deutschen Dorf spielen, und sie war mein Beweis, daß ich nun wirklich in jeder Lebenssphäre zweisprachig war.

Ich bemühte mich damals, die rechte Art des Schreibens zu lernen. Ich studierte belehrende Zeitungen, hörte auf sowjetische Lehren, sah Stalin sie segnen und schrieb mein schlechtestes Buch. Der Roman hieß »52 Wochen sind ein Jahr«, doch ich brauchte nur wenige Wochen, um zu erkennen, daß die Leser das Vergnügen, durch mich, der sich streng an die Lehren hielt, belehrt zu werden, nicht zur Genüge genossen.

Zu meinem Glück wurde das Buch verfilmt, darin meine gute Absicht in die beste vergröbert, das schärfte mir die Augen, und als Buch und Film in Mao-China ein großer Erfolg wurden, auch die Sinne. Ich ließ Shdanow Shdanow sein und machte mich ans Denken. Das Ergebnis war die Ansicht, daß die rechte Art des Schreibens jeder für sich selbst finden muß. Es brauchte Jahre von der Erkenntnis bis zum Finden.

Damals, nach jener ersten Belehrung durch den Kaplan über den Unterschied zwischen der *Schrift* und freiem Erzählen, wurden mir – irgendwie – die biblischen Geschichten bloßer Lernstoff, der gute Zauberer Krabat aus dem sorbischen Lesebuch bezauberte mich nicht, den »Robinson« kannte ich auswendig, der »Sigismund Rüstig«, ein Weihnachtsgeschenk an mich Zehnjährigen – blasses Nach-Bild des »Robinson« – war ein edler Knecht, der kleine Jungen zu edlen Knaben erzog. Langweilig also mein ganzer Bücherschatz.

In den Heften »Stadt Gottes«, die meine Mutter abonnierte, fand ich einen mehrere Monate sich fortsetzenden Bericht über den Versuch missionierender Mönche, mitten im Maya-Land einen »Gottesstaat« zu errichten. Der Bericht, durchaus nicht für einen zehnjährigen Dorfjungen geschrieben, bewegte mich bis in dunkle, wühlende Träume, und seine Grundidee ist Faszination geblieben mein Leben lang: mit der Lehre des Jesus von Nazareth von der Gleichheit aller Menschen einem versklavten Volk vorenthaltene Menschenwürde und Menschenrecht zurückzugeben.

Der Allerchristlichste König von Spanien zerschlug blutig die Vision, christliches Ideal profane Wirklichkeit werden zu lassen. Macht gegen Mensch-Sein – es hat mich nie mehr losgelassen. Damals war das nur ein tiefes, quälendes Unwohlsein, weit vor einer Ahnung und gänzlich unbenennbar.

Sonderbarerweise trieb mich gerade dieses zum ersten

Schreibversuch. Hinter meinem Rund-um-mich-Herum, durchscheinend und Wort für Wort erfaßbar, suchte ich das Andere, das Darunter- oder Dahinterliegende, das doch auch hier dasein *mußte*.

Fünf Sätze oder zehn über ein Dutzend Kinder, ein halbes Dutzend Kühe und eine Handvoll Ziegen auf einer Rittergutswiese, die im späten Herbst zu beweiden verbrieftes Recht des Dorfes war – sie liegen noch irgendwo im Wust, der nach einem Schreiberleben übrigbleibt. Sie datieren das Ende der Dorfkindzeit, reich an Leben und arm an Büchern.

2 Schulzeit

Unbegrenzt der Reichtum an Büchern und mich überflutend das Leben der neun Jahre am Gymnasium in der alten, schönen Stadt Bautzen. Der erste Band der Hanusch-Geschichte, »Der Gymnasiast«, erzählt davon, und in »Mein Stück Zeit« berichte ich darüber. Es gibt Zeugnisse dazu, die Halbjahreszensuren bescheinigen mir meistens ungenügenden Fleiß, rügen mein »Verhalten« und stellen mich insgesamt als mittelmäßigen Schüler dar, der in allen naturwissenschaftlichen Fächern immer so eben am »Ungenügend« vorbeischrammt, in den vier Fremdsprachen nur um einen Deut besser ist, aber schon als sechzehnjähriger sorbischer Dorfjunge in Deutsch, in Geschichte, Geographie und Sport das »Sehr gut« erreicht und diese Note bis zum Hinauswurf aus der Schule – vier Wochen vor dem Abitur – behält.

Im zufällig Aufbewahrten aus jenen Jahren finden sich Hefte mit Haus- oder Klassenarbeiten aus den letzten Schuljahren – eindeutige Bestätigungen der Noten auf den Zeugnisbögen. In einem Aufsatz aus dem Jahr 1935, »Mein zukünftiger Beruf«, erklärte ich, Arzt werden zu wollen (unter normalen Umständen hätte ich nie daran gedacht), weil nur dieser Beruf mir ein gewisses Maß Freiheit und relative materielle Unabhängigkeit sichere, »um mein bedrohtes Volk in seinem Kampf ums Leben« unterstützen zu können. Dieser Aufsatz wurde durch die »Wendenabteilung« des Kreisrates, eines Zuträgeramts der Gestapo, als feindlich registriert.

Eine bemerkenswerte Geschichte erfuhr meine letzte, in der Abiturklasse verfaßte »Jahresarbeit«, der ich meiner Erinnerung nach den Titel »Bezüge zwischen Charakter und Stil bei Goethe und Schiller« gegeben hatte. Nach einer mündlich vorgetragenen Arbeitsskizze schlug mir der Deutschlehrer, Rektor unseres Gymnasiums, eine andere – wie ich es heute empfinde – recht pompöse Überschrift vor. Ich lieferte viele handgeschriebene Seiten ab, fügte eine recht umfängliche Liste benutzter Literatur an, erhielt die Note »ausgezeichnet«, die Arbeit aber nicht zurück. Sie landete zunächst im »Wendenarchiv«, dann bei der Gestapo, von dort übernahm sie – meiner Vermutung nach – der KGB, dessen Hinterlassenschaft wohl die Stasi erbte. Und als ein mir unbekannter Mann, welchen Amtes auch immer, 1996 in Dresden gestorben war, überließ mir eine freundliche ältere Dame »... aus einem Nachlaß« eine verkürzte Fassung meiner Arbeit – zwölf Schreibmaschinenseiten. Daß der gänzlich unpolitische Aufsatz meinen Hinauswurf aus der Schule beförderte, habe ich erst aus Gestapo-Akten erfahren.

Mein erster essayistischer Versuch war dem Umstand geschuldet, daß die alltägliche, öffentliche Realität mir die Lust am Lesen von Romanen abfraß; statt dessen las ich alles, was mir an literaturkritischen und -theoretischen Arbeiten zugänglich war.

Vielleicht auch ein anderes noch: Plötzlich, im sechsten Griechisch-Jahr, geriet ich in diesem Fach an die Grenze zwischen »gut« und »sehr gut«, und das hatte mit Sophokles' »Ödipus« zu tun. Nicht mehr Konjugation und Deklination war zu üben, sondern ein Kunstwerk zur Aneignung angeboten. Das Drama berührte mich; was mich aber aufwühlte, war die Frage: Wodurch, auf welche Weise, mit welchen Mitteln gelingt es Sophokles, mich, zweitausend Jahre später lebend, so tief in Hirn und Seele zu bewegen.

Seit ich als Fünfzehnjähriger einen Courths-Mahler-Roman – in Quartheften während ungeliebter Unterrichtsstunden – verfaßt hatte, war ich ausschließlich beschäftigt mit dem Aufnehmen von Wirklichkeiten, hautnaher – im Wortsinn – gegenwärtiger, ferner geschichtlicher und globaler politisch-ökonomischer. Das perikleische Athen, das Imperium Romanum, die Herausbildung des Abendlandes, die Imperien der Spanier, Portugiesen, der Engländer, die imperiale Entwicklung Japans interessierten mich, sonderbarerweise nicht die Sowjetunion.

Heute, mehr als sechzig Jahre später, ergründen zu wollen, woher dieses starke Interesse für Groß-Entwicklungen kam, wäre reine Spekulation. Das gleiche gilt für den Umstand, daß ich statt Zola, Balzac, Tolstoi nun Rilke, Baudelaire, Verlaine, Stefan George und Shakespeare las, ohne auch nur mit dem Gedanken zu spielen, sie mir zu Lehrmeistern zu machen. Bis dahin, und selbst noch anderthalb Jahrzehnte später, hatte ich nie die Vorstellung gehabt, berufsmäßig ein Schreiber von Literatur zu werden. Schreiben allerdings wollte ich, Weltwirtschaft studieren und danach als Journalist über die Verflechtungen von Geographie, Politik und Ökonomie recherchieren und berichten.

Das Studium – in London – wurde mir zweimal angeboten; das erste Mal – 1938 – verhinderte es die Gestapo, indem sie mich bei sich einsitzen ließ, acht Jahre später schlug ich selbst es aus, weil ich meinte, daheim in der Lausitz gebraucht zu werden.

Im Gefängnis lernte ich während eines Verhörs drei meiner ersten in sorbisch verfaßten Gedichte in ausgezeichneter deutscher Übersetzung kennen. Es blähte mir ein wenig die Brust, als ich feststellte, wie gut das auf deutsch klang, was in sorbisch doch recht holprig war. In einem abseitigen Winkel des Gehirns beschloß ich in diesem für solche Überlegungen durchaus unangemessenen Augenblick, in der eigenen Sprache die Qualität der Sprache dieser Übersetzung zu erreichen.

Die Zeit im Gefängnis – Einzelzelle, kein Buch, kein Blatt Papier, keine Folter –, ich habe sie beschrieben und auch den Roman, den ich monatelang Stück für Stück fortdachte, sicherlich ein Überlebenstraining. Möglicherweise waren diese Zeit und die neun Jahre Gymnasium die bedeutendsten für mich: Der Junge davor und der Mann danach hatten nichts Gemeinsames mehr außer der durchlebten Zeit.

Damit endete meine Jugend. Ich hatte sie genossen in

allem, was zu genießen der Jugend zusteht und was meine Verhältnisse erlaubten. Ich war erwachsen und träumte keine Träume mehr, schon gar nicht, einmal Bücher zu schreiben, und schloß mein durch elf Jahre geführtes Tagebuch mit einem Halbsatz aus Vergils »Aeneis«: »Quidquid id est, timeo Danaos ...«

Die Danaer blieben ungenannt. Es brauchte ein Leben, um sie benennen zu können: das Namenlose, das in Befolgung seines inneren Gesetzes die Zerstörung der Welt und darin seine eigene betreibt.

Das »... et dona ferentes« setzte ich erst hinzu, als ich den »Krabat« schrieb.

3 Lehrzeit

Ungewichtig die zwei Dutzend Gedichte – um Mädchen zu rühren oder auch zu verführen –, ungewichtig auch ein Sonettenzyklus, durch Jahre von einem Gefreiten, Obergefreiten der Wehrmacht weniger gedichtet als erarbeitet. Das Bändchen hatte durch die Vermittlung einer Freundin bei Heyne in Dresden erscheinen sollen, es ist dort im Februar-Inferno 1945 verbrannt. Ich muß es nicht bedauern. Es war in Wirklichkeit kein literarisches Unterfangen, vielmehr eine Art geistiger Hygiene, eine Art Antibiotikum: deutsche Kunst-Sprache gegen deutsche Barbarei. Ich war Soldat in Rußland ...

Die Urschrift besitze ich, abzulesen ist daraus, daß ich auch damals kein Dichter war. Der Zyklus ist eigentlich eine Traumerzählung eines Soldaten, die strenge Form des Sonetts wählte ich bewußt wegen ihrer formalen Schwierigkeit, um die gewisse angeeignete Sprachdisziplin nicht zu verlieren und den guten Klang der Wörter im groben Alltag zu behalten. Eine Zeitlang besaß ich eine wertvolle »Faust«-Ausgabe, eine junge Studentin aus dem Ghetto im belorussischen Pinsk hatte sie mir Weihnachten 1942 geschenkt. Die Buchgabe war ein Weihnachtswunder; lesen mußte ich darin nicht, ich kannte »Faust Eins« auswendig. Ein halbes Jahr später flehte mich das Mädchen an, sie zu erschießen. Das konnte ich nicht, Tage danach war sie eine von den zwanzigtausend Erschossenen dieses Ghettos. Ich sah zum ersten und einzigen Mal ein blutgetränktes Feld.

Ich wiederhole mich, wenn ich schreibe: Für mich ging auf jenem hellsandigen Acker Deutschland zugrunde, verreckte elend an der eigenen Unmenschlichkeit. Da relativierte auch Goethe, auch Beethoven nichts mehr. Und doch war ich in dieses Land verwachsen, und schnitte ich mich ab, zerschnitte ich mich selbst. Meine wirkliche Heimat aber war mein kleines Volk, geschunden, verhöhnt, verachtet durch Jahrhunderte und dann zum Tode verurteilt durch Himmler.

Ich habe Gelegenheiten gehabt, mich aus meinem Kreidekreis zu stehlen und ein Deutscher zu sein: als Erbhofbauer in Ostfriesland, als Büromensch in den Drahtwerken von Altena, als Beamter in Hof, wohin ich noch einmal hätte zurückkehren können – von Asch nach Hof war es 1948 ein Schritt über die offene Grenze. Ich habe mich nicht aus dem Staub zu machen vermocht, dem lastenden Staub der Geschichte, auch der eigenen, und dem erfahrenen der Enge und dem der sich abzeichnenden Verengung.

Im Juni 1946 schrieb ich ein Gedicht »Prometheus«. Ich bin nicht imstande, es deutsch in eine gemäße Form zu bringen, sein Inhalt lautet so: »Du gabst mir Sinn und Seele und Kraft / Seiendes neu zu erschaffen. / Warum, o Gott, hast du mich verdammt, / Sorbe zu sein? / Damit Enge mir Sinn und Seele ersticke / und dörfliche Sprache zerbreche die Kraft? / Du hast mich verdammt, / doch höre: / Ich ergebe mich nicht, / nichts geb ich dir preis / und erlöse mich.«

Die Zeilen – die sorbischen Zeilen – klingen wie Trotz; es ist Maskierung von Trauer. Ein Mann erlebte – mag es pathetisch scheinen – den Ostertag seines Volkes und war sich jäh bewußt, daß er mehr als einen Osterchoral schreiben könne: den Stall von Bethlehem und den Kindsmörder König Herodes, den Hügel Golgatha und – das vor allem und immer wieder und ein Leben lang – die Bergpredigt, währende Vision der Menschheit –, daß er das schreiben könne in der großen anderen Sprache.

Doch wer schriebe die Verse, Geschichten, Spielszenen für das dörfliche Volk, damit es nicht darin aus ererbter Ungleichheit noch ungleicher würde, seine Sprache zwar noch behielte für Haus und Acker, sie aber aus dem Leben allmählich verlöre? Von den drei oder vier, die

die neue Literatur hätten schreiben können, vor allem für die Jungen, die Hitler gelehrt hatte, daß »Sorbe« eine besondere Abart von Untermenschen sei mit dem Privileg, Herrenmensch zu werden, von diesen wenigen war nur ich lebend aus dem Krieg heimgekommen. Müßig nachzudenken, welchen Weg ich gegangen wäre, hätten die anderen auch mein Glück gehabt.

Die Trauer in jenen Versen galt ja nicht nur der Einsicht, Rilke weglegen und sorbische Kalendergeschichten aus der Zeit vor Hitler hervorholen zu müssen, intellektuelle Ansprüche zu vergessen und alle Intelligenz darauf zu verwenden, die arme Sprache reicher zu machen, ohne den dörflichen Leser in Unverständnis arm bleiben zu lassen. Die Trauer war auch ein ganz persönlicher, nur mir gehörender Schmerz, eine Möglichkeit preiszugeben, schreibend Bekanntheit, Ansehen – vielleicht sogar Ruhm – in den Ländern der »großen Sprache« zu gewinnen. Sich selbst vor eine solche Alternative zu stellen, kann ein Maori-Schriftsteller in Neuseeland oder ein Dichter der Faröer verstehen und – um einen großen Namen zu nennen – der Kirgise Aitmatow; ein deutscher Literaturprofessor, W. K. in Regensburg, aber hält meine Entscheidung für das Aufgeben mehrerer ästhetischer Prinzipien und nennt es schlicht abwertend »Narzißmus«.

Zu Anfang hatte ich als mir zugefallene Aufgabe die Verantwortung für die Jugend übernommen, war darin Lehrling und Lehrer, und zunächst als Wichtigstes war zu erreichen, daß die Jungen als erste sorbische Generation keine ausgrenzende »Gu'ntak«-Grenze mehr zwischen ihren Träumen, Zielen und ihrer Wirklichkeit empfanden. Mein Tag war ein Arbeitstag, die Abende unter den Jungen einfache Freude: Zuversicht und Lied und Tanz – nie im Leben zuvor und danach habe ich soviel gesungen und soviel mit so vielen Mädchen getanzt. Ich kannte sie beim Vornamen, kannte ihre Lieben, die lachenden und die weinenden, wünschte Glück und tröstete und holte mit dieser Jugend mir die eigene zurück.

Nachts schrieb ich Verse, die man sprechen konnte – manches mag nach Majakowski klingen, aber ich kannte den Dichter damals noch nicht –, und Szenen, die man spielen konnte, – unsere zwei Druckereien hatten die Nazis bis auf die letzte Matrize vernichtet, und zudem hatten die jetzt Achtzehnjährigen in der Schule kein Wort in ihrer Muttersprache lesen gelernt.

Mein tags Erfahrenes bestimmte das nachts Geschriebene, das wiederum half, das Erlebte zu ordnen, zu begreifen und – manchmal – erklärbar zu machen. Ohne es zu wissen, absolvierte ich ein Studium, wie es sich besser kein Schriftsteller wünschen könnte. Dazu gehörte auch – in den ersten Stunden des neuen Tages – die Lektüre der Literatur, die ich nicht kannte, von den »Frankfurter Heften« bis zu Gorki.

Gorkis »Meine Kindheit« verdanke ich die Erkenntnis, daß meine eigenen Leute sich nicht nur für simple Kalendergeschichten eignen. Ich schrieb meine erste wirkliche Erzählung: »Wie die alte Jantschowa mit der Obrigkeit kämpfte«, übersetzte sie ins Deutsche, und eine Zeitschrift veröffentlichte sie. Das hatte Unerwartetes zur Folge. Ich schenkte das Heft der alten Gutsarbeiterin, die uns manches Mal bei der Feldarbeit ausgeholfen und oft winters auf unserer Ofenbank gesessen hatte, die ich also mein Leben lang kannte. Sie las es und rannte damit im Dorf herum, stolz, weil da über sie geschrieben war, und empört, weil ich lauter Lügengeschichten über sie verbreite.

Meine »Lügengeschichten« machten sie zu einer kleinen Berühmtheit, und da Berühmte immer wieder über sich und ihr Leben berichten müssen, tat das auch die alte Jantschowa. Anfangs erzählte sie, wie es wirklich war in ihren siebzig Jahren Leben, am Ende aber so, wie ich es auf siebzig Seiten zusammengefaßt hatte – meine Lügen waren ihre Wahrheit geworden.

Schließlich geriet die alte Frau durch mich in ihren wahrscheinlich größten Konflikt. Wilhelm Pieck hatte die Geschichte gelesen, ließ ihr eine kleine zusätzliche Rente zukommen und schenkte ihr ein handsigniertes großes Foto von sich. In der engen Kammer gab es nur einen Platz zwischen den zwei Fenstern, wo ein Bild hängen konnte. Dort aber hing ein Kruzifix. Versuchsweise nahm sie das Kruzifix ab und hängte Pieck an den Nagel – und bekreuzigte sich entsetzt. Sie fragte mich, in tiefster Gewissensnot, um Rat. Ich riet nichts und ließ sie mit Pieck und Kruzifix allein. Schließlich schlug sie einen zweiten Nagel in die Fensterwand, und fortan hingen Pieck und Kruzifix eng beisammen, die Augen allerdings voneinander abgewandt.

Das zweite Unerwartete war, daß die Geschichte sehr schnell in andere Sprachen übersetzt wurde, und später zeigte man mir in einem Dorf in den Wäldern um das polnische Bielowicża eine Kate: Darin hätte ich die wirkliche Jantschowa kennengelernt, damals, vor dem Krieg, als ich – wie ich zu Beginn der Lesung erklärt hatte – eine Woche lang eben diese Gegend durchstreifte. Ähnliches widerfuhr mir in Bulgarien und in den slowakischen Bergen, nur daß die Leute dort sich nicht erklären konnten, woher ich *ihre* Jantschowa kannte.

Als Jorge Amado – 1952 wohl – von Prag kommend nach Berlin reiste, begrüßte ihn während des zehnminütigen Aufenthalts auf dem Dresdner Hauptbahnhof Ludwig Renn, der mich – wie ich meinte, als Blumenträger – mitgenommen hatte. Auf dem Bahnsteig aber überreichte mir Amado eine brasilianische Zeitschrift mit meiner Geschichte darin. Ich stand taub und stumm, und nachdem wir dem Zug nachgewinkt hatten, sagte mir Ludwig Renn auf seine karge Art, er habe einen Freund um die Übersetzung gebeten, denn meine Jantschowa passe auch nach Brasilien.

Das dritte Unerwartete war, daß die Geschichte zu Brecht und Helene Weigel geriet, und das hatte gewichtigere Folgen.

Der Anlauf

1 Wie ich ein zweiköpfiges Kalb war

Nach der Gründung der zwei deutschen Staaten wollten – oder sollten – die Schriftsteller zwischen Elbe und Oder ihren eigenen Verband gründen. Zu diesem Kongreß wurde auch ich, obwohl ich noch keine Zeile in deutscher Sprache veröffentlicht hatte, aus mir unbekanntem Grund eingeladen.

Ich fuhr also hin, fand den richtigen Saal, setzte mich in die leere viertletzte Reihe, ganz außen und nur auf die halbe Backe, bereit aufzuspringen, sobald jemand mein durch nichts als die simple Einladung ausgewiesenes Eindringen bemerken und, sei es auch nur durch einen verweisenden Blick, rügen würde.

Das tat niemand, ich setzte mich ein wenig bequemer hin und versuchte – Zeitungsfotos im Kopf – zu erkennen, wer wohl wer sei.

Ein Präsidium wurde gewählt, sechs oder sieben Leute nahmen auf der Bühne Platz, ein Ehrenpräsidium wurde beklatscht, obwohl keiner – weder Stalin noch Mao Tsetung – erschien, und dann begann Arnold Zweig eine Rede vorzutragen, über Unbewußtes im Unterbewußten wohl. Hinter mir betrat ein Mann den Saal und blieb am Eingang stehen. Er schien noch weniger als ich vom Unbewußten zu verstehen, offenbar unsicher sah er sich im Saal um, wechselte öfter das Standbein, wobei die Dielung knarrte, was ihm sichtlich unangenehm war.

Am selben Tag fand unweit von hier auf der anderen Spreeseite im »Friedrichstadtpalast« ein Kongreß der Landarbeiter statt. Vielleicht hatte der Mann dahin gewollt, dachte ich, schon sein Äußeres – er trug eine Art blaue Montur – deutete darauf hin. Viermal erhob ich mich halb, um ihm zu *seinem* Kongreß zu verhelfen, und viermal ließ ich es bleiben: Wenn er noch lange dem Unbewußten zuhört, wird er selbst merken, daß es sich hier nicht um Probleme von Landarbeitern handelt. Da erhob sich im Präsidium ein hochgewachsener, vornehm und schön anzusehender Mann etwa meines Alters, trat zum redenden Arnold Zweig und flüsterte ihm etwas zu.

Zweig unterbrach sich im Unbewußten, richtete seine stark bebrillten Augen etwa in meine Richtung und sagte mit seiner hohen, schon leicht angegreisten Stimme: »Kollege Hermlin sagte mir soeben, unser Freund Bertolt Brecht sei eingetroffen. Wir bitten ihn, seinen Platz im Präsidium einzunehmen.«

Alle applaudierten, ich auch, nur mein Landarbeiter nicht. Er strich sich über seinen kurzgeschorenen Kopf, setzte sich langsam in Bewegung und nahm, Zweigs Aufforderung entsprechend, »seinen Platz im Präsidium ein«.

Später verzog sich der Kongreß aus dem spärlich besetzten Saal der »Distel« ins Haus des Kulturbundes, wo ich neben Ludwig Renn zu sitzen kam, den ich von Zeitungsfotos her kannte. Er fragte mich nach dem Namen, freute sich, einen lebenden Sorben kennenzulernen, und als nun Becher, den Renn nicht mochte, eine lange Rede redete, wollte mein Nachbar wissen, was ich denn so schriebe. Ich hatte zwei oder drei Seiten einer Geschichte, die ich eben ins Deutsche zu übertragen versuchte, und die erste Niederschrift des Gedichts vom gefundenen Vaterland bei mir. Er las beides aufmerksam und schickte mich während der Mittagspause mit einer Empfehlung zum Verlag Volk und Welt. Der Lektor Walter Czollek überflog das wenige und fragte, ob ich mehr davon hätte. Ich hatte, aber nur sorbisch. Ich solle übersetzen, sagte er, sie würden mein Buch machen. Die Alternative, zwischen meinen beiden Sprachen wählen zu müssen, löste sich auf und bildete sich neu als Möglichkeit einer Brücke, passierbar ohne Paß und Zoll.

Über *diese* Brücke geriet ich in die deutsche Literatur. Darin bin ich für Einäugige freilich heute, nach fünfzig

Schreiberjahren und trotz der drei »Krabat«-Bücher, mehr denn je nur an ihrem äußersten Rand auszumachen. So schickte mir die Akademie, der ich – zugerechnet die eingemeindete – seit fünfunddreißig Jahren angehöre, zum achtzigsten Geburtstag ein dünnes Telegrammblättchen mit zwei Floskelsätzen. Das dreifache Manko, Sorbe, Ostmensch, weder lauter noch heimlicher Dissident, hat schon sein Gewicht.

Auf dieser Waage liegt auch jenes Gedicht vom Vaterland, für Einäugige ein Staatsgesang. Wenn sie es denn läsen, läsen sie die Vita eines Dreiunddreißigjährigen und – am Ende – »schmerzhaften Jubel«. Der Jubel galt meinem alten vernunftlosen Traum vom Vaterland, der Schmerz der Furcht, der Traum werde seine Wirklichkeit nicht finden.

Fünfzehn Jahre später verbannte ein Staatssekretär in Margot Honeckers Ministerium die sorbische Sprache zu wesentlichen Teilen aus der Schule, und ich schrieb ein neues, letztes Gedicht zum Vaterland. Es schließt: »... gehofft / geglaubt / und aus / und vorbei.«

Wir hatten kein Vaterland, und die Braunkohle fraß dreißig sorbische Dörfer weg, ein ganzes Kernland unserer Sprache und Kultur. Heute sind wir Sorben Bürger des zweitreichsten Staates der Welt. Doch daß wir nach tausend Jahren Kampf ums Überleben nun endlich friedlich stürben – es ist nicht abwegig anzunehmen, daß nicht nur ein Bundesfinanzminister solchen Wunsch gehegt hat.

Vor fünf Jahrzehnten träumte ich einen vernunftlos vernünftigen Traum ...

1951 erschien mein erstes deutsches Buch bei Volk und Welt. Damals bestand der Verlag fünf Jahre und wollte sich dazu eine Mini-Feier ausrichten. Man bat mich um einen Beitrag, ich schrieb eine kleine Szene, in der die Verlagsleitung sich selbst spielen sollte. Eine Assistentin von Brecht – ich glaube Uta Birnbaum – inszenierte das Stückchen, zeigte es natürlich Brecht, und der stellte – nach U. B. – fest, daß »der Bursche ja Dialoge schreiben« könne.

Wenig später erhielt ich einen Anruf: Der Meister wolle mit mir reden. Ich traf ihn und Helene Weigel, er rauchte Zigarre und sie redete, resolut und österreichisch, behauptete, die Jantschowa sei ihre Rolle, und ich solle schleunigst das Stück schreiben. Ich wollte schon jajaja schreien, doch bevor ich noch den Mund aufriß, erklärte Brecht, natürlich müsse sie auch in der Nazizeit ihre schwejkische Rolle spielen, und ich murmelte neinnein. Beide sahen mich an, als wäre ich ein zweiköpfiges Kalb. Ich sagte, ich sei hier gewesen, die ganze Zeit – kein Schwejk habe damals eine Chance gehabt.

Brecht nahm ein Blatt vom Tisch – der Tisch war wacklig, das Kabuff verbrettert, fensterlos und eine nackte Glühlampe über uns – und erläuterte mir seinen skizzierten Szenenaufriß. Ich war kein zweiköpfiges, sondern ein neugeborenes Kalb: Was es hieße, von Brecht inszeniert und von der Weigel gespielt zu werden, begriff ich nicht. Schreiben wollte ich das Stück wohl, aber nicht nach fremder Vorlage – das etwa ging mir durch den Kopf. Wir gingen freundlich auseinander, wahrscheinlich haben sich Brecht und die Weigel hernach gegenseitig bestätigt, einem dümmeren Dummkopf noch nicht begegnet zu sein.

Helene Weigel gab nicht nach, und ich erhielt eine Einladung in die Chausseestraße. Kaffee und Gebäck, ein runder Tisch aus Kirschbaumholz (so schätzte ich) und eine Uhr mit silbrigem Stundenschlag sind mir in Erinnerung geblieben – ein zweites Mal war ich nicht dort – und daß alle drei Tassen irgendwie angeschlagen gewesen sind. Das Gespräch blieb ohne Ergebnis, ich weiß nichts mehr davon.

Eines Morgens auf dem Weg zur Charité lief ich Bertolt Brecht in die Arme. Er erklärte die Charité für unwichtig, für wichtig aber, mich auf der Probe zu »Katzgraben« neben sich zu haben: »Es ist dein Milieu, ich bräuchte deinen Rat.«

Ich saß zwei Stunden halblinks hinter dem Meister, versuchte drei- oder viermal vergeblich, einen meiner – vorher doch so dringlichst erbetenen – »Ratschläge« in seine Ohren zu bringen, wollte nun still vor mich hin rauchen und wurde mit entsetzter Geste von einem der Assistenten belehrt, daß hier einzig b. b. rauchen dürfe. Ohne des Zigarrenrauchers Auf-Sehen zu erregen, verzog ich mich vom Stuhl halblinks hinter ihm und aus dem Probenraum.

Beim nächsten – ebenso zufälligen – Treffen sagte b. b., meine Bemerkungen seien für ihn von Wert gewesen. Ich log so gut wie er: Es ehre mich ungemein, ihm behilflich gewesen zu sein ... Von der Jantschowa war nicht die Rede.

Doch die Weigel gab immer noch nicht auf. Sie schickte mir einen Brief: Wenn ich nicht sofort ihre Rolle zu schreiben begänne, käme sie nach Bautzen und quartierte sich so lange in unserem Hause ein, bis ich nachgäbe. Was das für meine Frau und mich bedeute, solle ich bei Leuten nachfragen, denen solches schon widerfahren sei.

Diese Drohung, obwohl ich sie so ernst nicht nahm, das Zureden meiner Frau, und weil inzwischen mein Roman erschienen, als Kinofilm gelaufen und ich zu der Meinung gelangt war, eine schlechte Arbeit geleistet zu haben, und nicht zuletzt eine klügere Sicht in bezug auf Brecht und das BE ergaben dann am Rande eines Schriftstellerkongresses ein drittes Gespräch, in dem ich kapitulierte. Nur die Schwejkiade im Dritten Reich blieb ohne Konsens. Im August sollte ich für einige Zeit nach Buckow kommen, Brecht hätte dann den szenischen Aufbau fertig und ich schriebe den Text.

Im August starb Brecht.

Einige Jahre später überredeten mich Schauspieler-Freunde und ein tschechischer Regisseur vom sorbischen Theater, es im neuen Team doch noch mit der Dramatisierung jener Geschichte zu versuchen. Das Stück wurde aufgeführt, manche waren zufrieden, ich war es nicht. Ich strich einige Szenen, flickte an anderen herum, schrieb ein paar neue hinzu. Die zweite Version geriet zwar zum Besseren, aber nicht zum Guten. Eine dritte schließlich, aufgeführt als Fernsehspiel mit guten Schauspielern, war wohl ansehenswert, doch auch sie brachte mir am Ende nur eine vage Ahnung ein, daß ich irgend etwas falsch mache.

Das Falsche begriff ich Jahre später: Ich hatte nicht den Mut gehabt, die einfache Wahrheit schon der ursprünglichen Geschichte nackt zu belassen, sondern sie mit gängigen gesellschaftlichen »Wahrheiten« behängt. Shdanows Lehre hatte in meinem Unterbewußtsein noch eine Gehirnzelle für sich besetzt gehalten.

Seit langem habe ich vor, der Geschichte einer alten sorbischen Frau aus der untersten sozialen Schicht des Dorfes den ihr eigenen Schluß zu geben.

Einen solchen Schluß hatte wohl Brecht im Auge, als er gefordert hatte, die Jantschowa müsse auch gegen die neue, die sozialistische Obrigkeit kämpfen. Das hielt ich damals für unmöglich. Im dritten Band der Hanusch-Romane aber ließ ich die Witwe Nakonz – im ganzen ein Ebenbild der Jantschowa – genau dieses tun.

Da war Shdanow in mir gänzlich abgestorben, und Brecht war tot und hatte keine Gelegenheit mehr zu sagen: Siehst du, es ist nicht nur möglich, sondern auch immer notwendig, das bißchen Mensch gegen das Monster Macht zu stellen. – Ich denke, das etwa hätte Brecht gesagt.

2 Mundharmonika und Bühnenstück

Auch unbedeutende Umstände haben zuweilen Langzeitfolgen. Ein solcher Umstand war, daß mein Großvater der nächste Nachbar des Schlosses der Stollbergs und der letzte Sprecher des Dorfes vor dem Grafen war und dessen Diener wiederum sein guter Freund und Nachbar auf der anderen Seite. Bevor die letzte Gräfin als Nonne im Kloster starb, vermachte sie Schloß und Gut »den Armen und Kranken des Dorfes«; das Schloß wurde ein Krankenhaus, und manche Dinge, die die Barmherzigen Schwestern, die es führten, nicht brauchen konnten, gerieten zu uns ins Haus. Und also spielte ich als Junge mit zwei rostzerfressenen Reiterpistolen – ich meine, sie stammten aus dem 17. Jahrhundert –, sah mir in einem Guckkasten in leuchtend bunten Bildern die Sedan-Schlacht und die Kaiserkrönung von Versailles an und ließ mir von einem dicken Buch aus dem Jahre 1863 die Völkerschlacht bei Leipzig in allen heldischen und blutigen Einzelheiten schildern.

Später, als im Dienerhaus ein modernes Grammophon moderne Musik spielte, gelangte das aus dem Schloß zu uns. Es war ein riesiger Kasten mit einem Monstrum von Trichter und stammte laut der auf einer silbernen Platte eingestanzten Zahl aus dem Jahre 1897. Dazu gehörte ein Packen sehr leicht zerbrechlicher Platten, die nur meine Mutter in die Hand nehmen durfte. Auf einer dieser Platten sang Caruso in unsere Stube, ich hörte ihm gern zu, wenn er den Torero zum Kampf aufforderte. Meine Mutter aber, die bis dahin, süchtig nach Fremdem, nur hatte *lesen* können, bekam nicht genug von einer Aida, einer verschwundenen Martha und ließ nur ab und an auch einen Tauber singend fragen, wer sie getraut habe, und behaupten, er habe sie ja nur auf die Schulter geküßt.

Caruso und Tauber sind schuld daran, daß meine Mutter beschloß, mich zum Musiker zu machen. Sie kaufte mir eine Mundharmonika und gewann einen älteren Jungen, mich das Spielen zu lehren. Ich erlernte es nie. Doch mein Leben lang habe ich immer eine Mundharmonika besessen und nehme sie, manchmal, auch heute noch an die Lippen. Zum achtzigsten Geburtstag meiner Mutter spielte ich, allein mit ihr, für sie – Töne, die nirgendwo in Notenreihen aufgeschrieben sind, leise, ungefaßte Träume. Die Mutter schien sie zu verstehen.

Die Mundharmonika ist meine eine unglückliche Liebe geworden, die andere, ein gutes Stück für die Bühne zu schreiben.

Die Mundharmonika halte ich stets seitenverkehrt, Moll nach rechts und Dur nach links – vielleicht habe ich ähnliches auch beim Schreiben getan, zumindest in den letzten drei Jahrzehnten, seit dem ersten »Krabat«-Buch. Es könnte etwas daran sein …

Bei allen dramatischen Versuchen aber – die sorbischen allein füllen einen Band – hielt ich es mit dem Vorgegebenen: Dur rechts und Moll links – einzelne Töne klangen, das Ganze blieb klanglos. Ich hätte etwas durchbrechen, zerbrechen müssen, was mir aus vielen Generationen als Lehre mitgegeben war: nicht den heldischen Untergang zu wählen, sondern das Leben zu bewahren um den Preis des geduckten Rückens. Dreißig Generationen vor mir hatten keine andere Wahl. Ich habe geerbt und das Erbe angenommen, als ich alt genug war, es zu erkennen. Das Erbe steckt in mir, wie es in uns allen steckt. Seit der letzten Erhebung unseres Volkes vor fast tausend Jahren leben wir von dem, was uns Obrigkeiten zum Leben überlassen, und verhungerten – und verhungern – Dorf nach Dorf. Angewiesen auf Barmherzigkeit, verlernten wir den Schrei nach Gerechtigkeit und wurden untertan der Obrigkeit – es wurde uns zur zweiten Natur, untertan zu sein für die öffentlichen und die geheimen Augen, die nie aufhörten, uns gänzlich nicht zu glauben.

Vielleicht aus einem bis zum letzten Grund nicht überwundenen Gefühl einer Schuld, die heute, zahm, als ethnische Säuberung bezeichnet werden müßte. Als das Dritte Reich beschloß, diese zu Ende zu bringen, zwang uns die Not, die Lehre der Jahrhunderte nicht länger zu befolgen. Nach Hitlers Ende atmeten wir auf und wurden, kaum eine Fingerhand Jahre später, durch die Umstände belehrt, daß ein Bittsteller eher ein geneigtes Ohr findet als einer, der laut nach Recht und Gerechtigkeit schreit. Darin liegt meiner Überzeugung nach auch der Grund dafür, daß sich eine bedeutende sorbische dramatische Literatur nicht entwickelte. Es reichte stets – bildlich – bis zur vorletzten Szene, die letzte suchte die Lösung im Kompromiß.

Trotzdem machten zwei meiner Stücke aus den ersten beiden Nachkriegsjahren Geschichte in ihrem engen, meinem Raum. Das erste hieß »Heimkehr«, das zweite »Flüchtlinge«.

In »Heimkehr« kam ein junger Soldat aus der Kriegsgefangenschaft nach Hause zurück, fand von den Eltern den Grabstein und vom Haus zerschossene, ausgebrannte Mauern vor. Zusammen mit seinem Mädchen und den Jugendlichen des Dorfes beseitigte er Trümmer und Schutt und begann, sein Haus wieder aufzubauen.

Die simple Geschichte, auf einer Dorfbühne gespielt von Mädchen und Jungen eines glimpflich davongekommenen Dorfes, löste eine Welle der Solidarität aus, die Tausende junger Menschen in der ganzen sorbischen Lausitz in ihren Sog zog und so wesentlich eine andere Generation heranzubilden half, die die Grenzen sorbischer Kirchturmsichten aus ihrer Karte strich.

Zur selben Zeit aber wanderten Scharen Jugendlicher als »Fremdarbeiter« in die grenznahen böhmischen Gebiete nach Brot und Rock – ich schrieb, die »Flüchtlinge« gingen nach fremdem Honig und ließen daheim das Brotgetreide auf dem Halm stehen.

Das Stück, wieder auf einer Dorfbühne von Laien gespielt, drohte eine Saalschlacht zwischen den Weggegangenen – zu Besuch daheim – und den Dagebliebenen zu provozieren. Doch die auf der Bühne vertraten ihr Anliegen so, daß keine Faust aus der Tasche fuhr, und so, daß die große Mehrheit der »Flüchtlinge« nach und nach zurückkehrte zu Brotmarken und Kleiderkarte.

Anders wären wir damals ausgeblutet. Wie viele junge Sorben heute nach Bayern, nach Baden-Württemberg gehen, weist keine Statistik aus, in manchem Haus in unseren Dörfern leben die Eltern allein. Es scheint, als sei *der Markt* unser letzter, entscheidender Feind geworden ... Zum ersten Mal, seit die Kirchenbücher darüber Auskunft geben, haben wir mehr Särge als Wiegen.

Jenes zweite Nachkriegsjahr des kargen Brotes und der kärglichen Butter war zugleich das Jahr meines – vergleichsweise – höchsten errungenen Honorars und ist darum auch zu vermerken.

Ein Bauer, den ich nicht kannte, kam zu mir, erklärte, daß seine Tochter heiraten sowohl wolle als leider auch müsse. Diese Tochter – und auch den Jungen, der das »Müssen« bewirkt hatte – kannte ich, wie ich viele kannte: nebeneinander hatten wir Trümmer geräumt und Ziegel geputzt für den neuen Bau, miteinander den zehntausendsten Ziegel gefeiert mit Lied und Tanz – das Mädchen war eine wilde, schöne, lustige Tänzerin.

Und also, meinte der Bauer, möchten sie gern, daß ich das Hochzeitsgedicht schriebe.

Meine Mutter hatte manchmal für solche oder ähnliche Gelegenheit in selbstverständlicher Forderung ein paar Reimlinge von mir haben wollen und mir nie geglaubt, daß ich das nicht könne. Die nicht so selbstverständliche Bitte des Bauern aber wies ich nicht ab. Weniger des blutfrischen Kilostücks Schweinskotelett wegen, das er vor mich auf den Tisch legte, als vielmehr wegen der schönen, wilden Tänzerin, die nun unbeschwert ihr erstes Kind trug: es lag an den Ziegeln, an den Liedern, am Davongekommensein und daß die Zukunft ohne Ängste sei.

Ich schrieb zwanzig Verszeilen für die Hochzeit, mein Honorar betrug – außer dem Kotelett – einen Liter frischgepreßtes Leinöl (in anderen Gaumenbreiten eine unbekannte Delikatesse), ein Dutzend Eier und einen halben

Quadratmeter besten Hochzeitskuchen – im Frühjahr 1947 ein fürstliches Salär.

Hinzugerechnet werden muß das Honorar für zwei Kurzgeschichten, in denen ich leichten Sinnes die Frage erörterte, ob ein strebend sich mühender Schreiber für ein Schweinskotelett dichten darf, ohne an Achtung und Ehre zu verlieren. Doch hatte nicht Goethe für ein Strumpfband, ein gebrauchtes sogar …?

Einmal in solche Abgründe eingetaucht, tauchte ich tiefer und schrieb für die sorbische Bühne ein Stück, das weder an Spätbürgerlichkeit noch an sozialistischem Realismus krankte, aber es sei zu intellektuell für »unsere Menschen«, befand der Intendant bedauernd und ließ es liegen. Es liegt noch dort – mein einziges Stück, das ich für gelungen halte. Ich schrieb es um zu einem Fernsehspiel, das ich »Musen im Mäuseturm« nannte. Das Stückchen Vergnügen wurde doppelbödig-heiter von Georg Leopold inszeniert und fand viel Beifall. Beifall leider auch vom Westberliner »Tagesspiegel«, welches dem Spiel und mir zum Verhängnis wurde. Was der »Feind« lobe, könne nicht gut für uns sein – ein gängiges Motto damals hier wie dort, inzwischen kraft Einheit »hier« verlorengegangen und »dort« ins Subtile mutiert: daß Ostkunst kaum marktgerecht sei; es sei denn, sie bediene die neualten Klischees.

Der »Tagesspiegel« also hatte die »Musen im Mäuseturm« in Maßen gelobt – und ohne Verzug wurde das Filmband vernichtet. So weit ich dem Vorgang später nachfragte, jeder Untere wußte einen Oberen, der die Gefährlichkeit der Musen erkannt und danach gehandelt hatte. Der letzte von mir Befragte legte den rechten Zeigefinger an die Lippen und wies mit dem linken himmelwärts. Ich verzichtete darauf, auch Walter Ulbricht zu fragen, ob allein das Lob des Westberliner Blattes für das Verdikt ausgereicht habe oder ob nicht die letzte, laute Frage im Film: »Wer ist lebend tot genug, ein Denkmal zu sein?« erschwerend angerechnet worden sei.

Mir ist es leid um »Peter Basnik« – die sorbische Version – und um die Mäuseturm-Musen: Der eine erlebte sich nicht auf der Bühne, die anderen wurden, drei oder fünf Tage alt, zu Tode geschreddert.

Verbiestert aber war ich deswegen nicht und dachte nicht einen Augenblick daran, nun die Fanfare hochzureißen und »auf in den Kampf« gegen die Obrigkeit zu ziehen: Mir war ja nichts Ungewöhnliches widerfahren.

Doch das Theater blieb meine unglückliche Liebe. Wie die Mundharmonika. Traum vom Erreichen des Nichterreichten.

3 Wie der Elefant in die Pilze ging

Ich saß am dritten Band der Geschichte des Felix Hanusch. Zu schreiben war die Frage nach dem Weg, auf dem eine Vision ihre Verwirklichung suchen dürfe: mit Treiberpeitsche und Halsgericht oder mit der Geduld der Gerechtigkeit der Zwei Wahrheiten – die eine die der Bekehrer, die andere die der zu Bekehrenden.

Da ich meine Antwort wußte, kratzte mir die Furcht, sie zu Papier zu bringen, die Seele wund, und also erkrankte ich am Leib. Magengeschwüre im Gefängnis, wolynisches Sumpffieber im Krieg angeholt, aktivierten sich und brachten mich für einige Wochen in die Berliner Charité.

Ich war als Schreiber nicht mehr ganz unbekannt, und so saß manchmal abends ein Arzt oder eine Schwester bei mir. Es war die Zeit der stetigen, tropfenweisen Abwanderung aus dem einen Teil-Land in das andere Teil-Land – wir redeten nicht über Fieber und Medizin. Die deutschdeutschen Bedrängnisse eines Oberarztes und ein Stück Lebensgeschichte einer jungen Krankenschwester aus verlorenem deutschen Raum nahm ich dort auf und von dort mit. Daraus und aus dem, was ich darüber hinaus wußte – oder zu wissen glaubte –, entstand die Erzählung »Eine Liebesgeschichte«.

Es war mein erster Versuch, nachzudenken über den Kalten Krieg, die Bombe und Deutschland dazwischen, und es war eine Hommage an den Zauber der alten schönen Stadt Prag und war eine Rose für eine junge Frau.

Schriebe ich die Geschichte heute – wieviel würde ich ändern? Die Akzente wären anders gesetzt, die Sprache knapper und härter – eine Geschichte aus dem Kalten Krieg bliebe.

Sparsamer als darin ging ich mit der Sprache um – nicht, weil ich mir das schon als notwendige Tugend bewußt angeeignet hatte –, als ich meinem dreijährigen Sohn aus dem Krankenhaus zu jedem Wochenende einen Brief schrieb. Die Geschichten-Winzlinge, seinem Wortschatz und seiner »Welt«-Erfahrung angemessen, bebilderte ich mit Buntstiftzeichnungen, die mein Sohn gutwillig als gelungen ansah. Für den Brief, in dem ein Elefant in die Pilze ging, reichte mein Talent so eben für Elefantenfuß und -rüssel, die Pilze hingegen gerieten mir ausgezeichnet.

Meine Frau heftete die Geschichtchen zwischen zwei Pappdeckeln mit einem Wollfaden zu einem Büchlein zusammen, es lag immer vorlesebereit auf einem Schränkchen in der Spielecke des Jungen.

Irgendeines Tages besuchte mich die Malerin Lea Grundig, geriet aus Neugier in die Spielecke, entdeckte das Büchlein, blätterte, ließ sich das sorbisch Geschriebene übersetzen und behauptete dann, »ein ganz reizendes Kinderbuch« in der Hand zu haben, das unbedingt erscheinen müsse. Der sorbische Verlag befand das auch, und der Berliner Kinderbuchverlag, der danach die deutsche Ausgabe besorgte, behauptete im Impressum trotz meines Protestes mehrere Auflagen lang, es handele sich um eine Übersetzung aus dem Tschechischen – tschechische Kinderbücher waren dazumal sehr beliebt und sorbische gänzlich unbekannt.

Das Büchlein zählte bald zum Inventar von Kindergärten, und sorbische Kinder lernten mit ihm Wörter zu Sätzen zu lesen, doch zum Kinder- oder Jugendbuchautor avancierte ich erst fünf Jahre nach dem wolynischen Sumpffieber, und schuld daran war ein Kater.

Der Kater, ein Ausbund an Kraft und Schönheit, lebte bei uns im Haus, hieß Mikosch und war ein treuer Freund unseres Sohnes. Eines Tages verschwand der Kater spurlos und lag nach einem Jahr wieder vor der Verandatür in der Sonne, wie selbstverständlich und ohne schlechtes Gewissen. Mein Sohn stellte so lange Mutmaßungen über sein Verschwinden und seine Erlebnisse an, bis ich die wahre Geschichte der Abenteuer des Katers Mikosch aufschrieb und als Manuskript dem Sohn zum achten Geburtstag schenkte.

Der literarische Mikosch gewann Hunderttausende Freunde, die um ihn bangten und sich mit ihm freuten, und gelangte schließlich, Land über Land, im biblischen Kateralter von achtunddreißig Jahren sogar nach Japan und Südamerika. Westdeutsche Kinder allerdings erreichte er erst, als sein ostdeutscher Verlag verschieden war und er nach Würzburg hin weder Paß noch Visum mehr brauchte.

»Die Schwarze Mühle« jedoch, das erste Buch, das die alte sorbische Legende vom Zauberlehrling Krabat aufnahm und ihrem wirklichen Sinn nachging, begann schon fünf Jahre nach ihrem Erscheinen im Ostberliner Verlag ihr Mahlwerk zunächst in Dortmund und dann in Würzburg in Bewegung zu setzen. Sie bewegt auch nach fünfundzwanzig Jahren noch ihre jungen Leser.

Das Buch verhalf mir zu einer einwöchigen Lesereise von Leverkusen bis Hamburg und zu einigen Erkenntnissen: Es bescherte mir die erste D-Mark, die ich in die eigene Tasche schob, statt sie gesetzgemäß dem »Büro für Urheberrechte« zu überlassen und dafür von je einer Mark neunzehn harte Pfennige zu erhalten – die Jahre währenden Ängste, solche Vergehen begangen zu haben und sie als Rückfalltäter immer wieder zu begehen, vermochte ich nie ganz zu unterdrücken.

Die Lesungen und abgezweigte Honorare für kleine Beiträge in Anthologien verschafften mir die Möglichkeit zu Reisen nach Frankreich, Schweden, in die Schweiz, die Niederlande – Sichten auf Geschichte und Gegenwart weiteten sich, ich begann wieder, »mein« Abendland zu entdecken und zugleich seine neue, andere Gefährdung zu ahnen. Ich habe vor der Kathedrale von St. Denis, in einer schwedischen Kleinstadt, an den Grachten in Amsterdam, vor einem vierhundertjährigen Baum in einem Hausgarten in Basel mehr von Europa gefunden und empfunden – tausendmal mehr und tausendmal Richtigeres – als in den lauten, tönenden Reden heutiger

Europa-Erbauer, ich höre immer einen Falsch darin: als sage man Walther von der Vogelweide und meine Wallstreet am Main.

Jene erste Lesereise brachte mir die Kenntnis einer Sonderbarkeit ein: daß dortzulande Verfasser von Büchern für Kinder und Jugendliche nicht als Schriftsteller gelten, sondern als Kinder- und Jugendbuchautoren, Schriftsteller also sozusagen eine Gilde bilden, die »Autoren« hingegen eine Handwerkerzunft. Und so geriet ich – von dort aus gesehen – in die Zunft. So kennen mich auch heute Buchverkäufer jenseits der Mauer der zähen Wirklichkeit – wenn überhaupt – nur als »Kinderbuchautor«. Solches ist neun Jahre nach dem Mauerfall zwar verwunderlich, und doch wieder recht natürlich als zähes Relikt.

Seit jenem Büchlein vom Pilze suchenden Elefanten habe ich zehn oder zwölf Bücher für Kinder oder Jugendliche geschrieben. Es ist eine andere Art zu schreiben, ich habe sie mir angeeignet, weil es für unser – sorbisches – Weiterleben unabdingbar ist, Bücher für Kinder zu schreiben. Ganz abgesehen von der Pflicht hat es mir immer Freude gemacht.

4 Wie es zur Vertreibung von »Trotzköpfen« kam

Um es gleich vorwegzunehmen: Es handelte sich nur um eine partielle und zeitlich auf dreißig Jahre befristete Vertreibung, woran beteiligt gewesen zu sein ich mich schuldig bekenne.

Einen Teil der Schuld wälze ich ab auf den Dichter Kuba, der sich nicht mehr wehren kann und damals, in den fünfziger Jahren, Sekretär des Schriftstellerverbandes war. Kuba also sprach auf einer Sitzung des Vorstandes über vieles, im wesentlichen aber über die Aufgabe der Schriftsteller, den neuen, sozialistischen Menschen hervorbringen zu helfen. Unversehens geriet er mitten unters Kinderspielzeug, ereiferte sich darüber, daß es nach wie vor unterschiedliches für Mädchen und für Jungen gebe, und forderte kategorisch, auch Mädchen müßten mit der Eisenbahn, auch Jungen mit Puppen spielen. Meine Bemerkung, daß die Jungen das ja später auch täten, ohne weitere Absicht hingesagt, erregte Kubas Zorn, der ihn dazu verleitete, aus dem Stand heraus Mädchenbücher an sich zu verdammen. Ohne sich mit einzelnen Beispielen aufzuhalten, bezichtigte er die ganze Gattung, der Schaffung eben jenes neuen Menschen im Wege zu stehen, indem sie einen Unterschied behaupte, den es von Natur her nicht gebe. Hier protestierte ich mit dem harmlosen Satz vom kleinen Unterschied, was Kuba als Spott empfand. Zwar kannte ich mich in dem kritisierten Genre nicht besser aus als er, aber ich war gerade damals besonders allergisch gegen kanonische Sprüche, ohne Zweifel, weil ich eben ein eigenes Buch durch Befolgung von Lehrmeinung als mißraten erkannt hatte; weil ich mich von Shdanow fortbewegte; weil die Ereignisse des Jahres

1956 mich zwangen, mir schärfere Gläser vor die Augen zu setzen und das Hirn zu entstauben. (Darum wohl holte ich auch den Gedankenroman aus dem Gefängnis wieder hervor: Zwei Brüder werden aufgrund gegensätzlicher Meinungen über das Glück und den Weg dahin zu Feinden. Ich fing an nachzudenken über Felix Hanusch und Simon Mjetk.)

Kuba und ich stritten also zornig. Danach traf ich, immer noch wütend, meinen Verleger Bruno Peterson, der den Verlag Volk und Welt hatte verlassen müssen, um den – in wörtlicher Bedeutung – maroden Verlag Neues Leben zu sanieren; Peterson kannte mich schon gut genug, um hier das rechte Rezept zu wissen, er sagte: »Ärgere dich nicht, beweise ihm mit einem Buch, daß er unrecht hat.«

Ich dachte nicht daran, fuhr von Berlin für zwei Tage zu Lesungen in den Norden, und als ich heimkam, lag da ein dicker Brief vom Verlag, darin ein Vertrag über ein, terminlich nicht festgelegt, zu schreibendes »Mädchenbuch« und die Nachricht von Peterson, daß er mir vorsorglich fünftausend Mark überwiesen habe, »... damit es Dir leichter fällt, den Vertrag zu unterzeichnen«.

Ich unterzeichnete nicht, schickte die fünftausend nicht zurück und fing an darüber zu grübeln, was wohl ein »Mädchenbuch« sei. Meine Frau hatte keines aus ihrer Kindheit in unsere Ehe eingebracht, und ihre Erinnerung an gelesene war zu dünn, als daß ich daraus Gewichtiges hätte herausfiltern können.

Zu Hilfe kam mir eine Schuljahresschluß-Veranstaltung der Jungen Pioniere in einer Dorfschule südlich von Löbau, die mich zu ihrem »Paten« ernannt hatten. Ich hielt es für unhöflich, nicht wenigstens ein Mal die Schule und meine unbekannten Patenkinder zu besuchen, bekam einen bunten Wiesenblumenstrauß in die Hand und zu hören drei Lieder, eine Rezitation und einen »Jahresbericht«. Den Bericht trug ein schönes, langzopfiges blondes Mädchen vor, das – vielleicht meinetwegen – auch die Bücher aufzählte, die ihre Gruppe im vergangenen Jahr gelesen und besprochen habe – lauter »fortschrittliche« Literatur. Am Ende der Auflistung stand »Wie der Stahl gehärtet wurde«, und dem fügte eine brummige Jungenstimme aus der letzten Bank vernehmbar an: »Und Trotzköpfchen!«

Das Mädchen, das bisher sauberes Hochdeutsch gesprochen hatte, protestierte empört in Oberlausitzer Mundart und verlor die Fassung vollends, als sich drei Jungen von hinten durch den engen Mittelgang drängten: Einer drückte mit beiden Händen ein Buch an seine Brust, zwei schritten als Bodyguards rechts und links an seiner Seite.

Der Buchträger sagte: »Hier!« und legte das Buch vor mich auf die Schulbank.

Es war »Der Trotzkopf«, x-te Ausgabe 1926, kaum eine Seite noch in der Heftung und keine Seite heller als schmutzig graubraunes Packpapier.

Die so gut vorbereitete Veranstaltung endete ohne Lied und braves Schlußwort, und das schöne Mädchen weinte vor Zorn. Mit ihr und einigen ihrer Freundinnen blieb ich in der Schulstube und begann dem Reiz nachzufragen, der in Trotz- und anderen Köpfchen doch stecken müsse.

Die dreizehn-, vierzehnjährigen Mädchen – heute müßten es um zwei Jahre jüngere sein – wußten nur vage Antwort. Andere Mädchen an anderen Orten – überall wanderten gleiche zerlesene, zerfledderte Bücher von Freundin zu Freundin, alle fanden sie »schön und spannend«, und keines konnte mir erklären, warum das so sei. Hundertmal Vages und ein Filtrat aus einer Handvoll gelesener Bücher dieser Art jedoch brachten mir am Ende zwei Erkenntnisse ein: daß Mädchen im Raum abbröckelnder Kindheit ein Recht haben auf *ihr* »Mädchenbuch« – auf Geschichten, die im Diffusen des Übergangs Konturen erscheinen lassen; und zum zweiten: die »Heldin« muß immer eine Vorausgehende sein – die zwölfjährige Leserin will sich als Fünfzehnjährige ahnen.

Meine »Erkenntnisse« waren für Experten solcher Literatur natürlich ein alter Hut aus Großmutters Kleiderschrank, für mich jedoch neuwertig, wenn ich denn für den alten Hut einen jungen Kopf fände. Wieder kam mir ein Zufall zu Hilfe. In einer Zeitung las ich einen kurzen Bericht über die Besetzung sizilianischer Schwefelgruben durch die Arbeiter – einen nüchternen Bericht über verzweifeltes Handeln einiger hundert Menschen in verzweifelter Lage.

Wie das vor sich geht, kann niemand erklären: Augenblicklich wußte ich den Kern einer und nach kurzer Zeit – nach drei Tagen oder zwei Wochen – die ganze Geschichte; ich kannte die fünfzehnjährige Adoptivtochter eines Schwefelgrubenbesitzers, ihre Herkunft aus einer Fischerfamilie, und sah zu, wie sie nun zwischen die Fronten geriet, weil sie Antonio begegnete, einem der Jungen unter den Besetzern der Gruben. Ich wußte vieles über die Besetzer und die Besitzer, die einen hungerarm, die anderen nicht zum Verschwenden reich, wußte manches über die Fischer in der Bucht, deren Fische die Streikenden nicht mehr bezahlen konnten und die darum auf den kargen Weinbergen als Dünger verfaulten, und wußte auch vom Husten der Männer in den Gruben, denen sich der Schwefelstaub in die Lungen fraß, wie sich meinem Vater der Steinstaub in die Lunge gefressen hatte. Ich nahm auch an, das Meer in der Bucht und der Himmel darüber seien blau und postkartenschön. Aber wie gelb liegt Schwefelstaub auf Agaven, wie schmierig macht er den Strand, wie mischt sich Schwefelgeruch mit dem Duft blühender Oleanderbüsche und dem Gestank verfaulender Fische, wie steinig, wie steil sind die kleinen Weinberge, welche Fische stecken in welchen Netzen, welche Segel haben die Boote, welche Kleider die Frauen …

Die Geschichte war fertig, aber ich war nicht imstande, sie zu schreiben. Manches – oder auch vieles – zu wissen genügt nicht.

Das Kulturministerium bewilligte mir eine Reise nach Sizilien, Geld genug, um in einer Hütte übernachten, vom Armenteller essen zu können, doch das westalliierte Visa-Büro verweigerte mir den Paß.

Heute, mehr als vierzig Jahre später, weiß ich meine Geschichte noch, und immer noch kenne ich nicht jene schwefelstaubige Siedlung zwischen Meer und Berg im

Norden Siziliens. Ich bedauere, die Geschichte nicht geschrieben zu haben, damals war ich wütend, daß ich sie nicht schreiben durfte. Meine Frau fand, mein Zorn, da er nicht bis in das alliierte Visa-Büro hinreiche, sei ohne Vernunft, vernünftig aber, eine andere Geschichte zu erfinden, die hier spiele und die ich also auch schreiben könne. Naiv und unerschütterlich glaubte sie, ich könnte solche jederzeit erfinden, wenn ich nur ernsthaft wollte. Gott sei mit dir und deinem Vertrauen, spottete ich, und Gott war mit ihr, indem er sie sagen ließ, da sei doch das Mädchen, bei meinen Eltern aufgewachsen, deren Kind geworden, und nun komme dessen leiblicher Vater und ...

Ich knurrte, das sei ein Fall, aber keine Geschichte, und meine Frau sagte, dann mache doch eine daraus.

Der Fall war dieser: Während der letzten Kämpfe um mein Heimatdorf gelangten ein vierjähriges Mädchen und ihr fünfjähriger Bruder zu meinen Eltern ins Haus. Die Mutter der Kinder war gestorben, der Vater – ein Architekt – Soldat, ihr Haus zerstört. Die Verhältnisse brachten es mit sich, daß auch später, als sich der Architekt in Dresden um eine neue Existenz mühte, die Kinder bei uns blieben, Kinder meiner Eltern und unsere wesentlich jüngeren Geschwister wurden. Elf Jahre danach wollte der Mann aber seine nun fünfzehnjährige Tochter – nicht jedoch den Sohn – plötzlich in seine neue Familie holen. Das Mädchen weigerte sich. Später, als es erwachsen war, fand alles seinen gemäßen guten Schluß.

Das schien mir für eine exemplarische Geschichte nicht zu reichen. Auf der Suche nach dem Fehlenden entsann ich mich eines anderen Falles, einer Tragödie, die sich in einem Nachbardorf abgespielt hatte:

Gleich zu Beginn der Naziherrschaft war ein jüdisches Ehepaar aus Dresden in die Schweiz gereist und hatte sich dort entschlossen, nicht zurückzukehren. Den Schutz ihrer minderjährigen Tochter vertrauten sie der Hausgehilfin an – die Nazis würden ja nicht lange herrschen. Die Hausgehilfin brachte das Kind schließlich zu ihren Eltern aufs Dorf, dort wäre es sicher. Das Mädchen wuchs auf, sprach die Sprache und trug die Tracht des Dorfes und war sicher. War sicher bis zum April 1945, als Schörners SS-Truppen in das Dorf einzogen und irgend jemand »das Judenmädchen« verriet. Es war dessen Todesurteil.

Aus diesen zwei Fällen ergab sich die Geschichte eines Mädchens, das eine jüdische Mutter hat und einen »arischen« Vater, der sich aus niedrigen Motiven von Frau und Kind trennt und sie so schutzlos macht. Die junge Mutter wird in der »Reichskristallnacht« getötet, das Kleinkind vom Hausmädchen gerettet, zum Vater gebracht, der es nicht annimmt, und dann den eigenen Eltern als – vermeintlich – eigenes uneheliches Kind übergeben. Als solches wächst das Mädchen unter fremdem Namen auf, lernt als Fünfzehnjährige die eigene Geschichte und den leiblichen Vater kennen, der es aus eigensüchtigen Motiven in seine neue Familie holen will. Unversehens gerät das Mädchen in den Kreidekreis, gelockt von der anderen, reicheren Welt und verwachsen in der Kindheitswelt. Als es erfährt, durch wessen Schuld seine Mutter umkam, entscheidet es sich gegen den leiblichen Vater für seine wirklichen Eltern. Und natürlich gestand ich dem Mädchen in seinem Nicht-mehr-Kind-Sein zu, was ihm gehörte: die erste Liebe.

Geschrieben wurde das Mädchenbuch »Christa« in achtundzwanzig Tagen, und es brauchte sicherlich nicht mehr als achtundzwanzig Monate, bis es den »Trotzkopf« aus dem Land vertrieben hatte. Das Buch brachte mir den Jugendbuchpreis der DDR ein und heftige Kritik einiger Freunde, die meinten, ich sei abgedriftet und dümpele im seichten Fahrwasser. Abgedriftet war ich sicherlich, der Kompaß Shdanow, als untauglich erkannt, über Bord geworfen und die Suche nach dem eigenen gerade mit dieser literarisch unprätentiösen Geschichte begonnen.

1990 kehrte »Der Trotzkopf« unter Schutz und Schirm des fürstlichen Hauses Thurn und Taxis in die für »nen Appel und ein Ei« erworbenen »Volksbuchhandlungen« zurück. Doch seine Zeit war, im Gegensatz zu der seiner Importeure, hierzulande abgelaufen.

Gestern oder vorgestern kam nach einer Lesung eine Frau mit einem wohl zehnjährigen Mädchen an meinen Tisch, legte mir eine Erstausgabe von »Christa« vor und bat um eine Widmung für ihre Enkelin ...

Das Buch hat mir geholfen, den »Krabat« zu schreiben. Während der sechs Jahre und sechs Monate, die ich dafür verbrauchte, hatte ich zwar »mein täglich Brot«, die Butter darauf aber lieferte mir »Christa«, die im Laufe der Jahre Hunderttausende junger Mädchen aus der Kindheit in die nächste Lebensstufe begleitet hat. Der Streit mit Kuba war gewonnen – und längst vergessen.

Reisen

Der junge Goethe reiste mit dem Segen seines Herzogs aus der Provinzstadt Weimar nach Italien, lobte Gott, daß er auch dieses Land erschaffen habe, das so reich sei an Antike, Kunst, an Sonne, Kneipen auch und Mädchen, und war dann, nach eigener Aussage, selbst reicher an Kenntnis und bunter Erfahrung.

Der fünfzigjährige Dichter Ovid reiste mit dem Verbannungsedikt seines Kaisers aus der Weltstadt Rom an die unwirtlichen westlichen Gestade des Schwarzen Meeres. Was ihm widerfuhr, nahm er nicht an als Erfahrung von Macht und Mensch, sondern haderte mit den Göttern, schrieb die »Tristia« – Gedichte von Trauer und Traurigkeit – und Bittbriefe an seinen Kaiser und wurde durch eine Reise in eigenen Worten »der arme Ovid«.

Ich traf an manchen Orten Scharen von Reisenden, die – dem Anschein nach – hauptsächlich mit Fotografieren beschäftigt waren. Sie brachten als Bildung, durch Reisen erworben, Bildchen nach Hause: Meine-Frau-vor-der-Mona-Lisa, ich-vor-dem-Kolosseum …

Ich bin nach meinen Flintenjahren wenig gereist und nur einmal bis an die Grenze Europas, in den Kaukasus, und habe den Fuß nicht über die imaginäre Linie gesetzt, um – imaginär – auch in Asien gewesen zu sein. Doch wann immer ich in Leningrad war, besuchte ich die kleine blaue Madonna, »Madonna Litta« – daß Leonardo da Vinci sie gemalt hatte, war nicht wesentlich. Sie ist *mein* Bild in der Bilderfülle der Eremitage.

So habe ich manches *Bild*, irgendwo, auf Reisen erworben.

Und auf Reisen manches Bild verloren
Warum verloren, muß ich wissen.
Warum erworben: Es genügt, erworben zu haben.

Reisen bildet, auch Verlieren ist Gewinnen. Wenn nämlich man danach seinem Kaiser keine Bittbriefe schreibt, sondern seinem Herzog bereichert gegenübertritt.

Mein Kaiser war tot, er lag mumifiziert in meinem Kopf, eine dünne, schrundige Haut auf beinerner Form: meine Welt – Erfahrung aus dreißig Jahren Leben. Ich habe den Code, die Schrunden zu lesen, und kann das Gebein blind nachzeichnen, auch die fehlenden Stücke. Es fehlen viele, und doch ist das Ganze ganz. Das machen meine unerhörten Bittbriefe: Träume, Schreie, Ängste, Verzweiflungen – nein, Verzweiflung kriecht in keinem der Briefe am Boden, auch am unwirtlichsten Gestade fand sich immer noch eine Perlmuttschale, die in der Sonne glitzerte, ein Büschel Sandgras, das auf nackter Düne wuchs.

Der Kaiser also tot, und der Herzog, dem gegenüberzutreten wäre – ich weiß nicht, wer er ist. Vielleicht bin ich es selbst, wie ich sein werde nach dreißig weiteren Jahren: Ich trete vor mich hin – und bin ein Jedermann vor einem Jedermann.

Als Herzog erkenne ich einen *Teil* von mir: die eine überzählige Schaltstelle in meinem Hirn – eine Anomalie –, die aus Aufgenommenem Geschichten zu machen fähig ist. Sie hat die Mumie zu ihrer Verfügung, doch das reicht nicht. Sie benötigt Informationen aus dem Leben, das ich nun zu leben habe. Ich reise und sammle auf: Menschen, Leute, Ereignisse, Landschaften, fremde Gedanken und lege alles ab im Gedächtnis. Das Gedächtnis ordnet das Ungeordnete, Bedeutendes und Banales, in Zusammenhänge und bündelt Erfahrenes zu Erfahrung.

Das alles geschieht ohne mich, ohne mein Zutun. Ich habe – außer auf der ersten Reise in das unbekannte Land des gerade verstorbenen Stalin – kein Notizbuch mit und keinen Fotoapparat. Die Fotos machen andere: Unsere

Gruppe auf jener ersten Reise. Sie alle sind tot, ich lebe noch und weiß sie als Lebende.

Vieles ist tot, was ich als Lebendes kannte. Auch das zu wissen gehört zu meiner Sicht auf die Welt. Ich habe sie auf Reisen erworben und von meinem Hügelchen, fünf Kornhalme hoch, aus. Sie ist nichts Fertiges, immer kommt Neues hinzu, Bedeutendes und Banales, das filtriert wird, sich als Zuwachs erweist oder als Abfall.

Jene eine Schaltstelle im Hirn befand, als ich ein halbes Jahrhundert gelebt hatte, daß ich nun *mein* Buch zu schreiben habe. Ich schrieb »Krabat oder Die Verwandlung der Welt«.

Ohne nach Rom gefahren zu sein, hätte ich Krabat dahin reisen lassen können. Aber ich sah die Pieta des Michelangelo, steinerne lebende Trauer der Mütter um die Söhne, sah im Vatikanischen Museum die antiken Statuen mit dem hellen, feigenblattförmigen Fleck der Zensoren der Kunst, sah Cassaroli, den mächtigsten der Kardinäle, durch eine schmale Pforte in die Verborgenheit der Macht schlüpfen, und alles geschah am selben Vormittag und hatte einen Zusammenhang – erst daher konnte ich Krabats Bruder Trompeter auf den Felsen der Tarpea führen und die Freiheit der Kunst gegen den Zensor verteidigen lassen.

Oder auch: Ich war unterwegs in der schwedischen Stadt Hundsval zu nichts, als das Land kennenzulernen. Ich sah einen Schwarm Krähen einen Habicht jagen. Sie ließen ihn nicht in Höhen steigen, wo er sicher vor ihnen wäre. Nach einer Stunde hatten sie ihn zu Tode gejagt. Der starke, mächtige Vogel lag zerfleddert am Boden, und erst als ich herantrat, ließen die Krähen von ihm ab.

Nichts hatte das mit Krabat zu tun. Aber das Haus seiner Schwester, der Serbin-Tochter von meinem Hügelchen, stellte ich auf das hohe Ufer über dem Sund, an die Stelle, wo der tote Habicht lag, und was im Buch den Bewohnern geschah, war eine Habichts-Geschichte.

Reisen bildet auch, indem es Dingliches archiviert, damit ein Gedanke den passenden Ort finden kann, um selbst dinglich erfaßbar zu werden in einem Stück Literatur.

Vor allem aber weitet es die Augen. Der tote Sohn auf dem Schoß der Mutter im Petersdom zu Rom und der fröhliche Sohn der »Madonna Litta« in der Eremitage an der Newa – wohin auch immer ich kam, begegnete ich ihnen.

Ich habe wenig von der Welt gesehen, aber Welt ist nicht das Leben, sie ist nur sein Ort.

Gen Osten

1 Freundschaft und Phobien

Die erste Reise war von den Gastgebern als Besichtigungstour geplant: Kreml, Mausoleum – es war, weil Stalin noch nicht darin lag, geschlossen (was mir sehr gefiel) –, Tretjakow-Galerie, eine Schule, ein Kindergarten, Museen, das Riesenkaufhaus Gum und die stundenlange Maifeier auf dem Roten Platz, wobei ich an den Füßen fror und auch im Kopf.

Auf der Zugfahrt nach Stalingrad wurde aus dem bald mürrischen, bald hymnischen Dichter Kuba ein lustiger Alleinunterhalter, der ein Dutzend der bekanntesten deutschen Balladen in ihrer sächsischen Adaption vortrug und den halben Wilhelm Busch abwechselnd in hochdeutsch und kursächsisch wie ein gelernter Schauspieler rezitierte. Schließlich grub er aus seinen Sachen eine Mundharmonika hervor und spielte – nein, nicht »Zum Kampf sind wir geboren«, sondern »Ännchen von Tharau«. Verwundert und bewundernd hörte ich ihm zu, dem Handwerker aus einem Dorf bei Chemnitz, gewesenen Bauarbeiter in Wales Kurt Barthel, der auf dem schmucklosen Bahnhof von Stalingrad wieder ein aus grobem Holz gehauener Funktionär wurde.

In Stalingrad der Mamajew-Kurgan, ein Hügelchen, wermutbewachsen und granatsplitterübersät. Hier starb auch die Division, der ich angehört hatte. Ich hob einen Splitter auf, er ist daumenlang, hat die Form einer Speerspitze, glänzt rötlich und liegt hinter meinem Schreibplatz in einer kleinen Messingschale. Den Mamajew-Kurgan nahm ich mit, *mein* Bild von Stalingrad.

Mit dem Schiff auf dem Wolga-Don-Kanal nach Rostow – eine angenehme Urlaubsreise – und, als Höhepunkt gedacht, ein Besuch bei Scholochow in dessen Steppen-Datscha. Großes Getafel mit Spanferkel und Schaschlik, Stör und Kaviar, am Ende ein großes Besäufnis mit Krim-Sekt und Wodka Stolitschnaja. Ich saß unter den fröhlichen Essern, den immer fröhlicheren lauten Trinkern – stand daneben und nahm ein Bild auf. Ein torkelnder, fröhlich lallender Hans Marchwitza versuchte mir eine Wodkaflasche in den Mund zu schieben, ich stieß ihn zurück, und er vergab mir nie, daß ich nicht bis zum Umfallen fröhlich war mit ihm bei dem großen Gelage bei dem großen Scholochow in der hungerarmen Steppe. Von da an konnte ich nicht mehr recht glauben, daß dieser wirklich der Autor des »Stillen Don« sei.

Wie so oft, machte die frierende Seele mich krank am Leib. Mit wolynischem Sumpffieber lernte ich ein Krankenhaus in Tbilissi kennen und eine so schöne georgische Ärztin, daß ich sie im Fieberwahn entführte. Sie versprach, mich auf »Stachanowsche Weise« zu kurieren – Stachanow war ein großer Held, der seine Arbeitsnorm um mehr als hundert Prozent überboten hatte. Was auch immer sie mit mir anstellte – nach drei Tagen war ich, zwar wackelig noch, fieberfrei.

Am letzten Abend in Tbilissi gab es viel Aufregung, weil Peter Huchel, allein unterwegs im kaukasischen Sommer, verlorengegangen war. Wir schwärmten aus, ich nur in Hotelnähe, die Miliz fuhr Streife nach einem Mann, der wie ein deutscher Dichter aussehen könnte.

Peter Huchel stand einige hundert Meter weit vom Hotel allein an einer Straßenkreuzung, ruhig und unverloren, und wartete, daß die Phobie, in jungen Jahren an einer solchen Kreuzung erworben, ihn verließe. Wir gingen Arm in Arm über die Straße und hatten dann im Hotel ein gutes Gespräch über Scholochows Datscha und Sonderbarkeiten von Phobien. Am Morgen flogen wir Sitz an Sitz nach Moskau und nach Berlin.

Das etwa wäre der nüchterne Bericht über eine vierwöchige Reise. Das Erfahrene reicht weit darüber hinaus.

Der Dichter Kuba war ein Mann unumstößlicher Prinzipien und unverrückbarer Ansichten. Eine dieser Ansichten besagte, daß das Kartenspiel – zwar nicht, wie von frommen Seelen befürchtet, »des Teufels Gebetbuch« –, doch eine Art Schmuggelbroschüre des kapitalistischen Klassenfeindes sei.

Als wir uns am vorletzten Apriltag des Jahres 1953 mittags zwölf Uhr – wie streng angeordnet – im Hotel auf dem Flugplatz Schönefeld versammelten, um am nächsten Morgen als erste Delegation unseres Verbandes in die Sowjetunion zu fliegen, fehlte von den Teilnehmern nur Kuba, der Chef der neunköpfigen Gruppe.

Wir warteten und begannen uns zu langweilen, und Franz Fühmann und Paul Wiens machten mich als dritten Mann zur Skatrunde ausfindig. Ich zögerte, Kuba müsse ja jeden Augenblick auftauchen, dann beginne das obligatorische Zeremoniell der Reisebelehrung, und nur zwei oder drei Runden Skat seien für mich keine rechte Freude. Doch Wiens zog schon die Karten aus der Tasche, Fühmann rückte einen Tisch in eine geschützte Ecke, und aus Furcht, sie könnten einen anderen Partner finden, sperrte ich mich nicht länger gegen die eigene Spiellust.

Wir teilten die ersten Karten in der Kaffeestunde aus und waren zu Mitternacht die einzigen, die nicht, vom zwölfstündigen Warten zermürbt, apathisch in den Sesseln hingen. Schlag Mitternacht erschien lederbemantelt Kuba, nahm mit unübersehbarer Mißbilligung die Apathie ringsum wahr und verfärbte sich, als er uns Spieler entdeckte. Meine Partner strafte er mit schweigender Verachtung, mich befahl er sehr grimmigen Gesichts zu sich. Außer Hörweite der anderen klärte er mich auf dem Treppenabsatz über die Schwere meines Vergehens auf: Karten zu spielen am Vorabend des Abflugs nach Moskau, am Vorvorabend des Feiertags aller Werktätigen der ganzen Welt – ich zeige mich der anstehenden großen Ehre nicht würdig, und ob ich am Morgen mitfliegen dürfe, das werde sich noch entscheiden.

Ich legte nicht meine Zweifel an der Verabscheuungswürdigkeit des Spiels dar, sondern fragte, wieso ich allein verurteilt werde.

Fühmann und Wiens, beschied mich Kuba, seien nicht auf Marx, Lenin und Stalin ausgerichtet und also im Hinblick auf Skat ideologisch nicht zur Verantwortung zu ziehen.

Am nächsten Morgen im Flugzeug saß Kuba vorn in der ersten Reihe und dichtete, Fühmann, Wiens und ich spielten in der letzten Reihe Skat, und bis zur Landung hatte Fühmann sogar ein unverlierbares Grand-Hand-Spiel verloren.

In Stalingrad besuchte unsere Gruppe eine Vorstellung im Theater. Das Stück war sehr moralisch, sehr rührselig und in seinen Figuren völlig unwahr. Es hieß »Und anders kann man nicht leben«. Der Autor galt als einer der wichtigsten russischen Dramatiker des sozialistischen Realismus.

Auf dem Rückweg über den riesigen »Heldenplatz« ins Hotel fragte der nachgereiste Parteisekretär des sowjetischen Schriftstellerverbandes mich – wohl weil ich als einziger mehr Russisch verstand als *dawaj* und er nicht Deutsch sprach –, wie mir das Schauspiel gefallen habe. Mein dürres russisches Vokabular erlaubte mir keine ästhetischen Ausflüchte. Kuba spitzte die Ohren und bat die Dolmetscherin zu übersetzen. Die grauhaarige, gebildete und kluge Lydia Iwanowa milderte meine grob formulierte Meinung zur leisen Kritik ab, doch auch die reichte für Kuba. Im Hotel legte er mir in Gegenwart meines Zimmergenossen Max Zimmering dar, welcher Verbrechen ich überführt sei: Erstens habe ich das Werk eines mit den höchsten Auszeichnungen geehrten sowjetischen Autors für schlecht befunden, zweitens diese feindliche Meinung in *Stalingrad* und drittens, verschärfend, mitten auf dem »Heldenplatz« schamlos offen vertreten. Das Urteil werde nach der Rückkehr in der Heimat gefaßt und verkündet werden.

Max Zimmering, in solcherlei Dingen erfahrener als ich,

hielt meine Lage für sehr ernst, ich hingegen das Ganze für höchst lächerlich.

Am Ende unserer mehrwöchigen Reise durch das Land trafen wir im Haus des sowjetischen Verbandes mit dessen Präsidium zusammen, darunter auch, massig und mächtig, der Autor jenes Stalingrader Schauerstücks.

Kuba, über unsere Reise berichtend, erwähnte auch den Theaterbesuch und lobte mit dicken Worten das Stück. Der Autor unterbrach ihn mit der Frage, ob es uns allen so gefallen habe.

Ich hob die Hand: »Mir nicht.«

Der massige Dramatiker lachte, er sei ganz meiner Meinung, lasse das Stück – ganz zurückziehen habe er es nicht können – auch nur in der tiefsten Provinz aufführen, und hob sein Glas gegen mich.

Während der restlichen Tage in Moskau versuchte Kuba, mich nicht wahrzunehmen, und daheim fand meine Verurteilung nicht statt. *Aktenkundig* indes ist meine Literaturkritik sicherlich gemacht worden, vermutlich als Sowjetfeindlichkeit.

Während unserer mehrtägigen Fahrt auf dem Kanal von Stalingrad nach Rostow am Don herrschte schönstes Vorsommerwetter. An der Backbordreling hatten sich ein sowjetischer Panzerleutnant und Paul Wiens zum Schachspiel niedergelassen und spielten mit Ernst und Hingabe. Kuba stand daneben, achtsam die sich entwickelnde deutsch-sowjetische Freundschaft im Blick. Das Schachspiel an sich war ihm wegen der reaktionären Rollenverteilung von Bauern und königlichem Paar zuwider, und darum empfand er eine gewisse Genugtuung, daß er von diesem Spiel nichts verstand.

Die Partie endete, und er fragte, wer gewonnen habe. Gewonnen hatte der Deutsche, und bevor die neue Partie begann, nahm Kuba den Gewinner beiseite und ermahnte ihn, die deutsch-sowjetische Freundschaft zu festigen, indem er das zweite Spiel verliere.

Wiens versprach's, doch Kubas Argwohn, Spieler seien ideologisch labil, erwies sich als begründet: Der Panzerleutnant verlor zum zweiten Mal. Dessen Spielleidenschaft, die ihn erneut Revanche fordern ließ, hielt Kuba für zornigen Unmut. Wieder machte er unserem Mann mit gebotenem Ernst klar, was er spielend hier aufs Spiel setze. Der war einsichtig, aber auch in dieser Partie verschwanden immer mehr Figuren des Leutnants vom Brett. Daß das drohende Niederlage bedeutete, hatte Kuba inzwischen begriffen. Entschlossen, eine Katastrophe zu verhindern, fegte er scheinbar aus Ungeschick die Figuren des ihm unterstellten Delegierten vom Tisch, berechnete jedoch sein Eingreifen nicht richtig, und der weiße König und ein schwarzer Springer ertranken im Wasser des Wolga-Don-Kanals.

Der Panzerleutnant, der am liebsten hinterdrein gesprungen wäre, murrte einige undeutlich zornige Worte gegen Kuba, der es schmerzlich empfand, daß seine Rettung deutsch-sowjetischer Freundschaft so gründlich mißverstanden wurde.

In Moskau dann begaben sich im alt-ehrwürdigen, damals noch vornehmen Hotel »Savoy« eine kleine lustige und zum Abschluß im Riesensaal der Gewerkschaften eine peinliche Geschichte.

Im »Savoy« zwang uns Kuba, drei halbe Nächte lang gemeinsam einen monströsen Rede-Bericht zu verfassen. Nach den Theaterbesuchen – drei großartige Aufführungen im »Bolschoj«, ich erlebte zum erstenmal klassisches Ballett – durfte allein unser Senior, der Literaturkritiker Paul Rilla, schlafen gehen.

Rilla also schlief, und Peter Huchel, sein Zimmergenosse, gegen Morgen zu Bett entlassen, konnte trotz Übermüdung nicht einschlafen – Rilla sei ein monströses Sägewerk. Rilla aber, am Morgen höflich befragt, wie er geschlafen habe, seufzte und klagte, leider kein Auge zugemacht zu haben.

In der folgenden Nacht überzeugten wir Rede-Verfasser uns, daß sein Sägewerk gut am Laufen war, er jedoch beseufzte am Morgen eine zweite Nacht ohne Schlaf.

In der dritten Nacht zogen wir Rilla die Socken von

den Füßen – er pflegte in Socken zu schlafen – und bestrichen ihm mit lila russischer Tinte die Fußsohlen. Das Sägewerk stockte für einen Moment erst, als die Socken wieder über die Knöchel gezogen wurden.

Zum Frühstück versammelt, erkundigten wir uns mitfühlend nach dieser Nacht, Rilla wiederholte seine Klagen, ließ sich verwundert, aber willig Schuh und Socke ausziehen, betrachtete im Fußspiegel – auch solchen hatte das »Savoy« noch aus Zarenzeiten gerettet – erstaunt seine lila Fußsohle und meinte kopfschüttelnd, da müsse er wohl tatsächlich für einen Augenblick eingeschlafen sein.

So begann der Tag mit fröhlichem Lachen. Stunden später saßen wir feierlich aufgereiht auf der Bühne vor einem Saal voller Moskauer, hörten eine kurze, gute Rede von Konstantin Fedin, und Kuba trug das Werk unserer gemeinsamen Bemühungen ans Rednerpult. Einige Augenblicke lang stand er wortlos, dann breitete er die Arme zur Umarmung des ganzen Sowjetvolkes aus, flüsterte eine Grußfloskel, und plötzlich, wie vom bösen Geist befallen, riß er unser Werk hoch, schleuderte es ins verblüffte Publikum und bekundete sehr laut, daß »sein Herz so voller Dankbarkeit, Begeisterung und Liebe« sei und darum »sein Mund sich weigere, papierne Worte aus sich herauszulassen«.

Was sein Mund dann aus sich herausließ – selbst die kluge grauhaarige Lydia Iwanowa vermochte nicht, es in die Reihe zu bringen –, war so voll von schaumigem Pathos und so leer an Wirklichkeit, daß ich, der ich viele Reden angehört habe, nicht glaube, je eine schlechtere gehört zu haben.

Danach führte ich Peter Huchel über Straßenkreuzungen, und beide befürchteten wir einen neuen Ausbruch unserer Phobien.

2 Ein Gruß von Potjomkin und andere Gefährdungen

Fünf- oder siebenmal noch reiste ich nach Moskau, obwohl ich nach Leningrad wollte oder Riga, nach Kiew oder Tallinn – alle Wege führten über Moskau.

Und immer traf ich in Moskau Freunde und jedesmal Irina, eine besondere unter den vielen diesen Namens. Sie wurde meine Übersetzerin, beste Freundin und Anwältin dort. In ihr begegnete ich einer neuen Generation, die Dogmen für verblichen hielt und neue Haltepunkte noch nicht finden konnte.

Diese Irina, Enkelin eines legendären Reitergenerals der Revolutionskriege, hatten wir als achtzehnjährige Absolventin eines Sprach-Instituts während einer abenteuerlichen Reise von Moskau in den Süden kennengelernt. Schon in Moskau war dem als Reisebegleiterin unerfahrenen Mädchen eine Panne unterlaufen, indem es sich statt der Fahrkarten für den »internationalen« Zug solche für einen »inländischen« unterschieben ließ. In diesem völlig überfüllten Zug gab es weder Speise noch Trank – darauf waren wir nicht vorbereitet. In Brjansk verschnaufte sich die Lokomotive für eine Weile, und mein damals zehnjähriger Sohn und ich rannten in die nächsten Straßen nach Wasser und Brot – wir hätten am Bahnsteig auch Sauerkraut und Kartoffelmus in zu Tüten gefalteten Zeitungen kaufen können. Auf dem Rückweg stiegen wir – weiß man, wann der Zug wirklich abfährt? – an seinem Ende ein. Drei Liegewagen hintereinander, ohne Abteilzwischenwände, Männer und Frauen in Unterzeug, brütende Hitze, pralle Gerüche – mein Sohn meinte, es seien Lazarettwagen, ich ließ es ihn glauben. Am Ende hatten wir alles gut überstanden.

In Odessa – manchmal halte ich diese Stadt, manchmal die an der Mündung der Newa für die schönste des Landes – hatten wir einige tausend Kubikmeter Wasser des Schwarzen Meeres und einige hundert Quadratmeter sandigen Strand für uns allein, und rechts und links lagen Leib an Leib *die Leute*. Es war angenehm, abgezäunt zu schwimmen, durchaus nicht angenehm, es zu sein, auch dann nicht, wenn die Nachbarn es als normal ansahen. Oder vielleicht gerade weil sie es so sahen.

Mein Unbehagen über das ererbte und nur wenig modifizierte Kastenwesen schrieb ich in den »Krabat«, aus demselben Grund schickte ich zwei gleiche Postkarten von der Potjomkinschen Treppe, Schauplatz des letzten Aktes des Matrosenaufstands von 1905, mit identischem Text sorbisch an mich selbst nach Bautzen und deutsch (mit dem Zusatz, mir den Tag des Empfangs mitzuteilen) Freunden nach Münster in Westfalen.

Bei der Heimkehr zwei Wochen später lag die Bestätigung aus Münster schon da, die Karte an mich selbst brauchte noch eine Woche: Sie mußte ja zweimal übersetzt und nach Verborgenem beäugt werden. Ich wollte es nur einmal nicht wegredbar in der Hand halten.

Mit der Post- und Telefonschnüffelei habe ich gelebt.

Manchmal habe ich erbost ins Telefon geschrien: »Gehen Sie raus!«, manchmal mitten in *meinem* Gespräch auf *ihr* Band gesagt: »Sie wissen, daß Sie Verfassungsbruch begehen!« und einmal zornig dem stellvertretenden Minister des Inneren E. M. möglicherweise Schaden zugefügt.

Anläßlich eines wichtigen sorbischen Ereignisses in Bautzen vertrat E. M. die Staatsmacht. Er stand, ein Glas Wasser in der Hand, im Vestibül des Hotels, als ich eintraf, und neben ihm mit einem Glas Bier der Stasi-Chef unseres Kreises, Hauptmann J. Zur Begrüßung bekundete der Minister, daß er meine Bücher gern lese und sich freue, mich kennenzulernen, und fragte nach meinem Ergehen.

Es war zwei Tage her, daß meine Frau mich, der ich draußen in meinem »Arbeitshaus« war, anrufen wollte. Sie nahm den Hörer ab – und hörte sich und mich, unser

Gespräch vom Abend zuvor. Sie übergab den Hörer unserem Sohn, der auf diese Weise erfuhr, daß ich es wieder einmal schwer hatte mit dem »Krabat«.

Und also antwortete ich dem Minister, daß es mir besser ginge, wenn der da – ich nickte zu J. hin – mich nicht länger abhören ließe.

Hauptmann J. lief puterrot an und behauptete, dies geschehe nicht. An die Reaktion des Ministers erinnere ich mich nicht, aber mit Sicherheit scheuchte er mich nicht – sozusagen – in meine Schranken. Wir hatten später am Abend noch ein langes Gespräch, vom Telefon war nicht mehr die Rede.

Der Minister taucht als Porträtskizze am Ende des elften Kapitels in »Krabat oder Die Verwandlung der Welt« auf. Er mußte einige Zeit später seinen Sessel räumen, nicht völlig auszuschließen, daß sein Verhalten damals im Vestibül des Hotels »Stadt Bautzen« ihn einen oder drei Punkte gekostet hat.

Hauptmann J. diente sich in unwahrscheinlich kurzer Zeit hoch bis zum Oberst. Mein Telefon knackte weiter, eine ähnliche unverzeihliche Dummheit leistete er sich hier jedoch kein zweites Mal. Dafür aber im Nachbarkreis Kamenz, wo mein »Arbeitshaus« stand und als richtiges Haus nun steht.

Nach einer ärztlichen Untersuchung in Berlin im Herbst 1988 rief ich vom Krankenhaus, das eine Regierungstelefonnummer hatte, meine Frau an. Eine beflissene Männerstimme sagte: »Einen Augenblick noch bitte. Wir sind gleich soweit.«

Mein Blutdruck schnellte in die Höhe. »Was machen Sie in meinem Anschluß?« Der Mann erkannte mich, nannte mich beim Namen und stotterte in angelerntem Sorbisch etwas von einer Fehlleitung – ich wußte, sie hatten dort einen, der im Dienstauftrag Sorbisch gelernt hatte.

Ich fuhr auf der Stelle ins Haus des ZK, meldete mich an für die Kulturabteilung, erhielt meinen Besucherzettel, fuhr ein Stockwerk höher – ich wollte zu Egon Krenz. Der lief mir am Treppenabsatz vor die Füße. Ich war wütend, und Krenz stand da, wie er immer stand, wenn plötzlich etwas auftauchte, dessen Auftauchen weder vorgesehen noch vorgegeben war: halboffenen Mundes und die Augen groß in Ratlosigkeit.

Mein Überfall war unfair, weil – was ich freilich damals nicht wußte – er, im Politbüro der Mann für Sicherheit, selber auch Angst vor Mielke hatte.

Mein Ritt mag manchem als gefährliches Abenteuer erscheinen, ich sah es damals nicht so und hänge es heute nicht hoch. Daß ich bunt dekoriert war und, gelegentlich, Vorzeige-Sorbe vom Dienst und also – wie ein bekannter Kollege meinte – eine gewisse Narrenfreiheit besaß, bedeutete mir dabei nichts, außer daß ich ohne Schwierigkeiten den Besucherzettel erhielt. Diesen übrigens unterschrieb mir Krenz, mit dem ich damals, im Herbst 1988, zum ersten und letzten Mal sprach.

3 Dürrenmatt, Kurella und ein verdächtiger Name

Zu späten Ehren des ukrainischen Revolutionärs und Dichters Taras Schewtschenko, der nach langer Verbannung nach Sibirien 1858 begnadigt wurde und drei Jahre später in St. Petersburg starb, wurde in seinem Geburtsort, einem Dorf am linken Dnjepr-Ufer, ein Denkmal enthüllt und in Kiew ein internationales Kolloquium abgehalten. Dazu – und zu einem anschließenden zweiwöchigen Aufenthalt – fuhr ich mit Frau und Sohn nach Moskau. Auf dem Bahnsteig begrüßten uns Lydia und Irina und der für uns zuständige Sekretär des Verbandes. Lydia mußte nach Wnukowo, um weitere anfliegende Gäste zu empfangen, uns brachte der Sekretär ins Hotel »Warszawa« und ohne Verzug zum bestellten Essen in den stillen, feinen, menschenleeren Speisesaal. In Kenntnis der Pausen zwischen den Gängen, so lang, daß der Magen bei jedem Gang schon vergessen hatte, was ihm zuvor zugeführt worden war, verzog sich unser Sohn mit Irina, die nun eine strahlende junge Frau geworden war, zu einem Stadtbummel. Also nahmen wir zu dritt am zugewiesenen Tisch Platz. Gedeckt war – wie auf jedem anderen Tisch im Saal – für zehn Gäste.

Wir warteten noch auf die Vorspeise, als Lydia mit einem Ehepaar erschien. Sie nickte uns zu und geleitete ihre Gäste an *deren* Tisch. Ich fragte, wer das sei, der Sekretär flüsterte: »Dürrenmatt.« An seinem Tisch fragte Dürrenmatt etwa dasselbe, stand auf und kam selbdritt zu uns. Wir begrüßten uns, und Dürrenmatt sagte, es wäre geradezu unanständig, wenn wir je zu dritt zwei der für zehn Esser ausgelegten Tischtücher bekleckerten, außerdem sei Neugier seine starke Seite, und meine Frau und ich seien die ersten Sorben, die ihm vor die Augen gerieten.

Also bekleckerten wir gemeinsam nur ein Tischtuch und waren uns nicht mehr ganz fremd, als der Mokka serviert wurde. Aus den Tiefen seines weiten Rockes holte Dürrenmatt Zigarren hervor – in Aluminiumboxen steckende »Romeo y Julietta« –, bot mir und – zögernd – auch dem Papirossi rauchenden Sekretär an und sah dann mit Bedauern zu, wie dieser von seiner Zigarre ein Drittel verrauchte, eines zerkaute und das dritte im Aschenbecher mordete.

Nach drei Stunden an einem Tisch hatten Dürrenmatts und meine Frau es offensichtlich bis zum Grad »gute Bekanntschaft« gebracht, was Dürrenmatt zu freuen schien. Damals wußten wir freilich noch nicht, daß seine Frau sehr krank war und er sie nur mit Mühe zu dieser Reise hatte bewegen können.

Was ihn und mich angeht, trifft es vielleicht, wenn ich sage, wir konnten miteinander und waren gute Reisegefährten. Wir blieben, auf seinen Wunsch hin, vierzehn Tage zusammen. Es reichte nicht, zu sagen: Ich kenne Dürrenmatt. Ich habe Bilder.

Von den Zigarren, zum Beispiel.

Da Dürrenmatt versicherte, einen genügend großen Vorrat mitgebracht zu haben, rauchte ich täglich wenigstens eine seiner »Romeo y Julietta«. Weil jedoch auch der Sekretär ungeachtet der Schwierigkeiten, die er nach wie vor mit der Zigarre hatte, jede angebotene annahm und auch alle anderen seiner Landsleute eine Zigarre von Dürrenmatt zu rauchen für eine Ehre – wenn auch nicht für ein Vergnügen – zu halten schienen, glaubte ich dem berühmten Schweizer manchmal anzusehen, daß ihn das schlimme Ende, das seine »Romeo y Julietta« in diesem Papirossiland nahmen, recht heftig schmerzte.

Nach der Rückkehr aus Kiew war der Vorrat erschöpft, der Sekretär wußte Hilfe, in einem Kiosk am Puschkin-Platz gebe es dieselbe Marke, und er besorgte auch gleich drei Kistchen. Dürrenmatt rauchte die erste Zigarre der frischen Lieferung an, sog kräftig, um sie am Glimmen zu halten, brauchte trotzdem ein neues Streichholz und seufzte nach dem fünften Zug bekümmert: »Ich habe ›Romeo und Julia‹ auf den berühmtesten Bühnen der Welt gesehen und einmal auch auf einer wandernden Schmierenbühne. Es war immer dasselbe Stück, aber welch ein Unterschied!«

Drei oder fünf Tage später erklärte er, das fünfte Streichholz für eine der hier gekauften Zigarren anreißend: »Acht Fränkli bei Davidoff in Genf, drei Rubelchen bei Puschkin in Moskau: Es wird besser für mich und Fidel Castro sein, wenn er Fränkli von mir bekommt.«

Sprach's und brummelte ein paar alemannische Worte, ich verstand sie nicht, und seine Frau sagte: »Na, na!«

Vor Beginn des Kolloquiums in Kiew kreuzte meinen Weg Alfred Kurella, Literaturtheoretiker und unter Ulbricht hochrangiger Funktionär, und gleich darauf Jiří Hájek aus Prag, desselben Berufs und zeitweilig Minister für Kultur. Hájek und Kurella führten gerade damals heftig Krieg miteinander, etwa wie die amerikanische und die japanische Flotte bei den Midwayinseln: von der Ferne aus und ohne in Sichtweite zu kommen. Sie bekriegten einander wegen Kafka. Kurella, eigenem Verständnis nach Verfechter der reinen Lehre des sozialistischen Realismus, zog gegen einen Vertreter des gefährlichen bürgerlichen Revisionismus zu Felde – und einer hatte den anderen noch nie gesehen. Ich kannte beide.

In der Hoffnung, einem offenen Turnier beiwohnen zu können, sagte ich zu Kurella, Hájek würde ihn gern kennenlernen, und übermittelte Hájek den gleichen, von mir erfundenen Wunsch Kurellas. Beide legten kampfgierig die Lanzen ein, ich führte sie gegeneinander und sah verblüfft zu, wie sie flugs die Lanzen in den Sand warfen, ein höfliches Lächeln aufsteckten und die rechten Floskeln schon auf der Zunge rollten.

Kurella erkundigte sich nach einem Gasthaus in der Prager Rittergasse: Ob es das noch gebe, er habe dort einmal die wunderbarsten böhmischen Knödel gegessen, mit Sauerkraut und Schweinebraten …

Hájek wußte ein Gasthaus, in dem es noch viel besseres Sauerkraut zu Knödeln gebe …

Kafka blieb eingesperrt in seinem Schloß, und ich wußte nun, wie wohlerzogen Kritiker sind, wenn sie einander auf Armlänge gegenüberstehen.

Dürrenmatt lachte mich wegen dieser meiner jüngsten Erkenntnis aus und schenkte mir zum Trost die letzte echte, sorgsam gehütete »Romeo y Julietta«.

Am zweiten Tag des Kolloquiums bat mich Kurella, ihn mit Dürrenmatt bekannt zu machen. Ich wolle fragen, sagte ich und war höchst überrascht, als sich Dürrenmatt in diesem Fall sehr kontaktfreudig zeigte und mich bat, Kurella nach dem Abendbrot heranzuholen.

Unsere beiden Frauen räumten den Platz, auf dem Tisch erschienen zwei Flaschen Pfefferwodka und am Tisch der Berliner Theoretiker. Als die zweite Flasche halbleer war, verließ ich die Runde.

Beim Frühstück fragte Dürrenmatt: »Warum sind Sie weggelaufen?«

Ich bekannte, daß ich nicht länger habe zusehen können, wie er Kurella, der nun gewiß nicht mein Freund sei, geschlachtet habe.

Dürrenmatt sah mich mißbilligend an. »Wer vom Seziertisch wegläuft, wird kein Chirurg«, sagte er. »Ich wollte wissen, wie ein alter Stalinist heute von innen aussieht. Ich weiß es nun, Sie nicht!«

Am Nebentisch erschien Kurella und grüßte. Dürrenmatt sah aus, als hätte er nie einen Mann dieses Namens mit Pfefferwodka getränkt.

Nach der Einweihung des Schewtschenko-Denkmals – im Namen der Schriftsteller unseres Landes legte ich, zusammen mit meinem Sohn, einen Kranz zu Ehren des Dichters nieder – bat der oberste Parteichef der Ukraine uns, mit ihm zu essen. Die Einladung war ganz persönlich, sie galt dem berühmten Schweizer, von dessen Stükken der Parteimann einige kannte, und uns Sorben: Sein Vater war während der letzten Kämpfe um die Lausitz gefallen.

In Kiew dann geleitete er uns, gänzlich außer Protokoll, an den Zug nach Moskau, erbat sich von Dürrenmatt ein Autogramm und in die ukrainische Ausgabe der »Schwarzen Mühle« eines von mir. Als wir einstiegen, sagte er, er würde uns gern bis an die Grenze begleiten. Als wir nicht begriffen, lachte er, wir führen doch aus der Ukraine nach Rußland.

Das war die einzige Situation, wo ich bemerkte, daß Dürrenmatt sich etwas notierte. Beim Schreiben aber sah ich ihm einmal zu, als er mit einem Fettstift auf ein buntes seidenes Tüchlein – eine Menükarte der Swiss Air – schrieb: »Für Frau Ludmila zum Andenken an die Ukraine und an Friedrich Dürrenmatt«.

Das Tüchlein hat meine Frau sorgsam gehütet, nun hüte ich es, zum Andenken an sie und Dürrenmatt, der uns, nachdem ich ihn in der Eremitage vor meine kleine blaue Madonna geführt hatte und bevor er nach Helsinki fuhr und von dort nach Hause flog, eingeladen hatte, ihn zu besuchen.

Dann starb seine Frau, und dann mußte ich den »Krabat« zu Ende schreiben, und dann und dann ... Als wir schließlich in die Schweiz fuhren, nach Basel und Bern, Lausanne und Genf, war Dürrenmatt krank.

Nach jener Reise flogen wir noch einmal nach Moskau, wieder mit »unseren beiden Söhnen«, dieses Mal, um meine Wirbelsäule – ich konnte ohne Stütze weder stehen noch gehen – in einer Kureinrichtung des sowjetischen Verbandes in der Nähe von Riga zu kurieren,

Wir landeten in Moskau und gelangten zufällig mit den ersten Passagieren an die Paßkontrolle, meine Frau und die beiden jungen Männer passierten anstandslos, meinen Paß legte der baumlange Offizier der Grenztruppen wortlos und unbewegten Gesichts beiseite. Ich stützte mich so gut ich konnte auf irgend etwas, sah alle Passagiere durch die Sperre gehen, und die Schmerzen machten mich nicht eben friedlich.

Der Offizier schien in mir – aufgrund meines Vornamens sicherlich – einen Wlassow-Mann zu wittern und behandelte mich, als wäre ich schon auf dem Weg vors Kriegsgericht.

Das kurze, nackte Verhör war das letzte Bild in der Reihe meiner Bilder des sowjetischen Irrweges hin zu einer neuen Gesellschaft. Er nahm, betont langsam, meinen Paß, blätterte darin, nach vorn, nach hinten, und fragte, ohne mich anzusehen, in deutsch: »Wie cheissen Sie?«

»Steht in meinem Paß.«

Er blickte mich an: »Wann geboren und wo?«

»Steht in meinem Paß!«

Hinter der Sperre stand mit meinen Leuten Lydia Iwanowa sehr besorgten Gesichts und bat mich mit Gesten, nicht obstinat zu sein. Ich war schon darüber hinaus, besänftigt werden zu können.

Als der Offizier, von meinem ungehörigen Verhalten unbeeindruckt, sein Fragespiel von vorn begann, knurrte ich zu Lydia hin, sie möge ihm sagen, daß ich Vizepräsident unseres, Gast ihres Verbandes sei, keine Minute länger mehr stehen könne und unter Protest mit der nächsten Maschine zurückfliegen werde. Und außerdem wolle ich seinen Namen erfahren, damit unser Botschafter wisse, über wen er sich beschweren müsse.

Der Offizier sagte: »Sie sind in Deutschland geboren?«

»Ja.«

»Ihr Vater?«

Jetzt schwante mir, was ihn zu erhöhter Wachsamkeit getrieben haben mochte. Ich sagte, mein Vater, Großvater, Urgroßvater – bis zu Adam.

Wortlos und unbewegten Gesichts, wie er den Paß beiseite gelegt hatte, gab er ihn mir nun zurück.

Zu Lydia sagte ich, ich komme nie wieder her. Sie umarmte mich. Ich habe sie nicht wiedergesehen und keinen Fußbreit ihres Landes mehr betreten.

Ich habe gute Freunde dort gehabt, viele gute Menschen und große Kunst kennengelernt, wunderbares Theater erlebt, herzliche Gastfreundschaft genossen und verloren eine kleine blaue Madonna.

Doch von allen Reisen dahin habe ich Bilder mitgenommen, die mich diesem großen, mir in vielem nahen Volk wünschen ließen, es vermöchte das böse Konglomerat aus Zarenerbe und pervertierter Ideologie zerbröckeln und in Vernünftigkeit auflösen können.

Dieselben Bilder machten auch eine Ahnung zur sicheren Gewißheit: daß mein geträumtes Abendland eine Vision bleiben wird, wenn es sich nicht in *eigener* Tradition zum Kontinent von Menschenwürde und menschlicher Vernunft zu bilden vermag und sich einpferchen läßt in Dogmen, solche des außervernünftigen Heils und solche des vernunftlosen Geldes.

4 Das sanfte Leuchten

Das Land jenseits der Neiße und das hinter den Lausitzer Bergen – immer wieder bin ich in beide gereist. Von dort habe ich nicht gleiche oder zumindest ähnliche Bilder mitgenommen, und ich frage mich, warum nicht.

Das klarste Bild aus Polen: Gut fünfzigjährig, fahre ich nach Toruń, wo mir dreißig Jahre zuvor das Abiturzeugnis (das, außer daß ich es hatte, keine Bedeutung erlangte) überreicht worden war.

Ich suche die Frau, die meine Wirtin war, arm, mit drei Halbwaisen am Rock, und mich nicht verhungern ließ. Sie wohnt nicht mehr dort, doch ich finde sie. Ich klingele, eine Siebzigjährige steht in der Tür, still für einen Augenblick, dann flüstert sie: »Panie Jurku«, umarmt mich, ich umarme sie, sie weint, und dann lachen wir.

Aus dem Land zwischen Böhmerwald und den Karpaten habe ich Hunderte in ein und dasselbe Fach gehörende Bilder, aus diesem Kasten zwei:

Ich fahre aus Prag in Richtung Südwesten, ein Bahnübergang, die Schranke geschlossen. Nach drei Minuten stelle ich den Motor ab, nach zehn Minuten springt in mir der Motor an, ich hupe. Aus dem Schrankenhäuschen tritt eine Frau, blickt mein Gefährt an und verschwindet wieder. Nach weiteren fünf Minuten schreit die Hupe in kurzen Intervallen. Die Frau erscheint wieder, kommt auf ein paar Meter heran und schreit auch.

»Machen Sie nicht so einen Krach! Brennt's bei Ihnen daheim? Vorgestern kam der Prinz von Saudien bei mir vorbei. Der hat auch warten müssen. Oder sind Sie etwa der König von Saudien?« Schrie's, ging, drehte sich um, kam zum Auto – und erzählte mir einen Witz über den Prinz von »Saudien«, den sich ganz Prag derzeit erzählte.

Der Schnellzug nach Plzeň raste vorbei, sie rannte, öffnete die Schranke und winkte mir einen Gruß zu.

Ein guter Freund – er hatte beide sorbische Versionen der »Jantschowa« inszeniert – unterzeichnete die »Tausend Worte«, jenen Aufruf von Künstlern und Wissenschaftlern, den die Leute auf der Prager Burg als konterrevolutionär ansahen und darum alle Unterzeichner, soweit sie auf irgendwie amtlichen Stühlen saßen, ohne Federlesen auf die Straße setzten. Tenöre verloren ihr Publikum, Maler die Leinwand, Schreiber das Buchpapier, Schauspieler und Tänzer die weltbedeutenden Bretter unter den Füßen und mein Freund den Regiestuhl.

Der Verlag der Gewerkschaften hatte die Lizenz für die tschechische Ausgabe des »Krabat« erworben und lud mich zu einer Besprechung ein, ich dachte an den armen hungernden Freund und nahm irgend etwas für sein leibliches Wohl mit. Beim Verlag entsetzte ich mich: Die Übersetzerin des »Krabat« war die Frau des Freundes, ihre Muttersprache war halbes Sorbisch und halbes Deutsch. Weder in der einen noch in der anderen Sprache reichte es dazu, das Buch wirklich zu verstehen, und ihr Prager Tschechisch, mit echter Melodie und echtem Slang, konnte nur einen Ausländer glauben machen, sie beherrsche die Sprache.

Sie und ihr Mann grienten. Das Honorar stand laut Vertrag der Frau zu, die Arbeit gemäß stillem Abkommen dem Mann. Der Mann schaffte die Übersetzung – nicht in jedem Satz zu meiner Zufriedenheit –, geriet am Ende jedoch in Zeitnot. Zwar war er aus seinem – und jedem anderen – Theater verbannt, aber die Armee hatte auch ein Theater und gerade jetzt keinen guten Regisseur, und also setzte man meinen Freund auf den Regiestuhl. Denn – wie es Schwejk sagt – beim Militär ist das andere meistens anders als das andere.

Es mag scheinen – und manche, die damals weggegangen sind, mögen es behaupten –, das sei eine Lösung in einem Einzelfall gewesen. Mir jedoch schien es ein Zeichen dafür zu sein, daß Schwejk immer noch aus allem gesund zum Bier in seinen »Kelch« zurückkehrt.

Es mag auch sein, daß meine Bilder aus diesen beiden Ländern getönt sind durch die Zeit, als ich dort ein Flüchtling war aus dem eigenen Land, auch durch die Überlebenshilfe, die sie unserem Volk nach dem Kriege boten, und ebenso dadurch, daß ich Schwejks Erzählungen zuhören konnte, »Die verkaufte Braut« als heimatlich empfand, in den »Dziady« des Adam Mickiewicz Spuren *unserer* Geschichte entdeckte und die »Kreuzritter« des Sienkiewicz vordem in *unser* Land »ferro ignisque« eingefallen waren, und schließlich auch, daß unsere Sprachen eng verwandt sind – das alles mag eine Rolle spielen. Und daß ich die *anderen* Bilder dort nicht aufsammelte – ich brauchte sie nicht mitzunehmen, denn diese hatte ich ähnlich, gleich und manches kongruent im eigenen Land.

Das letztlich Wesentliche aber war das aller dieser *anderen* Bilder seitenverkehrte Bild. Es entstand, wie ein Gemälde von Monet, aus tausend farbigen Punkten: Ein Stern hängt im Osthimmel, sein Licht ist grell, hart und rot; ein Stern hängt im Westhimmel, sein Licht ist grell, hart und weiß. Wir aber starren, den Kopf im Nacken, in den Zenit, da müßte das Licht beider Sterne ineinanderfließen, ein sanftes, freundliches Leuchten …

Eine Schimäre? Ich will es nicht glauben.

Immer wieder begegnete ich Menschen, die in den Zenit starrten, wo das grelle Licht des Oststerns und das grelle Licht des Weststerns in ein sanftes Leuchten ineinanderfließen würden. Vielleicht begegnete ich ihnen so oft, weil ich wünschte, sie zu finden.

An einem Pfingstsonntag vor mehr als vierzig Jahren wollte ich in Moskau den großen Festgottesdienst besuchen. Schon am Eingang der Kathedrale standen die Menschen dicht an dicht, ich fand eine Seitentür, geriet in die Sakristei und sah mich unversehens dem geistlichen Oberhaupt der russisch-orthodoxen Kirche gegenüber. Ich schämte mich meines Eindringens sehr und bat in mühsamem Russisch um Verzeihung. Der Archimandrit hörte dem fremden Klang meiner Worte nach, fragte, erfuhr, daß ich ein Sorbe sei, erlaubte mir, von der Sakristei aus den Innenraum zu betreten und nach der Messe wieder dahin zu ihm zu kommen.

Ich hörte die wunderbaren Baßgesänge der Diakone, verfolgte die fremden Riten und stellte verwundert fest, daß – dem Erscheinungsbild nach – der überwiegende Teil der in dieser Kathedrale, der Moskauer Hauptkirche, versammelten Gläubigen offenbar der *Intelligencia* angehörte. Die Frage nach dem Verhältnis von Kirche und institutionalisierter Marxscher Gesellschaftsidee war für mich von solcher Bedeutung, daß ich danach zu fragen wagte.

Die Antwort des Archimandriten lautete, gebündelt, so: Je höher die geistigen Fähigkeiten eines Menschen und je gefestigter seine moralische Menschlichkeit, um so weniger wird er sich in solche Spannungsfelder eintreiben, darin aufreiben und sich die Seele abtöten lassen.

Mit dem Lächeln der Weisheit fügte er hinzu, daß er nicht die unsterbliche Seele der Religionen meine, sondern jenes edle innerste Wesen des sterblichen Menschen, für das die Sprache kein anderes Wort kenne.

Am Ende dieser zufälligen wie überaus ungewöhnlichen Audienz sagte er, er wolle – wenn ich es wünschte – mir seinen Segen geben. Vielleicht hülfe es mir, in meinem Spannungsfeld zwischen Gold und Menschlichkeit, die Seele nicht zu verlieren.

Unwesentlich, daß er annahm, ich käme aus dem Westen – ich bat um seinen Segen. Er segnete mich *im Namen des Vaters, des Sohnes und des Heiligen Geistes.*

Ich dankte dem alten weisen Mann, wie ich jedem danke, der mir – mit welchen Worten auch immer – guten Schritt für ein Stück meines Wegs wünschte.

Einmal gab mir ihren Segen auf meinen Weg eine weißhaarige, vom Alter gekrümmte bosnische Bäuerin, die Mutter des Schriftstellers Mladen Oljača. Ihre Segensworte lauteten: »Mögen die Augen deines Vaters und das Herz deiner Mutter mit dir sein.« Ihre Stimme war jünger als sie selbst, kein Pathos darin und kein mildes, müdes Schwingen.

Ihr Spruch rührte mich damals, begriffen habe ich ihn viel später als Mahnung, überkommene Erfahrung zu nutzen und die Bindung zur Herkunft nicht zu verlieren. Oder auch: Vernunft und Liebe zu bewahren.

Ihrem Sohn sagte sie – wie einen gewohnten Gruß – zum Abschied: »Ehre deinen Vater, Sohn.«

Mladen Oljača, den ich als Freund betrachte, ohne je mehr als ein Zipfelchen jener Seele des Archimandriten von ihm kennengelernt zu haben, umarmte sie wortlos. Er war wortkarg bis an die Grenze des Stummseins, und sein sehr seltenes Lächeln machte eine tiefe, verborgene Trauer sichtbar. Vielleicht lächelte er darum so selten.

Schon einige Kurven der engen Straße zwischen Berg und dem Drina-Fluß hinter uns, sagte er, mit diesen Worten habe ihn die Mutter als Vierzehnjährigen zu den Partisanen geschickt. Er verschwieg, was ich später erfuhr: daß das geschah, nachdem seine Mutter gezwungen worden war, zuzusehen, wie Männer in deutscher Uniform ihren Mann, Soldat in Titos Armee, auf grausige Weise töteten.

An der Drina entlang nach Süden fahrend, fanden wir den Abschnitt der Eisenbahnstrecke, den eine Gruppe sorbischer Jugendlicher – ich ihr »Kommandant« – 1947 gebaut hatte. Ein geschotterter Damm, Schwellen, Schienen, dorniges Gesträuch – ein gewöhnliches Stück Technik. Ein Güterzug dröhnte vorbei, offenbar Erz von Šamac nach Sarajevo.

Eine seichte Bucht im Fluß glaubte ich zu kennen, vielleicht hatten wir damals hier gebadet. Ich erzählte von uns, von uns damals. Oljača hörte zu. Längst wieder auf dem Weg nach Norden, sprach er, wie vor sich hin, damals hätten wir – er schien sich einzuschließen – als Vision *eine* ungeteilte friedliche Welt vor uns gesehen, und heute – wohin können wir heute unsere Blicke richten, um *unsere* Welt zu sehen …

»Meine Mutter ist eine alte Bosniakin, sie kennt nicht die eine und nicht die andere Welt. Sie blickt nach unten auf ihr bißchen eigene Erde und nach oben in ihren Himmel. Ihren Himmel habe ich, ein Kind noch, verloren, als der Deutsche den neben mir und ich den Deutschen tötete. Und die Erde – welches Fleckchen der zwei Welten gehörte mir? Und wohin gehöre ich …«

Ich schwieg, und neben mir saß ein Mann, der beide Hände am Steuer hatte und offenbar nichts im Sinn, als uns heil zurückzubringen.

Wieder in der Nähe seines Dorfes, trafen wir auf eine ihm bekannte Roma-Sippe, wo ein Mann für uns auf der Geige spielte, man hätte meinen können, es sei Paganini.

Von Rechts wegen freilich hätte der Geiger – ohne Geige – im Gefängnis sitzen müssen, einer Messerstecherei wegen. Der Clan aber hatte statt seiner einen anderen, der nicht einmal einem Huhn den Hals umdrehen konnte, dem Gericht ausgeliefert, und ein Mädchen aus der Sippe hatte geschworen, der wirkliche Messerstecher habe die ganze Zeit Haut an Haut bei ihr gelegen.

Ich dachte: Weil der Geiger für alle das Geld verdient.

Oljača sagte: »Die Achtung, die Bewunderung, die Fremde seinem Geigenspiel zollen, ist Teil des Selbstwertgefühls des Clans. Der Künstler ist ihre Identifikation. Ich wünschte, es wäre so auch bei uns.«

Oljača schien die Roma-Leute zu beneiden um das, was sie besaßen und er verloren hatte.

Ich bin ihm noch einmal begegnet. Er war in Köln gewesen, in Hamburg, in Berlin, Weimar und Dresden. Nun fuhr ich ihn durch mein Land, in mein Dorf, zu meinen Eltern, und brachte ihn danach zum Zug nach Dresden. Während der Fahrt bemerkte er die vielen Hochspannungsleitungen und, auf seine Weise seine Reiseeindrücke zusammenfassend, sagte er: »Mein Land ist arm, dein Land ist reich.« Nach langer Pause fügte er an – woher auch immer ein solcher Gedanke in ihm aufkam –: »Ich habe Angst vor deinem Land. Die Deutschen werden es uns nie vergessen, daß wir sie in zwei Kriegen aus unserem Land getrieben haben.«

Damals hielt ich das für eine Phobie.

Drei Jahrzehnte später, als ein deutscher Außenminister mit großer Energie das Zerbrechen des Staates Jugoslawien beförderte, war ich mir darin nicht mehr sicher.

Ich weiß nicht, ob Mladen Oljača noch lebt. Und wenn er lebt: Wohin richtet er seine Blicke nun? Auf das Fleckchen verdammter bosnischer Erde, das seiner Mutter gehörte? In die Leere bloßer Existenz?

Als ich ihn kannte, war er einer, der – den Kopf im Nacken – in den Zenit starrte.

So – wie auch in der Wortkargheit, dem grüblerischen Sinn, in gewisser Weise sogar im Werk – schien mir Daniil Granin, der Nordrusse, sein Bruder zu sein. Mit Granin traf ich des öfteren zusammen, besuchte ihn auch in seiner Datscha, wohin unterwegs wir, das Taxi, der Fahrer und ich, einmal in Konflikt mit einem brünstigen Elch gerieten und nur dank unserer schnelleren Räder den erstaunlich schnellen Beinen des Elches entkamen.

Von den Begegnungen mit diesem Schriftsteller hat sich meinem Gedächtnis eine besonders eingeprägt.

Er besuchte mich zu Hause, ging neben mir auf dem uralten zernarbten und verbuckelten Feldweg zu der Pestsäule, die vierhundert Schritt entfernt von unserem Hügelchen am Rande dieses Wegs steht, der irgendwann, vor Jahrhunderten, eine wichtige Straße gewesen war. Die granitene Säule trägt einen vierseitig behauenen Bildstock. Aufmerksam und vergrübelt betrachtete Granin das Werk des Bauernkünstlers, der damals seine Ängste und seine Hoffnungen in den Gneiswürfel eingrub. Schließlich wies er auf den Ritter St. Georg, der den Drachen tötet.

»Sie wachsen immer nach, die ewigen Drachen«, sagte er.

Ich zeigte ihm die Madonna mit dem Kind auf der anderen Seite des Würfels.

Er nickte, in einem alten russischen Gebet heiße sie Mutter der Hoffnung.

Auf dem Weg zurück zu unserem Haus sang er sehr leise mit der tiefen Stimme eines Diakons aus jenem Gebet.

Ich hätte mitsingen können, in meiner Sprache, die Worte waren ähnliche und der Grund der Bitten derselbe.

Seltsam – oder vielleicht gar nicht seltsam: Wieder im Haus, sagten wir du zueinander.

Dieses schreibend, fällt mir ein, jemand könnte glauben, ich projiziere Eigenes in Oljača, in Granin. Mein Bild von ihnen können nur sie selbst korrigieren, sie wie auch Mieželaitis.

Der litauische Dichter Mieželaitis und ich begegneten uns auf einem Symposium in Belgrad. Neugierig, er auf mein und ich auf sein Volk, gingen wir aufeinander zu, beider Kenntnis der polnischen Sprache kam uns zugute. Da Fremde am ehesten Kontakt zueinander finden, wenn sie gemeinsam ein anderes Fremdes entdecken, bummelten wir nach Ableistung der obligaten Sitzungsstunden gemächlich vom Hotel hinunter zur Altstadt. Unterwegs traten wir an eine Trafik, um Streichhölzer zu kaufen, artikulierten den Wunsch mit dem Wort erst aus der polnischen, dann aus einer anderen slawischen Sprache, die Trafikfrau explodierte vor Zorn, warf uns ein unfeines Wort an den Kopf und knallte ihr Fensterchen zu. Beschämt trotteten wir davon und erfuhren später von Mladen Oljača, daß unser unschuldiges fremdslawisches Streichholzwort im Serbischen ein Wort weit jenseits aller Unschuld sei.

Dieses triviale Trafik-Erlebnis scheint mir die Funktion eines Schlüssels gehabt zu haben: Wir waren beide beschimpft worden, hatten uns gemeinsam geschämt, hatten zusammen gelacht – es war leichter, nun auch miteinander zu reden. Die Zeit in Belgrad reichte freilich nur für einen Anfang, doch ein Zufall brachte uns ein Jahr danach in Karlovy Vary zur Kur in dasselbe Haus. Mein Krabat-Roman war soeben erschienen, Mieželaitis las ihn – in deutsch, was ihm viel Zeit abverlangte –, und mit den Gesprächen darüber und dazu fanden wir viele Berührungspunkte in Herkunft und Standort als Schreiber zweier der kleinen Literaturen Europas. Obwohl wir eine Woche Zimmer an Zimmer wohnten, verhinderten ernsthafte Kur, medizinisch klug ausgedachte lange Wege zu Quellen, Bädern, Masseuren, daß wir den sprichwörtlich notwendigen Löffel Salz zusammen essen konnten.

Wieviel der abreisende Mieželaitis über mich wußte – wir haben darüber nicht gesprochen –, ich selbst hatte von ihm die Vorstellung eines Mannes, der zeitlebens seine Seele hinter seiner Erscheinung verstecken zu müssen glaubte.

Sein Volk, klein, arm, vom übermächtigen Nachbarn bedrängt – vielleicht hat er sich, schreibend, was er nicht schreiben wollte, vor es gestellt, um die Bedrängnis zu mildern. Ich kenne weniges aus seinem Werk und habe zuweilen gehört, er sei ein großer Dichter der litauischen Sprache, doch nicht ein Dichter des litauischen Volkes. Ich kann es nicht beurteilen.

Bei unserem letzten Gespräch – im Mai 1981 – hatte ich das Gefühl, er stehe da, blicke sich um nach sich selbst und sehe nur Schatten.

Wir saßen in meinem Garten und hatten weder Auge noch Ohr für den Frühling ringsum. Hinter uns lagen Parteitage und unter deren Protokollen vergraben schüchterne Hoffnungen. Überzeugt, daß die wohl letzte Chance, Betoniertes aufzubrechen, im bejubelten Rückwärtsgang vertan worden war, sahen wir darin den Anfang vom Ende.

Aus gleicher Neigung, Gegenwart auch durch Geschichte zu befragen, gerieten wir auf das Verenden der Demokratie im alten Rom. Unser langes Gespräch verrann in Hoffnungslosigkeit. Ich rekapituliere es heute so:

Als Julius Caesar seinen Konkurrenten Pompejus besiegt hatte, liefen die hauptstädtischen Pompejaner scharenweise zu ihm über. Caesar ließ seine neuen Zujubler in einer Art Statistik erfassen, und die ergab, daß weder die großen Lumpen noch die kleinen Gauner darunter waren.

Caesar vermerkte dazu, die mittelmäßige Lumperia sei die zuverlässigste: Nur bei ihr könne sich eine Regierung darauf verlassen, daß sie sich auf sie nicht verlassen könne. Doch sei die Lumperia gut benutzbar, solange sie ihren Nutzen dabei sehe.

Brutus sagte warnend zu ihm: »Jede Herrschaft, o Caesar, charakterisiert sich auch durch die, die in ihr Karriere machen.«

Caesar lachte: »So laßt dicke Männer um mich sein – als Charakteristikum der Wohlfahrt im Lande!«

Brutus, der asketische Demokrat, wandte sich ab und beschloß, die Republik zu retten. Weinend stieß er darum seinen Dolch in Caesars Herz.

Die Lumperia jubelte nicht ihm, sondern dem neuen Caesar zu.

Die Schlüsse, die wir daraus für uns zogen, waren vage. Heute denke ich, daß wir meinten, am Himmel über uns werde ein sanftes Leuchten, ineinanderfließendes Licht eines weißen und eines roten Sterns nie erscheinen, und fürchteten, ein schwarzer Blitz risse alle Sterne vom Himmel.

Wir verabredeten meinen Besuch im Juni des nächsten Jahres bei ihm. Ich hatte vor, mit dem Wagen über Polen direkt nach Litauen zu fahren. Die sowjetischen Behörden erlaubten nur den weiten Weg über Brest, selbst eine Bitte aus unserem Außenministerium vermochte nicht, sie umzustimmen. Und ich war weniger denn je gewillt, meinen Weg nach ihrem Willen zu nehmen.

Der Oststern verlosch, der schwarze Blitz blieb aus.

Doch sonderbarerweise starre ich immer noch in den Zenit, wo das sanfte Leuchten erscheinen wird.

5 Tristes

In Constanţa erinnerte ich mich an den »armen Ovid«. Es war Anfang Oktober, der Himmel grau, das Wasser des Schwarzen Meeres im Hafen ein Flickenteppich aus Öllachen und Entsorgungsabfall, die Straßen weitgehend abgasfrei, die Tankstellen ohne Benzin, die Geschäfte voller Mangel, im Hafengeviert Schwarzmarkt in jedem Winkel, zumeist mit türkischen Waren, auf dem Bauernmarkt Kartoffeln stückweise – warum mich die Funktionäre des rumänischen Verbandes von Bukarest an Ovids Verbannungsort dirigiert hatten, bleibt ihr Geheimnis.

Die Beziehungen unserer Verbände basierten auf gegenseitiger Mißachtung. Die rumänischen Kollegen betrachteten uns als standfeste Verfechter des exemplarischen sozialistischen Realismus und unsere Offiziellen wiederum sie als Außenseiter, die sich starrköpfig weigerten, nach den – wenn auch schon ziemlich aufgeweichten – kruden Regeln ebendieses Realismus das Leben zu sehen und zu beschreiben.

So war auch der Akt der Unterzeichnung des Freundschaftsvertrages – dazu war ich nach Bukarest gekommen – zwar eine, in Maßen freilich nur, feierliche Angelegenheit, in Wirklichkeit aber eine Farce. Denn außer dem ausgehandelten jährlichen Kontingent von Studienaufenthalten im Tausch lasen beide Partner den Text als unverbindliche Floskelei. Zudem stand, was die Zeremonie noch weiter abwertete, auf meinem persönlichen Ansehenskonto als einziges, zwanzig Jahre zuvor in rumänisch erschienenes Stück der mißglückte Roman »52 Wochen ...«. Doch waren wir höflich zueinander, versicherten uns unserer unverbrüchlichen Freundschaft und brüderlicher Verbundenheit, hatten ein Essen miteinander und Trinksprüche füreinander, und die Gastgeber schickten mich nach Constanţa. Durchaus möglich, damit ich sähe, wie ihr Land – der große Ölboom verflogen – den kurzen Traum vom sozialistischen Wohlstand ausgeträumt hatte, und daß Literatur, wie jenes Stück von mir, Verhöhnung nicht nur der Wirklichkeit, sondern auch der Menschen, die sie erleiden müssen, sei.

Wie auch immer – ich sah Constanţa, nicht aber auch nur ein Sandkorn des sozusagen fast stadteigenen Sonnenstrandes von Mamaia, dafür aber – weil ich nach Ovid fragte – ein Stück Ödland, wo noch Hinterlassenschaften aus des Dichters Zeiten zu finden wären, wonach zu suchen jedoch höchst strafbar sei.

Gegen Abend fuhren wir dorthin. Der Fahrer täuschte eine Panne vor, mein Begleiter beäugte aufmerksam die Gegend, und ich strich durch das Gelände, ein Tourist, der dringend einen verdeckenden Busch braucht. Ohne sonderliche Mühe fand ich den Hals einer Amphore und ein Bodenstück einer tönernen kleinen Vase – nach Besserem zu fahnden, war es schon zu dunkel. Das Amphorenstück dient mir als Behältnis für Schreibstifte, der Vasenboden gelegentlich als Aschenbecher, zu klein, um eine Tagesproduktion Zigarrenasche aufzunehmen.

Mein Raub machte mir keine Angst, dafür um so größere die Rückfahrt nach der Stadt. Es war inzwischen stockdunkel, und wir fuhren ohne Licht auf einer schmalen, unebenen Straße. Nachdem der rechte Außenspiegel einen Baum gestreift hatte, bat ich den Fahrer, doch das Licht anzuschalten. Er sagte, er fahre mit Licht, hielt freundlich an, damit ich mich überzeuge. Tatsächlich flimmerten – mit der schwächsten Birne wohl – beide Standlichter. Wie vom Teufel bestellt, kam uns kurz danach ein anderes Flimmern entgegen, und mit anderthalber Stadtgeschwindigkeit schrammten wir aneinander vorbei.

Der Fahrer erklärte mir gleichmütig, die Lichtmaschine röchele, und die Batterie – er bettele sie vor jedem Start an, sie möge sich doch bitte anstrengen und den Motor zum Laufen bringen. Er lachte und fügte ein paar Worte an. Der Begleiter übersetzte: »Wenn du verdammter Hurenbock es nicht tust, piss ich dich an und verpfeife dich bei der Securitate!«

Der übersetzende Begleiter enthielt sich jeden Kommentars, wie er auch sonst nichts vom Eigenen preisgab. Er war ein Siebenbürger Sachse, der später auswanderte und, wenn ich es richtig weiß, einiges hier im Lande veröffentlichte.

Auf der Rückfahrt am nächsten Morgen besuchten wir ein bäuerliches Freilichtmuseum, ein wunderschönes Traumdorf mitten im Kornland der Dobrudscha, und passierten auf dem Weg von dort zurück auf die Fernstraße ein *wirkliches* Dorf: Getreidesilos, unverputzte Maschinenschuppen, stille Traktoren, ein mit Transparenten bebändertes Verwaltungsgebäude der Genossenschaft – fremdes Teil in der Landschaft –, armselige Hütten, armseliger als früher die Insthäuser im tiefsten deutschen Junkerland zwischen Oder und Warthe, auch ein Bauernhof, der in der Anlage den Höfen im Museumsdorf glich und mich in seinem Aussehen ein endendes Stück Leben assoziieren ließ.

Ich habe mit der jungen Frau, die mir in einem schönen bäuerlichen Gewand das Freilichtmuseum vorführte und die Tracht als Dienstkleidung trug, gesprochen und mit einer älteren Bäuerin, die Wasser aus dem Ziehbrunnen schöpfte, fünf Grußworte getauscht – ich konnte ihr nicht wortlos zusehen. Die beiden Frauen, die beiden Dörfer: Hätte die Alte in der Tracht der Jungen mich durch das Museum geführt, hätte die Junge in Alltagsrock und grober, aber gebauschter Bluse den Schöpfeimer aus der Tiefe gezogen, es wäre mir stimmig erschienen, und auf sonderbare Weise hätte es mich – vielleicht – fröhlich gemacht.

Der Siebenbürger spürte etwas – daß ich enttäuscht sei, möglicherweise –, er erklärte, die Bauern hier seien nicht arm, sie säßen auf dem besten Ackerboden.

Aus dem Wust der Worte in meinem Kopf hätte ich einzelne herausziehen – Täuschung vielleicht – und sie zu Floskeln aufbröseln können: etwa, daß ein Wildrosenstrauch, den man mit einer edelrosenbestickten Decke zudecke, verkümmere, an seinen besten Trieben aber sorgsam gepfropft, an einzelnen Zweigen rote, gelbe, weiße edle Blüten tragen werde. Jeder würde sehen, wie der Blüten von Jahr zu Jahr mehr würden, und immer noch blühte als erster im Frühling der Feldrosenstrauch – das etwa wäre eine der Floskeln gewesen, die ich hätte aufsagen können.

Oder ich hätte erzählen sollen, daß ich daheim manches geschrieben habe über Wildrosensträucher und edelrosenbestickte schwere Decken, die sie ersticken. Einmal sei es auch ein Feldweg gewesen, vor Jahrhunderten eine wichtige Straße, auf der Kriege und die schwarze Pest ins Land zogen und gegen Krieg und Pest die Bittgänger zur Madonna von der Linde in Rosenthal.

Aus vielen Sommern kannte ich den Weg als dreischrittbreiten Pfad zwischen zwei Mauern aus Roggenhalmen, und der Duft reifenden Korns war der wirkliche Zauber hohen Sommers. An einem solchen Tag ging ich dort so dahin mit Daniil Granin, und er meinte, es sei ein nicht eben mageres Stück Glück für einen Schreiber, auf solche Art auf einem gänzlich gewöhnlichen, grasbenarbten und ein wenig verbuckelten Feldweg zu gehen, wo schon – vielleicht – der Urgroßvater sich barfuß die Zehe an einem Stein wundgestoßen habe.

Diesen Weg nun hatte ein Vorsitzender der Bauerngenossenschaft umbrechen wollen, seine Maschinen hätten den notwendigen Auslauf, und hundert Brote mehr brächte die Ernte. Der Vorsitzende war Allmacht über viertausend Hektar und ein Feind aller wilden Rosenbüsche. Meine Fürsprache für den Feldweg mußte ich in die höchsten Ohren des Landes reden, an einem kleinen runden Tisch in Vorbereitung des vorletzten Kongresses unseres Schriftstellerverbandes; so fremd es irgendwem auch scheinen mag, es gehörte zusammen.

Der Feldweg wurde gerettet, ein Stück schwere Geschichte und verblassende Erinnerung an die Armut aus der Zeit der Kuhgespanne, und fünfhundert Meter jenseits des Ackers die butterkuchenglatte Straße für das Auto von heute.

Das vielleicht hätte ich dem Mann aus Siebenbürgen erzählen sollen, leicht möglich, er wäre dann nicht so verwundert gewesen, als ich abrupt erklärte, am nächsten Tag nicht – wie geplant – die Schlösser in Sinaia sehen und zum Abschluß auch nicht die Prachtbauten in Bukarest besichtigen zu wollen.

Drei Besuchstage waren noch zu absolvieren – er schlug vor, nach Kronstadt zu fahren. Auf der Fähre über die Donau entdeckte ich, daß unser Gefährt Reifen hatte wie ein Formel-1-Wagen: kein Millimeterchen Profil. Wenn wir damit glücklich nach Bukarest kämen, murrte ich, wolle ich Gott danken, aber mit diesen Reifen ins Gebirge, wo möglicherweise schon der erste Schnee liege, führe ich nicht.

Der Fahrer machte keinen Hehl daraus, daß er mich für einen Feigling hielt, und der Begleiter erklärte gleichmütig, daß es keine anderen Reifen gebe. Dann reise ich morgen früh ab, sagte ich. Noch von hinten sah ich dem Fahrer an, wie sehr er mich verachtete.

Am Morgen stand er mit neuen oder fast neuen Reifen vor dem Hotel und war fröhlich. Unterwegs klärte sich das Wunder auf: Ein nächtlicher Tausch der Reifen vom Wagen eines Ministers, der ja ohnehin nur in der Hauptstadt herumgondele, und ihm werde schon nichts passieren. Es kümmerte mich um so weniger, als im Gebirge tatsächlich der erste Hauch Schnee lag.

Untergebracht in einem Dorfgasthaus, das einem elsässischen oder moselfränkischen ähnelte, sah ich Kirchenburgen, steinerne Bauerngehöfte mit großen Torbögen, gut bestellte Äcker, Wiesen, Weiden, Wälder – ein schönes Stück Land. Aber es war nicht schön dort. Ein Pastor zeigte mir seine Kirche, sie war groß und mächtig, seine Gemeinde in fünfzig Jahren auf ein gutes Viertel geschrumpft, und die Särge überwogen die Wiegen. Ich traf Bauern und Waldarbeiter, ihre Rede war wie die des

Pastors. Die rumänische Schule stand wie ein fremder Klotz in der Stadt, modern in ihren Räumen und reich ausgestattet, die Schule der Sachsen war ein altes, solides Steinhaus, arm an Lehrmitteln, Lehrern und Kindern, der Schuldirektor schweigsam wie ein Trappistenmönch, die Kinder sangen ein deutsches und ein rumänisches Lied für mich.

Zwei Abende versaß ich in der Gaststube. An den Tischen hockten Männer, als ob sie einzelne wären. Mir schien, sie kämen her, um miteinander zu schweigen. Ein hochgewachsener junger Mann mit auffallend großen, langfingrigen Händen setzte sich zu mir. Ohne Umstände befragte er mich nach Deutschland, nicht allgemein, sondern sehr konkret: wieviel ein guter Zimmerer verdiene, wie hoch die Mieten seien, ob man sich ein eigenes Haus bauen dürfe und was es koste. Da er offenbar die Bundesrepublik meinte, waren meine Auskünfte mager, er verzichtete auf weitere Fragen und bemerkte, er sei Handballer im besten Klub des Landes, und bei der nächsten Gelegenheit bleibe er weg. Es schien ihm nichts auszumachen, das mir, einem fremden Ostdeutschen, vor die Ohren zu bringen. Auf ein Zettelchen schrieb er seinen Namen, damit ich es später nachprüfen könne, er habe hier am Tisch bei einem Glas Wein nicht bloß so herumgeschwätzt.

Ich habe den Zettel tatsächlich aufbewahrt, und vielleicht ein Jahr später hörte ich diesen Namen während der Fernsehübertragung eines Handballspiels – der junge Mann aus Siebenbürgen warf Tore für Gummersbach in Hessen. Den Gummersbachern gönnte ich ihn nicht, aber ihm – sonderbarerweise – gönnte ich Gummersbach.

Was ich aus Rumänien mitnahm, waren zwei tönerne Bruchstücke aus Ovids Zeiten und ein diffuses, schmerzendes Gefühl vom nahenden Ende eines Millionen Menschen betreffenden Versuchs. Der Versuch – nicht die Idee – galt der Installation eines kollektiven Glücks, das niemals und unter keinen Verhältnissen existieren kann.

In mein sporadisch geführtes Arbeitsbuch trug ich damals ein: »Die Kollektivierung der russischen Landwirtschaft war nicht der Anfang, sondern der Anfang vom Ende des Sozialismus.«

Ich weiß, alles ist viel komplexer und niemand kann es im letzten gültig aufdröseln. Aber: Am Anfang war der Zwang, Keim immer neuer Zwänge.

6 Ach, du fröhliche …

Bulgarien war ein Puzzle aus Geschichten, die so fremd nicht waren, als daß ich sie nicht hätte als Spiegelgeschichten mit heimnehmen können.

Sommer 1952. Die Einladung an unseren Verband kam von unbekannten Kollegen *weit hinten in der Türkei*, und unsere berühmten oder auch nur bekannten Dichter und Schreiber hatten allesamt keine Zeit oder keine Lust auf das arme Land, das uns sommers Melonen und Pfirsiche lieferte und im übrigen nur auf der Landkarte existierte. Und so sagten sie zu mir, du bist Sorbe, die da unten sprechen – soviel wir wissen – Altslawisch, da paßt du irgendwie hin, und außerdem hast du ein Buch dort.

Ich fühlte mich geehrt, flog von Berlin nach Prag, zwölf Stunden Aufenthalt im Transithotel auf dem Flugplatz, und um acht Uhr morgens nahm eine IL 14 Kurs gen Südosten. Meist hockte ich beim Piloten in der Kabine, er, ich und viele Kästen und Kisten tschechischer Güter flogen allein so dahin. Über der ungarischen Pußta donnerte ein Gewitter, die Iljuschin tanzte mächtig, einem Karton Budweiser wurde übel, und danach roch es hier wie in der kleinen Kneipe links der Moldau gleich unter der Karlsbrücke.

Zu Mittag landeten wir – und da stand Lentsche in pastellfarben bestickter Bluse, mit schwerem blondem Zopf über der Schulter. Sie war einundzwanzig, Germanistikstudentin und meine Begleiterin für vierzehn bulgarische Sommertage. Und Bulgarien war ein Puzzle aus Geschichten.

Das Hotel war klein und fein, und nach dem obligaten Empfangsessen, das mich für immer zum Lobpreiser *ech-*

ter bulgarischer Küche machte und während dessen ich die Gäste unabsichtlich erheiterte und auch verwunderte, indem ich aus mehreren slawischen Sprachen ein ganz außergewöhnliches Bulgarisch zusammenbuk und die landesübliche Vertauschung von Nicken und Kopfschütteln nicht begriff – nach dem Essen also mit Mastika und Wein wurde ich zur Siesta beordert. Die Siesta unterband eine ausdauernde Trillerpfeife vor dem Hotel.

Ein Junge, dachte ich, nahm ein Päckchen Kaugummi und ging, die Trillerpfeife zu bestechen. Doch diese entpuppte sich als ein schon ziemlich verzweifelter Polizist, der den anbrandenden vorabendlichen Korso auf die Bürgersteige einzudämmen versuchte. Er stand in der Straßenmitte, zehn Meter vor ihm quoll das Volk gehorsam rechts und links auseinander, und zehn Meter hinter ihm nahm es die Straße in ganzer Breite wieder in Besitz.

Ich fragte ihn in meinem während des Essens schon angereicherten Bulgarisch, welchen Sinn sein Gepfeife habe, wo es doch kein Auto gebe, dem die Straße freizuhalten wäre.

Seine Antwort verblüffte mich: Ja, es gebe keine Autos, aber es werde sie geben – in drei Jahren oder in fünf –, und bis dahin müßten die Leute gelernt haben, daß die Straße dem Auto und nicht dem Korso gehörte.

Noch während ich bei ihm stand, trillerte er weiter, und der freie Raum vor ihm und hinter ihm war schon auf zwei Schritt geschrumpft. Er stieß einen letzten Triller aus, schob die Pfeife in die Brusttasche, den Mützenschirm aus der Stirn, und Seite an Seite bummelten wir mit der Menge auf der Fahrbahn zum Hotel.

Ich habe den jungen Polizisten darum nicht vergessen, weil er der erste in der Reihe derer war, die überkommene relative Armut nicht leugneten und in irgendwie fröhlichnaiver Zuversicht dem kommenden Fortschritt und Wohlstand entgegensahen.

Lentsche führte mir Sofia vor, irgendwo tranken wir Kaffee – türkisch –, es war das gleiche Getränk, das der Herr Ober Dimiter mir, dem augenblicklich einzigen Gast im

Hotel, geduldig und in unerschütterlicher Freundlichkeit am ersten Morgen in unterschiedlichem Service nacheinander als Mokka, Wiener Kaffee und Café parisienne serviert hatte. Ich wollte Lentsche nicht kränken und fragte darum ganz vorsichtig, wo man echten Kaffee trinken könne.

Sie lächelte. Weder beim Türken in der Hinterstube noch beim Ministerpräsidenten in der Residenz. Seit die letzte echte Vorkriegsbohne vermahlen worden war, röstete man Erbsen oder Gerste. »Aber«, sagte sie, »kommen Sie wieder, in zwei oder drei Jahren, und trinken Sie bei uns den besten Kaffee der Welt.«

Sprach's, schüttelte energisch den Kopf zur bulgarischen Bekräftigung und fügte an, sie sei heute strumpflos, weil wir ja die Stadt *erwandern* müßten. Strümpfe seien – wenn überhaupt zu haben – sündhaft teuer. Aber in ein paar Jahren würden nur noch Friseusen barbeinig auf den Straßen umherlaufen. Ich hörte nur den Glauben an die Zukunft und fragte den seltsamen Zusammenhängen nicht nach.

Lentsche nahm immer denselben Weg zum Hotel. Ich war früh auf und ging ihr entgegen. Sie hielt den Kopf gesenkt, sah ernst drein oder traurig, erst als sie mich erblickte, lächelte sie.

Ob etwas schiefgelaufen sei, ob jemand sie gekränkt habe?

Nein, wieso?

Ich sagte es. Sie nickte heftig, entschiedenes bulgarisches Verneinen. Sie könne doch nicht auf der Straße lachen. Ich begriff nicht, und sie klärte mich auf: Eine junge Frau allein auf der Straße unterwegs, lächelnd oder gar lachend – alle Leute würden sie für eine Friseuse halten.

Das war die sonderbarste Auskunft, die ich je auf eine Frage erhalten hatte. Einen Reim konnte ich mir darauf nicht machen, und Lentsche schien nicht gewillt, für mich zu reimen.

Nach dem Tagesprogramm saßen wir in einer kleinen Gruppe in einem Wirtsgarten, einem wirklichen grünen

Zimmer mitten in der Stadt. An einen Ecktisch, dahinter ein rosablühender Oleander, setzten sich drei junge Frauen, bestellten Wein und waren vergnügt. Lentsche deutete kaum merkbar mit dem Kopf dahin, das seien Friseusen. Zu näherer Aussage war sie nicht bereit.

Der Wortführer an unserem Tisch war Lentsches Professor Stefan Stantschew, ein fülliger und lustiger Mann. Er kannte sich in der deutschen Literatur genauer aus als ich, sprach gutes Deutsch mit leichtem schwäbischem Klang – und stolperte über jedes zweite zusammengesetzte Wort. Schon beim Empfangsessen am ersten Tag hatte er die Bratengabel zum Gabelbraten verwandelt und den Blätterteig vom Nachtisch zu Teigblättern gemacht. Jetzt erzählte er eine schwäbische Anekdote, und die darin auftauchende Spinatwachtel wurde zu Wachtelspinat, was niemanden außer mir verwunderte. Als sich nun eine Gelegenheit ergab, fragte ich den Professor, wieso die drei jungen Frauen vor dem Oleander Friseusen seien. Er warf einen halben Blick dahin und antwortete mit einem geflüsterten kulturhistorischen Exkurs über die Osmanenherrschaft, türkische Bäder, bedienende Frauen …, »und als dann die Türken vertrieben waren …«. Ich assoziierte den Verlauf in deutsch: Bader, Barbier, Friseur, und er schloß: »Einfach schlechte Frauen.«

Ein bißchen verschämte Prostitution also, und ein ehrenwerter Berufsstand steckte in einem alten türkischen Gewand.

Professor Stantschew wurde ein guter Freund, und als er später an der Humboldt-Universität zu Berlin bulgarische Literatur lehrte, hat er uns oft in der Lausitz besucht. Ich lernte vieles durch ihn, und er lernte es nie, die einzelnen Teile deutscher Schachtelwörter in die richtige Reihenfolge zu bringen. Eine seiner Studentinnen versicherte mir einmal, er betreibe solche Stolperei mit Bedacht, um die Hörer seiner Vorlesungen zu erheitern und so Punkte für seinen Stoff und sich zu sammeln.

Mag sein – ein kluger Professor findet immer ein Licht, um seine Vorlesung aufzuhellen, aber gelegentlich eines Besuches bei uns sagte Stantschew, wir sollten statt mit dem Auto mit »Radfedern« über Land fahren – und ich war kein Student.

Lentsche holte mich ab, wir führen weit über Land auf ein Dorf. Der Himmel blau, der Weizen gelb, der Mais grün, die Ebene erstreckte sich, abseits der Straße Dörfer und Viehherden, und Lentsche berichtete Bulgariens Geschichte, langweilte sich bei der Pflichtübung und erzählte bulgarische Geschichten. Als wir den Schipkapaß erreichten, den vor achtzig Jahren die Aufständischen gegen die türkische Armee verteidigt hatten – »wie die Griechen Thermopylai« –, flossen Geschichten und Geschichte zusammen, und mir wurde plötzlich bewußt, daß noch vor zwei Generationen »weit hinten in der Türkei« gar nicht so weit von Mitteleuropa entfernt gewesen war. Nun fragte ich der Geschichte nach: Hunderte von Jahren nationaler *und* religiöser Druck – wie hält ein Volk das aus, worin widersteht es, was nimmt es auf an Sitte, Sprache, Kultur. Das Mädchen Lentsche erkannte, daß Fürsten und Teilfürsten, Bischöfe und Schlachten nur Merkzeichen sind, die wirkliche Geschichte aber ... Wir befragten einander, suchten gemeinsam die Antworten. Der Fahrer, von Lentsche einbezogen, gab Auskunft über »meines Vaters Großvater ...« und »eine Großtante von mir war Türkin und ihre Schwester Christin«, und dann sang er ein Lied der Aufständischen vor achtzig Jahren und, als gehörte es dazu, eines von einer Bojarentochter, die in der Hochzeitsnacht ihrem eben angetrauten Bojarensohn ausriß, um mit dem Liebsten, einem Heiducken, »auf der Wiese unterm Baum im Heu« zu schlafen. Lentsche übersetzte sparsam, sang auch mit, an manchen Stellen aber schien sie den Text nicht allzu genau zu kennen.

Dann sang sie allein, von Prinz Eugen, der dem Sultan in Konstantinopel die Pluderhosen über dem Kopf zusammenbinden werde.

Das war auch Geschichte, und daraus erfuhr ich dann ganz zufällig, daß die erste bulgarische Zeitung erst zwanzig Jahre nach der ersten sorbischen erschienen war. Das blieb nicht das einzig Vergleichbare, der Paß freilich – an einem solchen waren unsere Männer tausend Jahre zuvor gefallen.

Auf einer staubigen Landstraße unterwegs zu dem bestimmten Dorf, fiel mir in unmittelbarer Nähe eines anderen reges Treiben rund um eine Dreschmaschine auf. Ich war durstig, wollte dorthin, und ohne Lentsches Entscheidung abzuwarten, bog der Fahrer ab.

Ein Druschfest, wie ich es kannte, Fuhre nach Fuhre langten Weizengarben an, Männer gabelten sie auf die Maschine, Frauen banden Stroh zu Ballen, füllten Spreu in Körbe, Männer schleppten Kornsäcke – an jedem Platz mehr Leute als nötig. In der brennenden Sonne der ersten Nachmittagsstunde sei es gut, sich abwechseln zu können, dachte ich.

Das war es aber nicht, was das halbe Dorf hier zusammenbrachte, sondern das *Ereignis*: Zum ersten Mal war eine Maschine da, die Garben fraß und säckeweise gereinigtes Korn ablieferte. Zwanzig Schritt abseits stand der Pope mit einem kleinen Mädchen, er hatte die Maschine gesegnet.

Die Leute empfingen uns mit Begeisterung, es war für ihre Maschine eine Ehre, daß auch Fremde sahen, wie sie arbeitete. Sie lachten und riefen uns zu – und auf einmal hielt mir ein Mann seine hölzerne Forke hin, zwei gespreizte Zinken an einem groben, leicht gebogenen Stiel, deutete auf die Garbe am Boden und den Fütterer der Maschine oben. Unter meinem Schuppendach daheim steckt noch heute die Erntegabel – ein Stück Gedächtnis junger Jahre –, die mein Vater mir Sechzehnjährigem als eigene übergab. Ihr Stiel ist glatt und lang, die zwei stählernen Zinken eng beieinander – mit ihr habe ich Tausende Garben auf den Erntewagen, auf die Dreschmaschine befördert. Doch diese ungefüge, ungelenke Forke hier – ich hob die erste Garbe auf, sie rutschte mir weg, die Leute lachten freundlich, mit der dritten Garbe hatte ich das Gerät im richtigen Griff, bei der zehnten klatschten die Zuschauer, Lentsche war stolz auf ihren Gast, und der Pope kam näher heran. Alle meinten, es sei genug, doch ich hatte nicht genug von der schönsten Arbeit, die es gibt: der Kornernte, kletterte schließlich auf die Maschine und war für hundert oder auch nur für fünfzig körnerschwere Weizengarben der Drescher.

Dann machten wir Pause, mit Wasser, gemischt mit saurem Wein und jungem Honig, mit Käse, weißem Brot, Melonen und Weizenäpfeln, mit Lied und Gelächter, und der Pope mit seinem Mädchen hockte auf einem Sack Korn und sang wie Falstaff.

In »unser« Dorf gelangten wir am späten Nachmittag, als uns dort niemand mehr erwartete. Der Ortsvorsteher und ein Lehrer kamen von irgendwoher angehetzt, weißes Brot und Käse, Pfirsiche und ein guter Landwein, und dann brachte ein zweiter Lehrer die Frau an, die die »Alte Jantschowa« in ihrer bulgarischen Erscheinung sei. Die Frau und der Lehrer erzählten gemeinsam ihre Geschichte, und sie glich wirklich im Groben und in manchem Detail der, die ich aus meinem Dorf aufgeschrieben hatte. Nur die Frau selbst, so rund wie hoch, war der Gegenentwurf zu der hochgewachsenen, hageren zähen Alten, die mein Modell gewesen war.

Am Ende waren es alle zufrieden, und Lentsche war glücklich, wir hatten das Programm geschafft und überdies drei fröhliche Stunden mit einer eben gesegneten Dreschmaschine erlebt.

Wieder ging ich morgens Lentsche entgegen, dieses Mal hellte sich ihr Gesicht nicht auf. Wir fuhren ins Rilakloster, sie hockte bedrückt und traurig neben mir. Vor einem winzigen steinernen Wirtshaus an der Straße saßen drei alte Männer. Weil wir uns nur langsam den steilen, schmalen, eng sich windenden Weg hinaufbewegten, die Fenster offen, hörten wir sie singen. Ich bat anzuhalten. Die alten Männer erwiderten unseren Gruß und sangen weiter, eine unendliche Ballade, wie mir schien. Ich trank ein Glas Wein, Lentsche wollte nichts trinken, die Ballade war traurig, und die Augen des Mädchens begannen zu schwimmen.

Im Auto dann weinte sie wirklich, lautlos, traurig zum

Erbarmen. Ich erbarmte mich, führte sie aus dem Wagen über ein ebenes Stück Wiese. Wir saßen auf einem Stein, ihre Schulter an meiner, den Arm um die Arme zu legen, wagte ich nicht.

Lentsche weinte einen kleinen Bach voll, dann versiegte die Quelle, und sie redete: Ihr Freund, dem sie ganz und gänzlich vertraut habe, habe sie abgrundtief enttäuscht, so tief, daß es tiefer nicht gehe.

Weggelaufen zu einer anderen, dachte ich, das alte Lied und immer neu, und wem's gesungen wird, dem tut es weh. Ich sagte ein paar Worte dieser Art.

Lentsche nickte heftig, was hieß, daß ich auf falscher Fährte herumtappte, und stieg für mich – und auch für sich, denke ich – in den Abgrund hinab: Dieser Bursche also habe sie allen Ernstes gebeten, übers Wochenende mit ihm im Gebirge zu zelten! Ihr Schluchzen erschütterte den Stein unter uns.

Ich lachte so laut, daß am Himmel ein Adler erbost aufschrie, umfaßte nun ohne Scheu das arme, arg betrogene Mädchen, sagte, o Gott! und nickte und schüttelte abwechselnd den Kopf – mochte sich Lentsche das Richtige aussuchen.

Erst wollte sie es mit dem Adler halten, dann schien ihr mein Lachen doch kein betrügerisches zu sein, das Geschluchze verschluckte sich selbst, dann lächelte sie, dann redeten wir, dann fuhren wir ins Rilakloster, begegneten einem Bruder Mönch, der in München Architektur studiert hatte und so gut bajuwarisch sprach, daß ich ihn nicht in jedem Wort verstand, dann tranken wir aus einer Quelle, die alles heilt, und am Abend verabschiedete sich Lentsche bis zum Montagmorgen und ging, den Kopf vielleicht nicht mehr so ganz gesenkt. Ich sah ihr nach, dem Mädchen aus einer kleinen Stadt im Süden, und die Türken waren erst vor zwei Generationen aus dem Land getrieben worden.

Am Montag war Lentsche fröhlich wie keine andere Frau in der Stadt Sofia, und später – ein Jahr, zwei Jahre – schrieb sie mir einen Brief. Sie hatte den Mann geheiratet, den sie – vielleicht – verloren hätte, wäre nicht zufällig ich in Bulgarien gewesen und hätte ein Stück türkisches Erbe ins Rilagebirge verlacht.

Ich wiederum hatte in Bulgarien besser verstehen gelernt, warum daheim die alte Frau im Bus, die mit ihrer Enkeltochter sorbisch sprach, in die andere Sprache wechselte, als ein fremder Deutscher sich neben sie setzte. Es gibt Erfahrungen, die tiefe Wurzeln haben – Wurzeln, die zu treiben leidvoll war und die auszureißen schwer ist.

Gen Westen

1 Die Internationale und eine seidenbestickte Decke

Mein Westen reichte von Helsinki bis Neapel, der Weg dahin führte immer über ein Marienborn, war holprig und stolprig, schwierig befahrbar und manchmal glatt wie eine richtige Straße. Glatt war er für mich beim ersten Mal – im Jahr, als Adenauer die sowjetischen Lager leerkaufte –, ich fuhr nach Düsseldorf, wo ich vor einem »Freundeskreis« lesen sollte.

Im Berliner Bahnhof Zoo stieg ein Rechtsanwalt aus Dortmund ein, höflich und mühsam gerieten wir ins Gespräch. In Helmstedt drängten drei hochgewachsene Männer und eine Frau ins Abteil. Sie steckten in gleichem hellgrauen feinen Tuch, redeten laut, hatten kein Gepäck und füllten den Raum.

Plötzlich, durch irgend etwas, eine Bewegung, ein Wort, einen Blick, sprang ein Reflex, der einmal angeeignete Sechste Sinn, an und signalisierte Gefahr. Der Verstand sagte: Unsinn, betete das Wort her wie eine Litanei, Unsinn – nichts kann hier passieren, Himmler ist tot und vergessen. Aber ich roch sie, die Gestapo, die SS ...

Wir traten auf den Gang, der Rechtsanwalt und ich. Später duckten wir uns in unsere Fensterecke. Die vier redeten, die Anzüge paßten nicht zum Gerede. In Dortmund stieg der Rechtsanwalt aus. »Ziehen Sie doch einfach um«, sagte er auf dem Gang.

Auch die vier hatten ihren Sechsten Sinn nicht verloren, sie spürten meine Furcht und witterten das Wild, das sie gejagt hatten. Einer stieß mich wie versehentlich an, die Frau sagte, entschuldige dich, und sie lachten herzlich. Mein Kopf betete noch immer seine Litanei her, doch die Bruchstelle, wo einmal eine Stahlgerte die Elle zerschlagen hatte, schmerzte auf, ich nahm meine schmale Tasche und zog um, ins Schaffnerabteil. Der Schaffner sagte: »Na ja …« Und die dort lachten hinter mir her, das Panikmachen funktionierte noch immer.

Mein Hotel war eine billige Hütte in einem Viertel, das nicht nach Düsseldorf aussah. Ich besuchte zuerst Bernhard Heerdegen, den Freund aus dem letzten Kriegsjahr. Er hatte damals ein Deutschland geträumt *aus viel Französischer Revolution, Weimarer Klassik und Einstein … und kein Platz darin für Krupp und IG Farben* und war nun Anwalt eines Konzerns, verheiratet mit einer schönen Frau, die die Familiengüter in Ostelbien zurückhaben wollte. Er empfing mich herzlich und müde, seine Augen hinter den dicken Gläsern waren matt. Als ich nach einer verquälten Stunde ging, begleitete er mich zur Straßenbahn und sagte zum Abschied – mit einem Hauch seines alten Spotts: »Alles kaputt, mein Alter. Ich auch.« Zwei oder vier Monate später erschoß er sich.

Wenige Schritte vom Hotel lag eine Bierkneipe, ein paar Leute am Tresen, ein paar an vier altgedienten braunen Tischen, im Hinterzimmer der Vereinsraum, darin ein Trüppchen – es sah nicht aus wie ein »Freundeskreis« von Literatur. Niemand hatte mir gesagt, daß es sich um eine KPD-Veranstaltung handele. Die Regie hatte eine Frau, klein, scharfgesichtig, und auf der hellen Bluse trug sie, angenäht, ein Stück zerfransten grauen Stoffs, ihre Lagernummer aus Ravensbrück. Ich las, keinen interessierte es. Sie waren zu einer Versammlung gekommen, um zu hören, daß morgen oder übermorgen Sowjetdeutschland entstehen werde. Auch die Häftlingsnummer einer Davongekommenen half nicht, mich zu überwinden, sie zu duzen, diese wildfremden Menschen, die an die Weltrevolution und Stalin glaubten, die Fäuste reckten in einem Hinterzimmer einer schmuddeligen Kneipe und zum Schluß sangen *Völker, hört die Signale* …

Ich starrte auf den Mund der singenden Frau, die allein alle Strophen kannte, und mich fröstelte in der Seele.

Immer noch fröstelnd, fragte ich den Hotelportier, der anscheinend wußte, wo ich gewesen war, nach dem prall wachsenden Wirtschaftswunder, gegen das die Leute dort eben gesungen hatten, das sie nicht wahrhaben wollten, wie sie nicht wahrhaben wollten, daß die Welt um sie herum nicht das Rußland von 1917 war. Das war es, was mich hatte frösteln lassen.

Das Wirtschaftswunder erklärte der Portier einleuchtend einfach: Wenn die Großen groß verdienen, verdienen wir Kleinen einen Teil von dem Großen. Ist doch okay, nicht?

Ich hätte noch zwei Tage bleiben dürfen – um vor den Geschäften in der Königstraße durch die Fenster zu starren, beispielsweise, vielleicht wäre ich dort den vieren aus dem Schnellzug begegnet. Ich floh nach Hause, belehrt durch die vier Begegnungen.

Ich hatte einmal zwei Deutschland, Soldat des einen, trug ich das andere mit mir. Es steckte als das »Stundenbuch« des Rainer Maria Rilke in meinem Soldatensack und in tausend Verszeilen des Goetheschen »Faust« als Sinnproviant in meinem Kopf. Dieses würgte ich aus mir heraus, als zwanzigtausend Davidsterne mit ihrem Menschenblut einen weißlichen sandigen Acker rötlich verfärbten und ich dabeistand, in der Uniform des anderen, und hatte nun keines mehr.

Der Gardeleutnant Minuchin, aus dem Kaukasus stammend, war bei meiner Heimkehr aus Krieg und Gefangenschaft Kulturoffizier der Bezirkskommandantur. Als wir das erste Mal miteinander sprachen, ging es um Politik, und wir gerieten in die Literatur.

Ich kam mit einem gewöhnlichen Anliegen zu ihm und trug es in meinem guten Pidgin-Russisch vor.

Er, gleichaltrig mit mir, sagte: »Sprechen Sie deutsch. Ich verstehe sehr viel gut.«

Ich sagte: »Ich habe als Soldat in Rußland immer versucht, russisch mit den Leuten zu sprechen.«

Unbewegten Gesichts fragte er: »Deutsch schießen, warum nicht auch deutsch sprechen, egal, nicht?«

Ich dachte an die Frau, die im Schnee saß, und am Galgen hing ihr Sohn. Ich sagte: »Es war nicht egal.«

Damals, Anfang 1946, war Widerspruch vor einem solchen Schreibtisch wohl etwas Seltenes, der Offizier betrachtete mich lange, ziemlich finsteren Gesichts, meine ich, schließlich sagte er: »Ich verstehe, Hitler.«

»Es ist seine Sprache«, sagte ich.

Er nahm seinen Federhalter und entfernte mit einem Stückchen Papier irgendwelche Fusselchen von der Feder, dabei redete er wie vor sich hin: »Der Mond ist aufgegangen, die güldnen Sternlein prangen am Himmel hell und klar, der Wald steht schwarz und schweiget … Nun?«

Ich sagte, ich kenne die Reihe und benötige keinen Nachhilfeunterricht über den Nichtzusammenhang von Goethes Weimar und Hitlers Buchenwald und die Nichtkongruenz von deutscher Sprache und Kultur und deutschem Faschismus.

Wieso wir darüber – oder dadurch – in Streit gerieten, und zwar durchaus nicht leise, weiß ich nicht mehr.

Wir stritten noch oft. Er glaubte an ein *ganzes* Deutschland von Heinrich Heine und Karl Marx. Ich teilte seinen Glauben nicht.

1972 erschien bei Schaffstein in Dortmund »Die Schwarze Mühle«, die Vorarbeit für meinen Krabat-Roman. Der Verlagsleiter, der bekannte Jugendbuchautor Hans-Georg Noack, lud mich zu einigen Lesungen ein. Neugierig auf den Mann, der den – meiner Ansicht nach – notwendigen Mut hatte, das Buch dortzulande erscheinen zu lassen, fuhr ich hin, auf glattem Weg, und in Helmstedt stieg niemand ein, der mich in Panik trieb.

Der Mann Noack, nicht eben mager, aber behend sich bewegend, zehn Jahre jünger als ich, das volle Haar fast weiß, empfing mich nach einigen Floskeln und der Ankündigung, wir, zwei reichlich Fremde, würden zehn Tage gemeinsam verbringen müssen, mit dem sonderbarsten Satz, der je als Forderung – oder Warnung – an mich gerichtet worden war. Er sagte: »Und versuchen Sie ja nicht, mich zum Kommunismus zu bekehren!«

Ich lachte, das sei nun die allerletzte meiner Absichten. Er – ein guter Menschenkenner, wie ich später wußte – beäugte mich eingehend, durchaus nicht sicher, ob ich nicht doch ein getarnter Missionar sei.

Wir reisten zehn Tage zwischen Leverkusen, Göttingen und Hamburg durch das Land, und der »Bekehrer« von uns beiden war er: Ich begann als eine mögliche Wirklichkeit in Umrissen wieder jenes Deutschland zu sehen, das ich auf einem sandigen, blutgetränkten Feld dreißig Jahre zuvor verloren hatte.

Durch diesen Mann und dieses Buch wurde ich dortzulande ein *Jugendbuchautor* und lernte in den Begegnungen des Bödecker-Kreises in Hannover andere solche kennen. Ich hörte ihren Diskussionen zu, sprach mit ihnen, las eines und das andere ihrer Bücher – nicht wenige hätten einen legitimen Platz bei uns besetzen können –, und ganz allmählich, kaum merkbar, verblaßte Marienborn – das der Literatur, ihr »Dort und Hier«. Ich wurde – wenn man es so will – korrumpiert, nicht durch Verlage, Medien, Preise, sondern durch Begegnungen mit Menschen, für die Weimar sowohl deutsche Klassik als auch Hitlers Buchenwald bedeutete. Ich begann zu träumen, von ganz fern und wider andere Wirklichkeiten, von einem Bürgerland, das … und hier wußte der Traum schon nicht weiter.

Der Traum ist längst ausgeträumt, die Menschen, die ihn provozierten, sind eine freundliche, im Verlorenen schmerzende Erinnerung.

Für viele von ihnen stehe der Buchhändler Heinz H., der in der historischen Altstadt – zauberhafte mittelalterliche Puppenstube – von Miltenberg an der südlichsten Main-Schleife sein Geschäft betrieb.

Durch Zufall an meinen »Krabat« geraten, lud er mich zu einer Lesung ein. Da er nicht nur ein CSU-Wahlamt und ein Kirchenamt in der Stadt innehatte, sondern auch privat ein honoriger Mann war, erschienen in dem kleinen Leseraum seiner Buchhandlung auch die Honoratioren der Stadt, an ihrer Spitze der Bürgermeister.

Nach der Lesung, die zu allseitiger Zufriedenheit geriet, bat mich jemand, ein paar Sätze sorbisch zu sprechen, und ein anderer konkretisierte: »Das Vaterunser, bitte.«

Es war gerade ein paar Wochen her, daß im Zuge der Ökumene die katholische sorbische Version dieses Gebetes der evangelischen angeglichen und zugleich sprachlich an zwei oder drei Stellen modernisiert worden war. An einer der Änderungen verstolperte ich mich im Gewohnten. Man schien es mir zwar wohlwollend nachzusehen, vermutete jedoch sichtlich den Grund für mein Stolpern in atheistischem Abstand vom in der Kindheit Gelernten.

Ich bekannte mich schuldig, mit Modernisierungen nicht immer Schritt halten zu können, sprach das Gebet lateinisch, war rehabilitiert, und der Bürgermeister kaufte mir mein Lese-Exemplar aus der Tasche ab. Wir tranken Wein, sie priesen ihre Stadt, ich pries mein Dorf – es schien, beide seien auf derselben Landkarte zu finden.

Derselbe Buchhändler begrüßte mich bei einem erneuten Besuch der Stadt mit herzlicher Freundschaft, ließ Kaffee und Kuchen vor mich hinstellen und brachte zwei Bücher an: mein »Bild des Vaters« und eines, das auch bei uns geschrieben worden, aber hier erschienen war. Wie in Waagschalen wog er beide Bücher in den Händen, sie hielten sich – bei ihm – die Waage.

»Trotzdem werden Sie bei uns zu nichts kommen«, sagte er und lachte so fröhlich, wie er fröhlich offenbar das Leben betrieb. (Sein Geschäft freilich führte er mit strenger Ernsthaftigkeit.)

Seine heitere Verkündung machte mich nicht traurig, ich kannte ja die Tatsache, neugierig war ich auf seine Erklärung.

Er wand sich ein wenig, doch dann fiel ihm etwas ein. »Vor einer Woche gastierte bei uns ein Zirkus. Ein Mann ritt stehend auf einem Pferd, schlug einen Salto nach dem anderen und führte viele weitere, höchst schwierige Kunststücke vor. Ich glaube, er war ein großartiger Artist, er bekam viel Beifall. Später im Programm ritt eine Frau auf zwei Pferden in der Manege. Auch sie schlug Saltos, von einem Pferderücken auf den anderen, und dazwischen stand sie mit einem Bein auf dem rechten, mit dem anderen Bein auf dem linken Pferd ...«

Abrupt schwieg er.

Ich grinste ihn an, er schien für einen Augenblick verwirrt und lachte dann auf seine besondere Art auf, zufrieden, daß ich seine Zirkusparabel verstanden hatte, ohne die Lehre daraus ziehen zu wollen. Er holte einen alten Kognak aus dem Schrank, verhielt kurz während des Eingießens – vielleicht fiel ihm ein, daß er auch Bücher verkaufte, die er lieber nicht unter die Leute gebracht hätte – und dann tranken wir.

»Auf den Zirkus!« sagte er.

Ob auf den ein- oder den zweipferdigen, blieb ungesagt.

Nach dem Abendbrot brachte die Frau des Buchhändlers eine seidene Decke herbei, bei festlicher Gelegenheit auf einen großen runden Tisch zu legen. Der seidene Kreis war zwischen Mitte und Rand eingeteilt in Segmente, in die Namenszüge eingestickt waren, in dezentem, unaufdringlichem Farbkontrast zur Decke selbst.

Die Frau bat mich um ein Autogramm, reichte mir einen Fettstift und suchte eine passende Stelle aus, »wegen der Geographie« – wie sie entschied – geriet ich neben den Bischof von Berlin, Kardinal Bengsch. Also malte ich meinen Namen auf den zugewiesenen Platz.

Der Buchhändler lobte den Entscheid seiner Frau: »Links vom Kardinal – das ist schon richtig. Aber direkt nebeneinander – das ist ein Programm!«

Ich hielt das – sicherlich gemeinsame – Anliegen des Buchhändlerehepaares vor allem für ein Zeichen jener selbstverständlich scheinenden Toleranz, der ich damals viel öfter außer Landes als im Lande begegnete. Gelegentlich fällt mir noch heute ein, daß irgendwo, auf einer seidenen Tischdecke eingestickt, mein Name neben dem eines Kardinals steht, zu dessen linker Seite zwar, aber unmittelbar daneben. Es bedeutet nichts als die Freundlichkeit zweier Menschen, die im Roman »Bild des Vaters«, daheim als sozialistisches Werk etikettiert, ihr christliches Menschenbild gezeichnet fanden. An Bedeutung gewänne das Tuch erst, wenn ein Kardinal, welcher Kurie auch immer, oder ich es zerrisse.

2 Freundliches und Fremdes

Als Autor der »Schwarzen Mühle« und von einem runden Dutzend Geschichten, angefordert als Beiträge für Kinderbücher, war ich nicht eben selten als reisender Vorleser jenseits von Marienborn unterwegs. Solche Veranstaltungen organisierten zumeist der Bödecker-Kreis und die IKIBU – die Internationale Kinderbuchwoche – in Duisburg. Es war immer Streß – manchmal drei Lesungen am Tag, Hetze zwischen Schulen und Bibliotheken –, oft ein Vergnügen und stets ein Gewinn.

Das Vergnügen war mannigfaltig, einmal sah es so aus:

Ich kam in eine kleine dörfliche Schule unweit von Leer in Ostfriesland. Es war die allerletzte Schulstunde einer ganzen langen Kinderwoche. Ich las ein wenig, erzählte ein wenig und sah, wie sich die Sieben- und Achtjährigen fast übergroße Mühe gaben, den ersten Bücherschreiber, der ihnen begegnete, mit Anstand zu überstehen. Unvermittelt brach ich ab und sagte, ich hätte eben heute Geburtstag, und noch niemand habe mir gratuliert. Ohne auf einen Wink des Lehrers zu warten, sangen die Kinder für mich ein wunderschönes Geburtstagslied, das ich noch nie gehört hatte. Sie sahen, daß ich mich freute, und reichten zwei Zugaben nach. Als es zum Schulschluß läutete, blieben einige sitzen, während der Lehrer mich beiseite nahm: Ob ich wirklich Geburtstag habe.

»Nein«, sagte ich und nahm ohne Scham fünf oder sieben Geburtstags-Schnellzeichnungen ostfriesischer Erstkläßler entgegen.

»Sie haben den Kindern damit eine große Freude bereitet«, sagte der junge Lehrer.

»Ja«, sagte ich. Die Kinder hatten spontan einen wildfremden Menschen beschenkt und gesehen, wie ehrlich er sich freute.

Ein völlig anderes Gesicht hatte das Vergnügen an einem Gymnasium in Oberfranken, wohin mich – während einer zeitweiligen Abwesenheit des Direktors – dessen Stellvertreter eingeladen hatte. Zum Termin der Lesung aber amtierte der Direktor wieder und geriet in gefährliche Nähe zu einem Herzinfarkt bei der Vorstellung, an seinem sehr neuen, sehr guten Leumund besitzenden Gymnasium einen Schreiber aus Ulbricht-Land zu haben – einen, der weder als Literat noch als potentieller Dissident in den Medien ausgewiesen war.

Das Ganze rückgängig zu machen, ging schlecht an – dem Direktor fiel der Gute Ausweg, den geschulte Intelligenz immer zu finden weiß, ein: Er ließ die gesamte Schülerschaft seiner Anstalt in die große, moderne Aula – eine Art römische Arena – treiben, elfjährige Kinder und zwanzigjährige Erwachsene.

Der Oberstudienrat, der die Geschichte eingerührt hatte, erwartete mich vor der Schule, informierte mich flüsternd und hoffte, ich werde nicht davonlaufen.

Ich betrat die Arena – nun war es wirklich eine, gleich würden die Gitter geöffnet und die Löwen stürzten heraus, links an der Seite der Cäsar-Direktor, den Daumen schon nach unten. Ich stellte mich hin, nicht hinters Pult, wie vorgesehen, sondern unten vor die ansteigenden Bänke und sagte: »Ich habe nichts zu lesen, was euch«, zu den Fünftkläßlern, »und Sie da oben«, zu den angehenden Abiturienten, »gleichermaßen interessieren könnte. Für eine volle Stunde Ihrer aller Aufmerksamkeit zu fesseln ist kein Mensch in der Lage außer, wie ich mit Sicherheit annehme, einzig Ihr geehrter und von Ihnen verehrter Herr Direktor.« Stille bei den Kleinen, spöttisch-freundliches Geraune auf den oberen Bänken. Ich wolle erzählen, fuhr ich fort, wie es war, als ich mit elf Jahren mein Gymnasium betrat und wie ich es neun Jahre später verließ, und sie dürften dazwischenfragen, sooft und was sie wollten.

Ich erzählte, las auch ein passendes Stück, und sie hörten zu und fragten, die Kleinen und die Großen, die Gitter der Löwenkäfige blieben geschlossen, und die Hand des Cäsaren mit dem Daumen nach unten regte sich nicht. Ich zerschwitzte mein Hemd durch die Anstrengung, zu bestehen vor den Schülern und den Direktor zu besiegen. Am Ende hielt er den Daumen nach oben und sagte zu mir: »Ich hätte mein letztes Hemd verwettet, daß Sie es nicht schaffen.«

Es klang nicht freudig. Wahrscheinlich war ich ihm nun noch weniger geheuer als vordem. Herzlichen Dank für die Einladung, sagte ich, und es sei mir ein rechtes Vergnügen gewesen.

Der Gewinn aus solchen Lesereisen – außer der D-Mark, die mir andere Reisen ermöglichte – war von zweierlei Art: Ich gewann Freunde und erwarb Kenntnisse.

Die Freundschaften entstanden manchmal aus der Neugier eines Lesers auf den Autor. Der Rektor einer dörflichen Grundschule halbwegs zwischen Bremen und der Lüneburger Heide fuhr als Mitglied eines Gremius zur Förderung von Jugendliteratur zu einer Sitzung nach Frankfurt oder München, las im Zug die Zeitung, darin fünf Zeilen, daß ich am selben Abend in Duisburg lese. Er unterbrach seine Reise, saß unter den Zuhörern, anderthalb Dutzend Leute, und hockte dann mit einem Viertelchen von denen und mir bis weit über Mitternacht an einem Gasthaustisch. Noch im selben Jahr las ich an seiner Schule – und anderen im Umkreis –, lernte in ihm einen Lehrer kennen, der Kinder liebte und Literatur, und hörte den exemplarischen Lebensbericht eines Mannes, der als Achtzehnjähriger in den Krieg getrieben worden war. Er führte mir seine Heimatstadt Bremen vor und den Rest der Lüneburger Heide, er nächtigte bei mir, hörte das Großkonzert unserer Frösche und konnte nicht schlafen, ich nächtigte bei ihm und fröstelte mir den Schnupfen in die Nase. Er hielt mir meine Frösche nicht vor und ich ihm nicht seine Mißachtung warmer Zimmer. Wir tolerierten die Besonderheiten, und also hatten Gemeinsamkeiten keinen Zaun zwischen sich.

Manchmal war meine Neugier der Grund, auf dem eine Freundschaft entstand. Die Frau, die jahrzehntelang die IKIBU in Duisburg organisierte und ihren Ablauf leitete, energisch, freundlich, hektisch, nervös bis an den Rand des Zusammenbruchs, hatte in ihrer Biographie etwas Verborgenes, von dem ich durch eine zufällige Bemerkung für einen Augenblick ein Zipfelchen erhaschte. Bewußt suchte ich ihre Nähe, um am Zipfelchen ziehen zu können, begegnete einer eruptiv ausbrechenden Fröhlichkeit, die – so natürlich sie auch war – eine dunkle, tiefe Kümmernis zu verdecken schien, und einer Frau, die mit echter Begierde alte Puppen und alte Kinderbücher sammelte, mit zärtlicher Hingabe für die Igelfamilie in ihrem Garten sorgte und jedes Vogelnest mit großem Bedacht vor Nesträubern zu schützen suchte. Sie hatte kein Kind, wir sprachen nie darüber. Auch nicht, als sie ihre alten, gebrechlichen Eltern aus einer Gemeinde in meiner Nähe zu sich holte und mir verriet, daß es nicht ihre leiblichen Eltern seien, sie aber ihnen ihr Leben verdanke.

Wessen Kind sie war und wovor sie eine Frau und ein Mann retteten – ich ahne es. Vielleicht schreibe ich ihre Geschichte, eine dreigeteilte deutsche, doch noch auf – die Geschichte einer Frau aus Duisburg, die ich zu meinen Freunden zähle, sie und ihren Mann.

Der Mann war Stahlwerksingenieur und saß in der zweithöchsten Etage von Thyssen. Ich kannte solche Leute nur aus schwarz-weißen, groben Rasterbildern, die keine *Person* darstellten, sondern einen Teil der – je nach Raster guten oder schlechten – *wirklichen* Macht. Hochrangige Politiker kennenzulernen, daran lag – und liegt – mir nichts. Was mich an ihnen interessierte, wäre der Prozeß – wie die Verwandlung eines Menschen in einen Politiker vor sich geht. Was da wächst, was schrumpft und was einer über die Karriere hinweg an Menschlichem rettet. Diesen Vorgang studierend zu beobachten, ist niemand in der Lage, nicht einmal ein Ehepartner der sich Verwandelnden. Darum ist die Politiker-Klasse von allen biologischen Klassen die, deren Entwicklung bis zur vollen Reife völlig im dunklen liegt. An einem Fertigen habe ich es einige Jahre hindurch versucht – es ist mißlungen, und einen habe ich gekannt, der sein Herzdrücken nicht ausheilen konnte und darum die volle Reife nicht erreichte.

Erfolglos also hier, ergriff ich die Chance, in dem Thyssen-Mann ein Teilchen der anderen, höheren Macht in seiner inneren Struktur entdecken zu können. Ich lernte zwar einen guten Menschen kennen, der einmal mit dem cremefarbenen BMW-Coupé seiner Frau bei mir im Wald im Modder steckenblieb, der gebannt in den Himmel starrte, als unser Seeadlerpaar minutenlang eine Vorstellung über unserem Garten gab, und der mit mir über Krabat und die vor sich gehende Verwandlung der Welt diskutierte, aber Thyssen blieb mir unbekannt.

Ich leide nicht darunter, daß ich weder in Amerika noch in Japan oder Indien gewesen bin. Aber es grämt mich, daß ich in den vielen Jahren meines Lebens nicht ein Fädchen von Vorstellung erworben habe über die Wesen, die äußerlich dem Menschen völlig gleichen, jedoch irgendwo in ihrem Innersten so wenig begreifbar sind wie die Endlichkeit des Weltraums. Sie sind die wahren Herren unserer Erde, gelegentlich hören wir sie reden von ihrer Verantwortung für das Ganze. Dieser Verantwortung werden sie zu jeder Stunde gerecht, wenn sie zwischen einer Milliarde Gewinn und dem Absturz ins Elend von tausend Menschen sich für den Gewinn entscheiden.

Ich habe zwei Ideologien erlebt, die ein – jeweils anderes – Ganzes über unser Leben setzten, sie sind letztlich an ihrer Unvereinbarkeit mit dem in Jahrtausenden erworbenen Wertekodex der Menschheit gescheitert.

Die Ideologie des Gewinns hat daraus gelernt. Sie zerstört bewußt und systematisch diesen Kodex und denkt – unzufrieden mit der Langsamkeit der Erosion – über das Klonen von Menschen nach, von Menschen *nach ihrem Bild*.

Es grämt mich, habe ich geschrieben, daß ich nichts weiß über die Wesen, die unsere Herren sind – es ist ein lächerlicher Satz. Selbst wenn einer von uns Menschen deren innere Struktur entdeckte und beschriebe – es wäre dasselbe, wie wenn ein Mann an der Ostküste der USA einem Hurrikan entgegenschrie, er sei ein Hurrikan. Was machte das dem Hurrikan aus?

Auch Kenntnisse hätte ich auf den Lesereisen erworben, habe ich erklärt. Sie sind einfach beschreibbar. Ich versuchte nicht, den real existierenden Kapitalismus in ein, irgendwie geartetes, Verhältnis zum real existierenden Sozialismus zu setzen, das wäre so leichtfertig gewesen, als wollte man den Bananenrausch der ostdeutschen Bevölkerung als Markenzeichen vom Ende der DDR etikettieren. Leichtfertig, weil sich nur zwei bekannte Größen zueinander ins Verhältnis setzen lassen und ich bloß die eine kannte.

Ich begegnete vielen Leuten, lernte manche kennen, trank Kaffee am Familientisch, sah Tassen und Tellerchen, die Vitrine mit den Gläsern, die Sessel und die Vorhänge – nicht selten hatte ich den Eindruck, alles sei eben erst gekauft, poliert, ohne Stäubchen, ohne Schramme, und einmal hatte ich die irre, nicht vertreibbare Vorstellung, die freundlichen Gastgeber seien angeheuert, einem Ausstellungszimmer Atmosphäre zu geben.

Ich schlenderte durch Prachtstraßen, nahm den Reichtum hinter dem Glas der Schaufenster zur Kenntnis – ein ausgestelltes Stück hakte sich, nicht als Besonderheit, sondern als Summe von Summanden in mein Hirn ein: Es mag dreißig Jahre her sein, daß ich in Stuttgart im Fenster eines Juweliers einen schneeweißen Perlon-Pudel sah. Er trug ein goldenes, mit einigen edlen – oder halbedlen – Steinen besetztes Halsband, und vor ihm stand ein Schildchen *Auch Ihr Hund, Madame, hat Geburtstag.*

Ich traf – vor allem in und vor den Bahnhöfen – Obdachlose und Stadtstreicher; einmal mußte ich über einen jungen, der mir die Beine in den Weg streckte, hinwegsteigen, er sah gewalttätig und gefährlich aus, es war um Mitternacht auf dem Kölner Hauptbahnhof, ich fürchtete mich. Aus sicherer Entfernung blickte ich zurück, er hatte Eßbares aus seinem Sack geholt und teilte es brüderlich – das scheint mir das treffendste Wort zu sein – mit seinem großen Schäferhund.

Auf demselben Bahnhof bezahlte ich zwei Becher Kaffee, einen für mich und einen für einen älteren, bärtigen Mann, der mich höflich darum gebeten hatte. Er trug sein ganzes Hab und Gut bei sich, war daheim gewesen in einem Häuschen bei Emden und war nirgends mehr daheim. Er erzählte mir seine Geschichte – solche kennt heute jeder durch das Fernsehen –, für mich war sie neu, ein Teilchen zu einem Puzzle.

Für eine Lesewoche hatte man mich auf einem weitläufigen Bauernhof zwischen Aller und Heide untergebracht. Ein Mann von Bayer Leverkusen hatte den Hof erheiratet, drei benachbarte aufgekauft, den erheirateten in ein Hotel verwandelt, dem niemand von außen die Verwandlung ansah, und die Zimmer waren Bauernkammern, mit Dusche freilich und WC, mit Fernseher, Telefon und Kühlbox. Die Hälfte des Getreidebodens war zu einer wunderbaren Halle geworden, uraltes Gebälk und ein Kamin, wie ich von solchem Ausmaß noch keinen gesehen hatte.

Das Hotel leitete die Erbin des Hofes, noch jung, gut anzusehen und den Gästen gegenüber die echte Hausfrau eines großen Bauern. Die mehrere hundert Hektar Land versorgten Dienstleistungsfirmen, was für den Landlord keine große Rendite ergab.

Er kam in einem roten Porsche angefahren, als ich von der letzten Lesung des Tages ins Hotel zurückkehrte. Er warf einen Blick auf seine Uhr, reichte mir die Hand, vermeldete, wieviel Zeit er von Leverkusen bis hierher gebraucht habe, und lud mich vor den Kamin ein. Die Frau bringe zu essen, und zum Trinken sei genug da.

Als ich in die Halle kam, saß er schon dort, statt in Nadelstreifen nun in Manchester und Lederweste. Er wies auf einen eingebauten, holzverkleideten Kühlschrank: »Nehmen Sie, was Sie wollen, ich trinke Whisky.«

Im Kamin brannten Buchenkloben von Armlänge, und der Mann erzählte, als spräche er vom Wetter – das »Ding« habe er in einem alten, halbzerfallenen Schloß im schottischen Hochland gekauft, es habe soundso viel englische Pfund gekostet, der Abbau dort, der Transport, den er selbst überwacht habe – »es gibt ja mehr Gauner als anständige Leute« –, und der Einbau hier hätten das Doppelte gekostet.

Später zeigte er mir durch ein riesiges Fenster den Buchenhag gleich hinter dem Hof, zwei Hektar oder drei, schätzte ich, mächtige, weit auseinander stehende Bäume. 1815 gepflanzt, erklärte der Mann, er besitze die Chronik. Er *besaß* auch das Flugloch und einen stammförmigen Kasten im First der Halle für »seine« Eulen, den teuer gefüllten Kühlschrank und die wunderbaren Bratkartoffeln, die seine Frau uns brachte, den im Haus geräucherten Schinken und die im eigenen Faß mit eigenem Wein- und Schattenmorellenlaub und eigenem Dill eingelegten sauren Gurken. Vielleicht auch mich als Umsonstesser und -trinker, und er war sichtlich unzufrieden, weil ich sein Angebot nur in Maßen wahrnahm.

Es mag scheinen, als habe er viel gesprochen, wirklich schwiegen wir die längste Zeit. Er hatte sich mir gezeigt; was ich ihm von mir zeigen könnte, interessierte ihn nicht.

Dieser Mann von den Bayer-Werken ist für mich ein Unikat geblieben, ich kann ihn nirgends einordnen. Er paßt nicht zu den Wohlsituierten, die sich am Abend in eine Decke hüllen, um die Heizung nicht höherstellen zu müssen, und nicht zu dem Mann, der mit mir zwölf Kilometer weit zu einer Tankstelle fuhr, wo das Benzin um zwei Pfennige billiger war als an der vor seiner Haustür. Aber auch nicht zu dem Verleger-Ehepaar, das uns – meiner Frau und mir – für zwei Wochen seines Urlaubs Haus, Garten, wohlgefüllte Küche samt Vorratskammer und tausend Bücher überließ. Dieses Mannes Mutter war die Letzte aus einer alten sächsischen Adelsfamilie, der Vater der Frau ein Boß bei IG Farben gewesen – und sie nun waren exemplarische Vertreter einer aussterbenden Liberalität.

Durch den Verleger wurde ich in seinen Rotary-Club eingeladen mit dem ausdrücklichen Wunsch, aus »Krabat« zu lesen. Die Frau des angesehensten Arztes der Region äußerte dann im nachfolgenden sehr anregenden – und sehr angenehmen – Gespräch ihre Verwunderung über die Nichtexistenz dieses Romans dortzulande. Ich erzählte, wie ein befreundeter Mensch mit dem Buch in der Hand als mein Amateur-Agent bei einem der großen westdeutschen Verlage ein Loblied auf das Werk gesungen habe und, weil selbst von einigem Gewicht, freundlich angehört worden und mit der ersten Frage nach Näherem geschockt gewesen sei. Die Frage galt dem Alter des Autors, und als sich das als greisenhaft – zweiundsechzig – herausstellte, lautete die Entscheidung, der Autor sei zu alt, um noch aufgebaut werden zu können.

Verwundert war nun ich, als die Rotarier solchen Bescheid zwar bedauerlich für mich, unternehmerisch aber für völlig in Ordnung zu halten schienen. Der Verleger-Freund klärte mich danach auf: Ein Schreiber stellt – »im Grunde genommen« – ein Produkt her, das er einem Unternehmen zur Vermarktung anbietet. Wenn dieses nun sein Produkt für marktgerecht hält, der Produzent jung genug ist, daß man annehmen kann, er werde noch mehr produzieren, kalkuliert man den Aufwand, seinen Namen als Markenartikel – wie »Meister Propper« zum Beispiel – zu installieren und den Gewinn, den man aus der vertraglich gebundenen weiteren Produktion des Autors – wahrscheinlich – erzielen wird. Kommt der Vertrag zustande, wird der eine Partner Marktfähiges liefern, der andere dafür die Trommel rühren, und beide werden ihren Nutzen haben.

Ich habe in manchem Bücherschrank die Bücherreihe eines Autors stehen sehen, dessen erstes Buch ich mit Vergnügen las, in dessen viertem oder sechstem ich Anleihen aus dem ersten fand und dessen – vorläufig – letztes mich ihn bedauern ließ. Er ist ein integrer Mensch und ein verblaßter Markenartikel, den neue Markenartikel aus den Ersten Fächern verdrängt haben.

Ein renommierter Schweizer Jugendbuchverleger, in dessen gepanzertem Archiv vom Urgroßvater her kostbare Manuskripte aus dem deutschen Vormärz verwahrt sind, bewirtete mich mit Rheinsalm und Riesling, mit

Mokka und Havanna und war interessiert an mir, wenn ich ihm Geschichten schickte vom Typ meiner »Christa«-Erzählung. Wir schieden freundlich und hörten nichts mehr voneinander.

Auf solche Art erwarb ich Kenntnisse auch auf diesem Sektor der Gesellschaft, die sich so fest und sicher in sich ruhen sieht, daß nichts sie erschüttern kann, schon gar nicht Ideen, die irgendwie befürchten lassen, sie könnten als Mehltau auf Besitzstände fallen. Als aber in Deutschland-West Atomraketen, die auf Leipzig und Dresden, in Deutschland-Ost solche, die auf Köln und München zielten, aufgestellt werden sollten, glaubte ich ernsthaft – zwei Wochen, einen Monat lang –, jetzt werde die ganze Nation aufstehen und den Spuk der eisernen Krieger aus USA und UdSSR, die ihren Krieg mit Millionen toter Deutscher kalkulierten, aus dem Lande fegen.

Gerade damals war ich eingeladen zu einer zehntägigen Lesereise nach Niedersachsen und Westfalen. Unter dem Eindruck der Planung der Computer-Generäle schrieb ich ein vorgezogenes Kapitel für den »Krabat«: Krabat und Reissenberg begegnen sich auf einem schrittbreiten Pfad mitten im Moor. Sie haben die Wahl: Entweder enden beide im Moor, oder sie finden eine Möglichkeit, die jedem seinen Weg beläßt.

Eine zweite Geschichte, für Kinder geschrieben, heißt »Die Bärin und die Wölfin«: Zwei Muttertiere geraten in den gleichen Konflikt. Diese Geschichte las ich den Kindern stets bis zum Kulminationspunkt vor und überließ ihnen, die Lösung zu suchen. Sie fanden sie immer in der natürlichen Vernunft.

Die Erwachsenen, obwohl sie anscheinend in der Parabel von der Begegnung im Moor die Raketeninstallierung erkannten und offenbar betroffen waren, verweigerten sich ihrer Benennung. Diese hätte ja einen Standpunkt provoziert.

Künstler und Wissenschaftler aus ganz Deutschland fanden sich in gemeinsamer Gefahr zum gemeinsamen Handeln zusammen – ich selbst las meine Parabel oft in Ost und West –, wir alle spürten die Betroffenheit im

Lande, das wachsende Wissen um die tödliche Bedrohung – und sahen die nicht aufzubrechende Ergebenheit. Ich glaube nicht, daß eine Nation in Europa zwei fremden Mächten erlaubt hätte, was die Deutschen ihnen zugestanden. Gorbatschow verlor in Reykjavik gegen Reagan und rettete, verlierend, die Welt für die Welt und – ein Punkt darin – erhielt Deutschland den Deutschen. Doch verloren, gewonnen –, die Geschichte wird es wissen, in fünfzig Jahren, in hundert ...

In jenem Jahr, als fünf Kilometer von meinem Hügelchen entfernt Raketen aufgestellt wurden, deren Atomköpfe das Land zwischen Düsseldorf und Köln menschenleer und unbewohnbar gemacht hätten, ist mir bewußt geworden, daß es zwar achtzig Millionen Menschen deutscher Nationalität, aber nicht wirklich eine deutsche Nation gibt; daß alles Anrennen von Geist und Kunst gegen das Machtmonopol des Geldes ein lächerliches, aus Alibigründen gelittenes Unterfangen ist. Künstler sind die Clowns der Gesellschaft und Philosophen Moderatoren eigener Veranstaltungen. Und zugleich der integrierende Widerspruch dieses Zustands.

Ich war mitten im Krabat-Roman, als ich zu diesen Einsichten gelangte, und die gute »Verwandlung der Welt« – wie der Untertitel lautete – war zu einer Schimäre geworden; was bliebe, war das, was Krabat »... den Mund schon auf der Erde und Sand einatmend ... und den Sand aus sich herausgurgelnd, schrie: ›Ich will Mensch sein!‹«

Wenige Jahre später fragte ich in »Bild des Vaters« dem nach, wie – trotz allem – ein Mensch in Würde durch das Leben gehen kann. Es half mir. Vielleicht half es auch dem einen oder anderen Leser.

Schreiben war Mitteilen geworden.

Einzelne Blätter

1 Narben unter der Haut

Einzelne Blätter, vom Baum der Jahre abgefallen, wegen einer Besonderheit in Form oder Farbe aufgehoben, abgelegt im Winkel der Zufälligen Funde des Gedächtnisses –

so fand ich im Wald ein Wurzelstück, der wahre unheimliche Fairy-Wolf nordischer Sagen, einmal einen handgroßen, brünstig brüllenden Elch, einmal eine armlange glatte angreifende Natter, sie stehen auf dem Sims über dem Kamin, nutzlose Dinge. Manchmal sehe ich sie an, manchmal nehme ich sie in die Hand –

wie die Blätter, die bedeutungslosen. Wenn sie es denn wären, warum sind sie nicht Staub geworden, formlose, farblose hauchdünne Schicht?

Mitten während einer Lesung in Emden verließ ein Mann etwa meines Alters den Raum. Nach der Veranstaltung lud mich ein Lehrer auf ein altes Küstenschiff ein, das nun ein nicht eben billiges Restaurant war. Kurz vor dem Schiff holte uns jener Mann, jetzt offenbar betrunken, ein.

»Du bist aus Bautzen, ersaufen sollst du!« schrie er mir nach.

Später tauchte der Mann im Restaurant auf und setzte sich ohne weiteres an unseren Tisch. Er schien jetzt ruhiger, aber weder der schmächtige Lehrer noch ich fühlten uns sicher vor ihm. Doch statt erneut bedroht zu werden, erfuhr ich eine jener Geschichten, die das »Gelbe Elend von Bautzen« im ganzen Land berüchtigt gemacht haben.

Der Mann stammte aus meiner Stadt, durchaus möglich, daß wir uns einmal begegnet waren, weil ich das Mädchen, nach dem er im Frühjahr 1950 »reineweg verrückt« gewesen sei, gelegentlich bei einer meiner Bekannten gesehen hatte. Da jene junge Frau partout nichts von ihm hatte wissen wollen, schleppte der unglücklich Verliebte einmal seine Malerleiter an und stieg gegen Mitternacht in ihr offenstehendes Fenster. Kein Mond am Himmel, keine Laterne an der Straße, das Zimmer backofendunkel – er stolperte über einen Stuhl, hörte einen Mann fluchend auffahren, geriet in Panik, verwickelte sich in die Gardine und riß das schwere Messinggestänge auf sich und seinen Verfolger herunter. Dieser wurde am Kopf verwundet und brach sich, weil über den umgeworfenen Stuhl gestolpert, ein Bein. Er war Offizier des sowjetischen NKWD.

Der Maler wurde verhaftet, in nichtöffentlicher Verhandlung durch ein Militärgericht »wegen konterrevolutionärer Tätigkeit« zu acht Jahren Haft verurteilt und nach drei schlimmen Jahren amnestiert.

Das etwa, durchsetzt mit Verfluchungen der Russen, des mörderischen Bautzener Zuchthauses und jenes Offiziersliebchens, berichtete der Mann, schluckte die stoßweise aufbrechende Wut immer wieder mit Rum herunter, schließlich weinte er und bot mir Brüderschaft an, weil wir ja Landsleute seien.

Er blieb sitzen, als wir gingen. Der Lehrer, obzwar in der Nähe des Hafens wohnend, begleitete mich zum Hotel. Wir sprachen über gesetzlose Macht und die Vogelfreiheit der Opfer.

Am nächsten Tag erschien jener Landsmann bei mir im Hotel, er wolle sich entschuldigen. Er sei kein Trinker, aber während meiner Lesung sei alles in ihm aufgebrochen.

Ich bat ihn um Verzeihung, auch im Namen jenes Mädchens, das vielleicht ein Opfer auf andere Art gewesen war.

Daß der Mann Glück gehabt hatte, nicht wie andere im »Gelben Elend« verscharrt worden zu sein, wußte ich damals noch nicht.

Ich wohnte in Bautzen, sah von der Autobahn aus im Tal das »Gelbe Elend« liegen, vermied, in seine Nähe zu kommen – es war mir ein Grauen, wie mir jedes Gefängnis ein Grauen war. Einmal geriet ich im Wald an eine Bäume fällende Gruppe, Flintenmänner scheuchten mich weg, die Drilliche hoben die Köpfe, keinem war anzusehen, ob er Dieb war, Vergewaltiger, Totschläger oder »Politischer«. Unter diesen hätte ein Bekannter sein können. Zum Beispiel Wolfgang Harich.

Am 20. Februar 1956 traf ich zu einer Lesung in Helsinki ein. Beim Frühstück am Morgen darauf setzte sich ein Mann, jünger als ich, zu mir, stellte sich vor als H. aus Berlin und fragte mich schon mit dem dritten Wort nach meiner Meinung über die politischen Ereignisse in Polen und Ungarn.

Da ich H. – seiner widerborstigen Streitbarkeit wegen »der Haarige« genannt – nur vom Hörensagen kannte, hielt ich mich sehr bedeckt. Um so offener und beredter legte nun er mir seine Ansichten und das daraus gefolgerte Vorhaben dar: Er werde zu Ulbricht gehen und ihn zum Rücktritt auffordern. Er sprach schnell und sicher, ich hörte verwundert zu und behielt für mich, daß ich seine Ansicht über Ulbrichts Regime weitgehend teilte. Und einem Fremden, einem hochintelligenten Mann, der sozusagen mit Ulbricht Haus an Haus lebte, erklären zu wollen, warum ich Provinzler seinen Plan für absurd halte, war selbst absurd. Damals begegnete ich daheim Tag für Tag Leuten, die mich auszuhorchen versuchten über meine Meinung zu Ungarn, zu Polen – ich glaubte H. kein Wort.

Er flog noch am selben Tag zurück, und ein halbes Jahr später hörte ich im Rundfunk, daß »die Gruppe H. wegen Vorbereitung eines konterrevolutionären Umsturzes« verhaftet worden sei.

Wieder ein halbes Jahr danach wurden alle Präsidiumsmitglieder des Schriftstellerverbandes schriftlich aufgefordert, am Prozeß gegen die Mitglieder der Gruppe, den Verleger Walter Janka und den Redakteur Gustav Just, teilzunehmen.

Ich nahm nicht teil. Der für unseren Verband zuständige ZK-Mitarbeiter erklärte mir dann mit gebotenem Ernst, daß mein Fehlen »übel vermerkt« worden sei.

Als sich die Zeiten änderten, wurde übel vermerkt, wer schweigend dabeigesessen hatte.

Ein Blatt, es scheint vom selben Baum zu stammen, von der Rotbuche vielleicht. Es ist dunkel in seinem Herz, zum Rand hin aber heller als die beiden anderen, die Blattspitze fehlt, abgerissen wahrscheinlich oder abgebrochen. Ich lege das Blatt auf weißes Papier und zeichne die Spitze nach: Es ist sonderbarerweise das dunkle Herz.

Ein jungsorbischer Neuherrscher mit direktem Draht nach Berlin erklärte mir, als ihm die Zeit durch die Aufbrüche in Polen und Ungarn besorgniserregend schien, mit dem bekannten grollenden Ton der Vorwarnung, das, was ich schriebe, gebe »im wesentlichen politisch nicht zu Beanstandungen Anlaß«, diene aber dazu, mein konterrevolutionäres Denken zu verschleiern. Wir standen nebeneinander vor einem Fenster, und ich fragte ihn, ob er im spiegelnden Fensterglas meine Gedanken lese, und ließ ihn stehen.

Wenige Tage danach wurde ich nach Berlin zum Politbüromitglied Fred Oelsner zitiert, »um eine ernste Frage zu klären«. Dort angekommen, meldete ich mich und wurde beschieden, mich abends im Hotel bereitzuhalten, ich würde abgeholt. Meine Frau hielt das für ein gutes Zeichen, ich nicht so sehr. Für den Fall der Fälle besprachen wir, was zu tun sei, wenn ich nicht zurückkäme.

Der Wagen kam bei schon voller Dunkelheit, eine schwarze, schwere Limousine – mir war nicht wohl, als ich einstieg.

Wir fuhren, statt in Richtung ZK-Gebäude, schnell Richtung Norden, passierten eine Wache und hielten vor einem anderthalbstöckigen Gebäude, mehrere ähnliche standen in der Straßenreihe. Der Fahrer führte mich an die Haustür, kein Schildchen, ein Klingelknopf, den ich nicht sah – eine ältere Frau in halber Küchenschürze öffnete, erwiderte in gutem Sächsisch meinen Gruß, und im Wohnzimmer vor dem für drei gedeckten Abendbrottisch stand ernsten Gesichts ihr Mann, Fred Oelsner.

Das Zimmer war eher klein als gutbürgerlich – das, was

auf dem Tisch stand, hätte vor drei Jahrzehnten auch auf dem Tisch meines Onkels, des Hauptwachtmeisters der Schutzpolizei in Leipzig, stehen können. Die Frau, nun ohne Schürze, bemühte sich, mit mir zu reden, und der Mann, der kürzlich vom hohen Pult herab einige ungute Sätze über die Stellung der sorbischen Familie gesprochen hatte, schwieg.

Der Tisch wurde abgedeckt, die Frau verschwand, und zur Einstimmung auf die zu klärende »ernste Frage« wurde mir ein Kurzvortrag über Ungarn und Polen und meine, insgesamt unbefriedigende, Haltung dazu geboten.

Ich legte meine Bücher aus der Tasche auf den Tisch: Aus welchem von ihnen sei zu folgern, daß ich gegen meine eigenen Gedanken anschriebe?

Der schmächtige mächtige Mann, der stets zu glauben schien, er habe sich alle Wahrheit erstudiert und besitze sie also, erklärte, daß einem Schriftsteller auch Gedanken unterliefen, die er nicht aufschreibe, forderte mich auf, mich selbstkritisch zu befragen, ermahnte mich zu einem Verhalten, mit dem ich künftig Vertrauen erwürbe, geleitete mich zur Haustür, und die schwarze Limousine brachte mich zu meiner Frau. Wir tranken einen Sekt, und meine Frau fragte: »Was hat er von dir gewollt?« – »Ich weiß nicht«, sagte ich.

Vielleicht hat Fred Oelsner einen Auftrag nicht erfüllt. Es ist nicht ganz unmöglich, daß seine ungewöhnliche Art der Klärung einer mich betreffenden »ernsten Frage« jenen »Verletzungen der Disziplin des Politbüros« zugerechnet wurde, derentwegen er Monate später seinen Stuhl in diesem Gremium verlor. Ulbricht war entschlossen, selbst den winzigsten vermuteten »polnischen« oder je nach Bedarf »ungarischen« Virus unter Umständen auch mit dem gröbsten Stiefel zu zertreten.

Mein »Fall« wurde nun zur Behandlung nach Dresden überwiesen, wo ein besonders treuer Parteirichter namens Mildner (!) zur Verfügung stand.

Drei ganze Tage dauerte die Verhandlung im Sorbischen Haus in Bautzen. Vier auf Ulbricht eingeschworene sorbische Funktionäre, der Richter mit Assistent auf der einen Seite und allein auf der anderen ich, der Angeklagte. Schon am ersten Tag wurde mir klar, welcher Spruch am Ende stehen sollte: Parteiausschluß. Erst danach konnte ja ein Staatsanwalt Klage vor Gericht erheben.

Die Anklage wog schwer: Partei- und staatsfeindliche Haltung. Der Beweis dafür war – unter normalen Umständen – ein Haufen Luft: Ich hatte unter der Überschrift »Tausend gute Taten« einen Aufruf entworfen, den ein gutes Dutzend junger sorbischer Autoren unterschrieb. Die »guten Taten« richteten sich – ohne das zu benennen – gegen das einseitig parteipolitisch ausgerichtete Wirken der Führung der Domowina. Daraus wurde Parteifeindlichkeit und, weil der Aufruf kurz nach den Aufständen in Polen und Ungarn erschien, Staatsfeindlichkeit konstruiert. In Wirklichkeit schien dem Vorsitzenden unserer nationalen Organisation der Zeitpunkt günstig, Kritik an ihm und seinem Wirken ein für allemal zu ersticken. Mich betrachtete er zudem als seinen persönlichen Feind – er wußte, daß ich wußte, daß er seinen Partei-Fragebogen gefälscht hatte. Während einer Pause am dritten Tag der Verhandlung ging er mir nach zum WC. Flankiert von seinem Ersten Sekretär ließ er sein Wasser neben mir ab und preßte durch die Zähne: »Wenn du verdammter Hund nicht endlich deine dreckige Schnauze hältst, laß ich sie dir endgültig stopfen, und deine Frau kann sich einen neuen Mann suchen.«

Purer irrationaler Haß – einem solchen war ich noch nicht begegnet, auch nicht, als ich neun Jahre zuvor blutig zusammengeschlagen wurde. Ich wäre ein Dummkopf gewesen, hätte ich bezweifelt, daß dieser Mann fähig und in der Lage war, seine Drohung wahr werden zu lassen – er brauchte nur die entsprechende Anschuldigung zu erfinden. Diese Art Gerichte stellte ja das Rechtsprinzip auf den Kopf, indem nicht der Ankläger seine Anschuldigung, sondern der Beschuldigte seine Unschuld beweisen mußte.

Ich gab auf und bekannte mich schuldig. Insoweit schuldig, als der Aufruf hätte mißverstanden werden können und ich das zeitliche Zusammenfallen der Ereignisse in Polen und Ungarn mit der Konzipierung der »Guten Taten« voll zu verantworten habe.

Der Prozeß endete ohne Schuldspruch. Der würde gefällt, nachdem ich »meine Stellungnahme schriftlich eingereicht« hätte. Ich reichte ein. Vier Blätter Papier – ich habe sie aufbewahrt, Dokument der Scham, zu Kreuze gekrochen zu sein. Einzelne aufbegehrende Sätze darin dienten nur dazu, meine Unterwerfung glaubhafter zu machen – auf gleiche Weise hatte ich ja bei der Gestapo einen gewissen Erfolg gehabt.

Danach geschah gar nichts. War es genug, daß ich am Boden lag, Sand einatmend, und *nicht* schrie? Es kann allerdings auch sein, daß irgendeiner oben, vielleicht Oelsner oder der für mich zuständige Sekretär des ZK Kurt Hager, meinen Fall nicht in Mielkes Hände geben wollte. Ein sehr junger Redakteur, der – vielleicht – einen kleinen Anteil daran hatte, daß jener Aufruf in der sorbischen Tageszeitung groß aufgemacht erschien, wurde zur selben Zeit ausgeforscht, verhaftet und zu Gefängnis verurteilt – er war unbekannt, namenlos ...

Er hat seine Stasi-Akte eingesehen, in der auch der eifrigste Ko-Autor des Aufrufs als Informant gegen ihn ausgewiesen wird. Ich nehme an, er ist erpreßt worden, und weil er sich erpressen ließ, mußte er nicht neben mir vor Gericht sitzen. Er war mein jüngerer Beinahe-Freund, und einmal danach saß er in meiner Abwesenheit mit meiner Frau bei uns im Haus und heulte wie ein Schloßhund: Er sei nicht wert, unser Freund zu sein. Er ist tot, und ich werde in meiner Akte nicht nach ihm graben.

Jene Scham aber frißt mich mehr als vier Jahrzehnte danach noch immer, diese und eine noch ein paar Jahre ältere.

Anfang der fünfziger Jahre hieß der Erste Sekretär der SED-Kreisleitung Bautzen Paul Fröhlich – der Mann, der später die Sprengung der Universitätskirche in Leipzig durchsetzte.

Mißfällig geworden schon durch meine Weigerung, an der mit Gelöbnissen von Vasallentreue verbundenen Inthronisation des neuen, vom ZK der SED eingesetzten sorbischen Vorsitzenden teilzunehmen, äußerte ich in einer örtlichen Parteiversammlung zur Vorbereitung von Volkskammerwahlen, daß siebzig Prozent Stimmen für die Liste der Nationalen Front mehr wären als neunundneunzig. Daraufhin wurde ich zu Fröhlich einbestellt, von ihm entsprechend belehrt und streng angewiesen, an meinem Haus eine eigene Wahlwerbung anzubringen. Das sei ein Parteiauftrag, betonte der nur wenig ältere Mann, für mich der Prototyp eines Machtbesessenen, und er werde persönlich kontrollieren, wie ich diesen erfülle.

Im Keller des Hauses, in dem nun meine Enkel aufwachsen, liegt noch heute ein ungehobeltes Brett, darauf mit roter Farbe grob hingepinselt meine Wahlwerbung.

Ich hatte das Brett irgendwo an unauffälliger Stelle hingehängt, Fröhlich kontrollierte, entdeckte es dort und befahl, es am Balkon anzubringen. Es hing dann im wuchernden Knöterich, wo Fröhlich es am Wahltag morgens fotografierte – für seine Akte der Erfolge.

Von da an habe ich nie mehr ein Parteiabzeichen getragen, dafür aber das Wahlbrett gelegentlich angesehen. Es half in mancher Situation und gewann doppelt an Gewicht durch die Verdammung der »Tausend guten Taten«.

Die Erniedrigung, am eigenen Leibe erfahren, war eine Katharsis, die andere Erniedrigungen sichtbar machte, und ich sah, daß Stalin nicht tot war. Tastend begann ich nach einem anderen Sozialismus zu suchen, nach einem, der Achtung von Menschenwürde und Menschenrecht und Freiheit des Individuums als sein Grundgesetz ansähe:

Ich fing an, den Roman des Felix Hanusch zu denken, und zwar von seinem Ende, vom dritten Band her. Doch während ich die ersten Seiten schrieb, verlor ich den dritten Band aus dem Kopf, und aufgezeichnet in einem noch so flüchtigen Plan lag mir nichts vor. Ohne es zu bemerken, war ich in eine Saga geraten, und als etwa zweihundert Seiten beschrieben waren, meinte ich, völlig in die Irre gelaufen zu sein. Ich bat Bredel, Marchwitza und

Strittmatter, den Torso zu lesen. Ihr übereinstimmendes Urteil lautete, es sei eine gute Arbeit. So paradox es klingt: Gerade das gab den Ausschlag, daß ich das Manuskript in die Truhe der nicht gelungenen Versuche versenkte. Die gute Meinung der drei über das Abgelegte machte mich sicher, daß ich das schreiben könne, was ich im Sinn hatte: die Suche nach einem gangbaren Weg im Abgrund zwischen Stalin und Wallstreet.

Der erste Band – »Der Gymnasiast« – brachte mir den Jugendbuchpreis ein; der zweite – »Semester der verlorenen Zeit« – eine zögernde Aufnahme. Vom Holocaust zu lesen, waren auch hierzulande nicht allzu viele bereit, hatten sie doch weggesehen, wo sie hätten hinsehen müssen; nach dem dritten Band – »Mannesjahre« – erhielt ich für das Ganze den Nationalpreis, und keiner der Rezensenten wagte dem wirklichen Inhalt der Trilogie nachzufragen.

Walter Ulbricht richtete sich damals gelegentlich eine Kaffeestunde am runden Tisch mit Künstlern ein. Einmal zu einer solchen eingeladen, wurde ich, wie zufällig, von Lotte Ulbricht vom Tisch weg in den Vorraum geführt, sie habe »Mannesjahre« aufmerksam gelesen, sehr aufmerksam, betonte sie.

Sie hatte es wirklich und zitierte Sätze Rumbos, des Gegenparts von Felix Hanusch, die wörtliche Aussprüche Ulbrichts waren.

Es war ein langes Gespräch, ich kann es nicht rekonstruieren. Die Frau meinte dabei, ich täte ihrem Mann unrecht; sie dachte, ich hätte mit Rumbo Ulbricht gemeint. Ich hatte ihn gemeint und Paul Fröhlich und den sorbischen Vorsitzenden und jeden anderen Machtbesessenen und Dogmenkranken. Ich habe ihrer viele kennengelernt, mit kleiner Macht, mit großer Macht, und wenige, die Macht als Bürde empfanden und ihr Wissen nicht für Allwissen hielten. Zu wenige, als daß der Dritte Weg auch nur in Umrissen erkennbar geworden wäre. Die Suche nach ihm wird weitergehen, solange Menschen Hoffnung auf eine vernünftige Welt haben.

Im Verband

1 Ulbricht, Millowitsch und ich

Dank dem Umstand, daß nach der Gründungsversammlung des Deutschen Schriftstellerverbandes die Mitgliedsausweise in alphabetischer Reihenfolge ausgestellt wurden, trägt der meine die Nummer 004. Mitglied also des Verbandes – auch seines Vorstands – von der Gründung bis zur Auflösung, fast dreißig Jahre dem Präsidium angehörend und schließlich nominell ein Vize-Präsident – nominell, weil außerhalb des Verbandsgeschehens selten zum Funktionieren zugelassen –, habe ich sein Wirken – auch sein Werkeln – verfolgen und, in Maßen freilich nur, beeinflussen können.

Obwohl ich einmal dem Kulturminister Hoffmann brieflich vorrechnete, wie viele Wochen meines Lebens ich auf Sitzungen verloren habe, wo »Mehl ausgestreut werde im Glauben, es wüchse Korn daraus«, fuhr ich all die Jahre durchaus nicht widerwillig zu den Zusammenkünften der Gremien des Verbandes. Es war meine Gelegenheit, Kollegen zu begegnen, Freunde zu treffen und – gelegentlich – auch mit ihnen bei Diskussionen in Vorstandssitzungen über das Schreiben und die Gesellschaft nachzudenken. Nicht immer verlief solch öffentliches Nachdenken zur Zufriedenheit der Obrigkeit.

Vor dem letzten Kongreß des Verbandes in Ulbrichts Amtszeit lud dieser zu einer Schriftsteller-Großversammlung ein und las eine lange Rede, in der vor allem die Verdienste von Fernsehspielautoren bei der »Gestaltung sozialistischer Persönlichkeiten« hervorgehoben wurden.

Obwohl zu den »grundsätzlichen Ausführungen« des Staatsratsvorsitzenden keine Aussprache vorgesehen war, stand in der letzten Reihe im Saal ein Mann auf und unterbrach den Redner. Das war so unerhört wie ungehörig, daß es Ulbricht für einen Augenblick die Sprache verschlug, dann aber fuhr er fort, indem er den letzten Satz sehr betont wiederholte. Der Mann hinten tat das gleiche mit seinem Satz. Ulbricht warf einen Blick in dessen Richtung, sagte – sozusagen im Vorbeigehen –: »Ich kann Sie nicht verstehen, Herr Heym« und ging den nächsten Satz an.

Stefan Heym drängelte sich aus der Stuhlreihe, kam nach vorn, und nun geschah das wirklich Unerhörte: Der Mann oben hinter seinem Pult, das sicherlich zwei Stufen höher stand, und der Mann davor unten begannen einen Disput zu führen, Heym ruhig und moderat, Ulbricht offensichtlich aufgebracht. Worum es ging, wird Heym sicher noch wissen, ich habe es vergessen. Behalten habe ich den bösen Klang, als Ulbricht sagte: »Wenn Sie in den Kapitalismus wollen, Herr Heym, ich lasse Sie gehen. Gehen Sie! Gehen Sie!«

Heym grinste breit: »Das würde Ihnen so passen, Herr Ulbricht.«

Ulbricht wiederholte mit einer verscheuchenden Geste: »Gehen Sie, gehen Sie!«

Stefan Heym zuckte mit den Schultern, sagte: »Mit Ihnen kann man ja nicht reden« und ging. Zurück an seinen Platz.

Ob danach etwas geschah und was – Heym wird es wissen.

Wenig später fand eine Vorstandssitzung des Verbandes statt, die dem bevorstehenden Kongreß die Ausrichtung geben sollte. Ich leitete die Sitzung, und weil unmittelbar vor mir drei der von Ulbricht hochgelobten Fernsehspielautoren an einem Tisch saßen, ritt mich der Teufel, und ich sagte in meiner Einleitung ein paar Sätze etwa des Inhalts, daß es unserer Literatur übel bekäme, wenn sich die Bücherschreiber die Fernseh-Erzeugnisse zum Vorbild und als Maßstab nähmen. (Eben das aber hatte Ulbricht gefordert.)

Sogleich geriet die Tagesordnung aus den Fugen. Der Romanautor Horst Bastian sprang auf und verriß heftig zwei oder vier der zuletzt gesendeten Stücke dieser Autoren, wobei er das Produkt des einen als ausgezeichnet für Millowitsch geeignet bezeichnete.

Ich ließ Bastian reden, der offenbar in ein Wespennest gestochen hatte, und auch jeden anderen – diese meiner Ansicht nach gute Aufregung über literarische Angelegenheiten hielt ich für nützlich, auch erfreulich und dachte nicht daran, die – sozusagen – aufgescheuchten Wespen zu verscheuchen. Die angegriffenen Autoren – unter ihnen zwei Mitglieder des ZK – schwiegen gemeinsam und machten sich Notizen.

Nach der Sitzung, die am Ende auch den Kongreß gebührend behandelt hatte, fuhr ich überaus zufrieden nach Hause.

Am nächsten Tag erschien, wie verabredet, Frido Spangenberg, Dramaturg beim Fernsehen, bei mir. Noch in der Haustür erklärte er, er habe nur nach schriftlicher Begründung seines Besuches und schriftlicher, ausschließlich für dieses eine Mal erteilter Erlaubnis seines Parteisekretärs hierher fahren dürfen.

Ich staunte, und dann staunte er: Ob ich denn nicht wisse, was in Berlin los sei. Ich wußte es nicht und erfuhr es nun. Mein Treiben werde – so die Auskunft des Parteisekretärs – von einer hochrangigen Kommission durchleuchtet, und als Sofortmaßnahme sei der Stopp aller meiner literarischen Produkte verfügt worden. Die kolportierte Begründung heiße, ich habe die Vorbereitung des Kongresses in arger Weise geschädigt und geduldet, wenn nicht selbst provoziert, daß ein Fernsehautor, Mitglied des ZK und von Ulbricht als beispielhaft in seiner Arbeit hervorgehoben, öffentlich mit Millowitsch, der den kapitalistischen Kulturschund personifiziere, auf eine Stufe gestellt worden sei.

Ich war schuldlos schuldig geworden. Schuldlos, weil mein Fernsehschirm mir ARD und ZDF verweigerte und also die Bekanntschaft mit Millowitsch vorenthielt. Und schuldig, weil ich Horst Bastian nicht seinen Millowitsch in den Rachen zurückgeschlagen hatte. Denn: Unwissenheit schützt nicht vor Strafe.

Der Dramaturg und ich besprachen, was noch zu besprechen Sinn hatte, und meine Frau und ich besprachen die Konsequenzen, die ein offenbar drohendes Berufsverbot haben würde. Meine Frau sagte, wenn sie es denn erlassen, gehe ich wieder in die Bank arbeiten, wir kommen schon durch. Und du kriechst nicht zu Kreuze! Ich hatte nicht vor, das zu tun, und bedauerte ein wenig, mein Angesammeltes bis auf einen nackten Groschen mit dem Bau eines Zwei-Zimmer-Häuschens verbraucht zu haben. Es hatte allerdings sein müssen: In Bautzen waren MiG 19 eingezogen, Maschinen, die annähernd Schallgeschwindigkeit erreichten. Ihr Platz lag östlich der Stadt, und so donnerten sie – bei vollem Flugbetrieb, und das war oft – im Minutenabstand über uns hinweg.

Das Krankenhaus protestierte mit einem Bogen voller Unterschriften – den Chirurgen starben Menschen unter dem Messer weg –, die MiG's rührte das nicht. Mir ging es – cum grano salis – ähnlich wie den Chirurgen: Kaum hatte ich einen Satz am Schwanz, zerdonnerte ihn die nächste Maschine, und mein Kopf wurde allmählich zu einer gedankenleeren dröhnenden Echohöhle. Darum hatte ich mir ein »Arbeitshaus« auf der Flur meines Heimatdorfes gebaut und stand infolgedessen nun mittellos der wahrscheinlichen Aussperrung gegenüber – und war weder deprimiert noch zornig, ich dachte nur: Die sind ja verrückt.

Zwei, drei Tage später lud der Kulturminister Klaus Gysi zu einer »dringenden Besprechung« nach Berlin ins Gästehaus der Regierung, in den »Johannishof«, ein. Ich saß nach zweieinhalb Stunden Fahrt am zweiten Frühstück, als die Kollegen eintröpfelten, es waren nicht viele. Der eine und der andere grüßte im Vorbeigehen, die von mir übel behandelten drei Autoren kamen gemeinsam, ins Gespräch vertieft übersahen sie mich. Schließlich erschien – zehn Minuten vor der Zeit, ein übles Zeichen, dachte ich – der Minister, blieb bei mir stehen, wie es mir gehe. Gut, sagte ich, und er fragte, woran ich arbeite.

»Ich lerne Besenbinden bei meinem Vater.«

»Blödmann!« sagte der Minister höflich, und ich solle meinen Kaffee austrinken, wir fingen gleich an.

Wir fingen dann an, darüber zu reden, daß es auf dem Kongreß keine Auseinandersetzung zwischen Fernseh- und anderen Autoren geben dürfte, und das war dann auch alles. Der Minister eilte davon, und ich wußte nicht, wie ich es nun mit dem Besenbinden halten sollte.

Die letzte Stunde vor Beginn des Kongresses klärte das. Die Parteigruppe der Delegierten versammelte sich, der Leiter der Kulturabteilung des ZK verlas als erstes die Kandidatenliste für das Präsidium des Verbandes, geriet dabei in sonderbare Eile, und ich dachte für einen Augenblick, er hätte meinen Namen in der Schnelle überlesen. Bei der Verlesung der Liste für den Vorstand – hier kam ich, alphabetisch richtig eingeordnet, vor – stand ich auf und bat, mich zu streichen. Aus gesundheitlichen Gründen und weil ich eine umfangreiche, schwierige Arbeit vor mir habe, wolle ich nicht kandidieren.

Der Kulturabteilungsleiter blickte verstört auf, die Stille im Raum war hörbar, und ich wiederholte ohne besondere Betonung: »Ich bitte, mich zu streichen.«

Die Sitzung wurde unterbrochen, die Teilnehmer gebeten, sich in der Nähe aufzuhalten, und drinnen, wo die Oberen des Verbandes – außer mir, der ich immer noch ein Vizepräsident war – mit »der Partei« berieten, herrschte, so nehme ich an, Ratlosigkeit, gemischt mit hektischem Gewusel. Hagers Persönliche Sekretärin, eine kluge Frau und in keinem Fädchen ein »Aparatschik«, flüsterte mir im Vorbeigehen zu, es sei sehr gut, daß ich so ruhig und vernünftig gesprochen habe.

Als die Sitzung nach sich hinziehender Pause fortgesetzt wurde, war alles in überraschender Weise geklärt: Das Statut müsse unwesentlich geändert werden, indem es künftig fünf statt bisher vier Vizepräsidenten geben solle, und zweitens, daß ich weiter auf meinem Stuhl als Vize im Präsidium sitzen dürfe.

Wie es zu meiner Absetzung und binnen reichlich einer Stunde erfolgten Wiedereinsetzung kam – ich habe weder damals noch später danach gefragt. Daß das erste ohne Absprache mit einigen Leuten des Verbandes geschah, ist nicht gut vorstellbar, und als offenes Geheimnis wurde kolportiert, daß Mielkes Leute einen Anteil daran hatten. Vermutlich richtete sich die Aktion weniger gegen mich, als daß es vielmehr darum ging, einen Mann, der in mancherlei Hinsicht zuverlässiger war als ich, auf einen wichtigen Platz zu hieven, und eben dabei war ich im Wege, solange das Statut galt.

Den Mann kannte ich seit langem, er hatte schon unter den »Jungen Autoren« in Leipzig gesessen, die ich im Auftrag des Verbandes über einige Jahre betreut hatte. Als Schreiber gelang ihm nicht allzuviel, in Diensten aber war er erfolgreich und schließlich überall dabei, wo es um Kunst und Künstler ging. Vor allem unter den jüngeren Dichtern kannte er sich gut aus, das war nicht immer zu deren Vorteil.

Einmal – nach einer sehr aufgeregten öffentlichen Diskussion in Leipzig über »Die neuen Leiden des jungen W.« – hielt er mich vor »Auerbachs Keller« ewig fest, traurig über den Verfall unserer Literatur und den Zustand der DDR, und Witze erzählend, derart, als wolle er die Berliner Mauer einreißen, »Vatikanische Witze«, nur das Gesinde von Kardinälen kann sie erfinden und erzählen. Ich war längst kein Lehrling mehr im Leben – ich hörte ihm zu und sah zu, wie er sich abmühte. Nach diesem Abend habe ich nie mehr als Floskelworte mit ihm gesprochen. Aber schreiben könnte ich ihn, aus dieser einen Szene die Geschichte einer Karriere aufdröseln.

Wahrscheinlich würde es nicht so sehr eine böse als eine traurige Geschichte werden: Ein junger Mensch, davongekommen in Krieg und Gefangenschaft, beginnt sich einzurichten in einem Leben, das für ihn lauter Wirrnis ist. Er selbst ist ein Gewirr aus Eigenschaften – pragmatisch, zynisch, lustig, erfahren als Soldat, fremd im Zivilen, von verlorenem Glauben ein Leerraum in Hirn und Herz. Als solcher akzeptiert er unbekannte Ordnungen, sucht darin seine Möglichkeiten, immer noch auf Soldatenweise, und gerät bald in ein Geschlinge, das ihm nicht als unehrenhaft erscheint, eine neue Art von Kameradschaft, die – so empfindet er – seinen Lebensbruch heilen läßt. Das Verborgene, Geheime daran hat den Reiz des Abenteuers und auch den des Herausgehobenseins. Das Selbstwertgefühl des Mannes, der noch nicht wirklich bei sich selbst angekommen ist, steigt, stärkt seinen Eifer, und an den Belohnungen mißt er seinen wachsenden Wert, er und die breiter werdende Öffentlichkeit. Ganz allmählich wird das Abenteuer zur alltäglichen Pflicht, die Pflicht zur Last, die Last zu einem latenten Tumor, der Metastasen bildet aus Unlust, Zweifel, Skrupel. Zynismus als Chemotherapie erweist sich als falsche Medizin, der Mann stirbt, bevor er – vielleicht – als Mensch hätte weiterleben können.

Zu meiner Wiederwahl auf dem Kongreß gratulierte er mir, ein wenig angesäuert. Ich war nun das fünfte Rad am Wagen. Es erschütterte mich nicht, hatte ich doch bei der geheimen Wahl einen hohen Stimmenanteil erhalten, trotz Mielke und Ulbricht.

Während einer Kongreßpause erfuhr ich übrigens, beinahe als Anekdote erzählt, wie wenig Schub Ulbrichts Bannstrahl damals schon hatte.

Klaus Gysi zog mich in den VIP-Raum, dort saß einzig Honecker, und Gysi berichtete, stolz und zufrieden mit sich, wie er die Kommission, die sich alle meine schriftlichen Äußerungen und alles auf Bändern festgehaltene Gerede von mir vor Augen beziehungsweise vor Ohren bringen sollte, habe platzen lassen. Sie seien – er, Honekker und Dohlus, der oberste Wächter über Parteidisziplin – zusammengetreten, und er habe gleich zu Beginn erklärt: »Wenn wir in dieser verrückten Geschichte mitspielen, sind wir selber verrückt.«

Hier wandte er sich an Honecker: »Habe ich das gesagt, Erich?«, und Honecker bestätigte, ja, das habe er gesagt ...

Ein Hornberger Schießen also anscheinend. In Wirklichkeit aber ein Gerangel hinter Hohen Türen um sozusagen einen abgesprengten Hosenknopf: zu wessen Hose er gehöre.

Die Kaffeepause im VIP-Raum – es war das erste und zugleich vorletzte Mal, daß ich auf solche Art mit Honecker an einem Tisch saß.

Am Abend rief ich meine Frau an und erzählte. Am Schluß sagte sie, ich solle mich in keinen Sack stecken lassen, sie hätten sowieso keinen passenden für mich.

Ihr Wort in meinem Ohr: Die zwei Stasi-Offiziere, die wenige Tage später aus Dresden angefahren kamen, um mich zu werben, standen zwei Minuten in unserem Hausflur, um dann höflich und mit guten Wünschen verabschiedet zu werden.

Nach jenem Kongreß war für mich im Verband vieles anders, sah ich auch hier einem Schnupftuch aus Sackleinen den Sack an.

2 Becher, Renn und Anna Seghers

Am Anfang des Verbandes standen Johannes R. Becher und Bertolt Brecht. Becher schrieb in der Emigration »Deutschland, meine Trauer, ... du, mein Fröhlichsein« und dichtete, heimgekehrt, die Hymne für die DDR: »... laß uns dir zum Guten dienen, Deutschland, einig Vaterland.« Brecht ließ Kinder in seiner »Kinderhymne« singen: »... daß ein gutes Deutschland blühe wie ein andres gutes Land.« Diese Verszeilen blieben die Maxime des Verbandes ungeachtet anderer Verlautbarungen, Reden und Schriften. Unsere Literatur hat wesentlich dazu beigetragen, daß im Geistigen nicht gänzlich zerrissen wurde, was politisch zerrissen war. Daran änderte auch nichts, daß unsere Vorstellungen von einem »guten Deutschland« sich in vielem nicht deckten mit denen unserer Kollegen im Westen; auch dann änderte sich nichts daran, als der Kalte Krieg der Blöcke in manchem Gedicht, in manchem Buch sein Echo fand, leise und grobstimmig. Für mich selbst blieben Bechers Verse an Deutschland und Brechts »Kinderhymne« immer ein Stück eigenen Erlebens, Trauer und Hoffnung und Fröhlichsein.

Was für mich galt – ich entdeckte es auch in Bobrowskis frühen Gedichten und vor allem in »Levins Mühle« –, galt für die meisten von uns. Ich meine das zu wissen: In den fast vier Jahrzehnten, in denen ich dem Vorstand angehörte, lernte ich sie kennen, die Alten, die meiner Generation und die Jungen. Ich begegnete ihnen, dem Mann, der Frau, mochte sie oder mochte sie nicht, und begegnete ihnen im Werk, sah die »Courage«, immer wieder einmal, den »Galilei« und »Arturo Ui« – es war wie ein Besuch bei der kleinen blauen Madonna in der

Eremitage oder wie eine Verdi-Oper im Haus Unter den Linden: Kunst als Lebenserlebnis.

Nicht Verehrung des Schöpfers. Warum nicht dieses, weiß ich nicht. Vielleicht, weil mir der schöpferische Einfall ein Geheimnis bleibt, der keinem Verdienst entspringt, sondern jener gewissen Anomalie des Hirns. Ob aber aus ihm Literatur entsteht – das hängt einzig davon ab, in welchem Maße der Schöpfer gewillt ist, ein Arbeiter zu sein, voller Tatendrang am Anfang, fröhlich das Werk angehend, streng dann gegen sich selbst, sich schindend, verzweifelt und nicht aufgebend, trotzig, müde, erschöpft und ausgelaugt am Ende. Zu diesem, wenn er dann so dahockt, möchte ich treten in Zuneigung und Achtung, er hebt den Kopf, ein verlorenes Lächeln, und dann trinken wir auf das Werk und lachen über das »Geheimnis der Kunst« – wir wissen, der schöpferische Einfall ist ein Geschenk, der Rest ist Arbeit.

Ich habe einige Begabte erlebt, die ihr Talent verschluderten, weil sie der Schwere des *Schaffens* mit leichter Hand zu entgehen glaubten. Einer kam einmal zu mir und breitete eine Idee vor mir aus, eine wunderbare Idee, ich wünschte, ich hätte sie gehabt. Ich hätte sie ihm stehlen können, ich wollte es – der Idee wegen – fast schmerzhaft. Er hielt die Zeichnung einer Schmuckschatulle in der Hand, gefügt aus fünf Arten edlen Holzes, der Deckel eine Miniatur aus Perlmutt mit drei Verschlüssen aus fein ziseliertem Silber. Immer noch die Zeichnung in der Hand, fertigte er ein Zigarrenkistchen an aus Preßspan, der Verschluß aus gestanztem Blech und der Deckel beklebt mit einem Allerweltsbild. Das Kistchen war ihm schnell gelungen, er war nicht in Schweiß geraten dabei, hatte sich die Finger nicht verbrannt am flüssigen Silber und nicht verletzt am kantigen Perlmutt – ich verachtete ihn, wie ich keinen achte, der eine Schmuckschatulle zu schaffen verstünde und Zigarrenkistchen bastelt.

Ich sage nicht: Ich habe solche kennengelernt, es hätte nicht gelohnt, sie kennenzulernen. Aber begierig war ich – aufgrund *eines* Gedichts, »Saturn« –, Bobrowski kennenzulernen. Er hatte ein Bändchen für die Aufnahme im Verband eingereicht, und der darüber im Präsidium Vortragende – die Präsidentin Anna Seghers war nicht anwesend – befand die Gedichte, ich weiß nicht wie im einzelnen, irgendwie für verbandsfremd und Bobrowskis Haltung, vom Hörensagen bekannt, als kaum mit der Präambel des Verbandsstatuts in Einklang zu bringen. Ich, der ich von Lyrik – fachlich sozusagen – wenig verstehe und die Präambel für ein vielwortiges bombastisches Ungeheuer hielt, ließ mir das Bändchen geben, stieß zufällig auf »Saturn« und war fasziniert. Meine Gegenargumente waren mit Sicherheit dürftig, meine Überzeugung vom Wert des unbekannten Dichters jedoch so groß, daß ich vermutlich gegen das Urteil der anderen redete wie weiland Cicero gegen Catilina. Wahrscheinlich überzeugte ich keinen, und nachdem der über Dichter und Dichtung zuoberst befindende Vizepräsident Stephan Hermlin gegangen war, vertröpfelten sich auch andere, und ob Bobrowski an diesem Abend aufgenommen wurde oder nicht, ist mir entfallen.

Vielleicht wären Bobrowski und ich Freunde geworden, bei Gott nicht wegen meines Redens für »Saturn«, sondern weil wir beide Grenzgänger waren im kompakten deutschen Raum und *Unser Land* eine Terra incognita hierzulande. Er starb, und ich trauerte um ihn, anders als um manchen Hochgeachteten aus unserer Gilde, in dessen offiziellem Trauerzug ich schritt.

Einer von denen hatte es für sich freilich anders geordnet: Sein letzter Hausgenosse trug die Urne, und zu fünft, namentlich bestimmt durch den Toten, nahmen wir Abschied von Ludwig Renn, ohne Blumen und ohne Reden. Neben mir verneigte sich zum letzten Gruß Konrad Wolf, über den Renn einmal zu mir sagte, er sei wie sein Vater Friedrich Wolf: ein Humanist, klug und tapfer. Die drei anderen kannte ich nicht.

Bevor Renn seiner verlorenen Gesundheit wegen alle Freunde bat, ihn nicht mehr zu besuchen, er wollte kein Bedauern und kein Mitleiden, waren wir, meine Frau und ich, manches Mal in seinem Haus. Meine Frau bestaunte den akkuraten Männerhaushalt und mochte den hageren, sich immer aufrecht haltenden alten Mann von Anfang an sehr, und ihr las er auch die ersten Kapitel aus seinem Kinderbuch »Trini« vor. Es schien ihm wichtig, ihre Meinung zu hören. Davon habe ich nichts behalten; mich rührten Disziplin und Mühe des Autors an, ein Buch zu schreiben für Leser, die er nicht wirklich kannte. Wieviel wert es dem Leser sei, sagte er, werde sich zeigen; daß das Schreiben dieses Buches für ihn von großem Wert gewesen sei, das wisse er. Jetzt, etwa so alt wie er damals, verstehe ich den Satz.

Mehr als zwanzig Jahre zuvor hatte ich ihm mein erstes Buch gebracht. In der Widmung stand etwas von »Dankbarkeit« – hatte doch er mir die Tür zu einem deutschen Verlag geöffnet. Er las die Zeile und beschied mich sehr hofsächsisch: »Weißt du, Dankbarkeit ist ein Straßenmädchen: Sie gibt, wofür sie kriegt. Sie hat übrigens eine Kollegin, die heißt Ruhm«, schloß mein Buch und fügte an: »Verlaß dich nie auf Straßenmädchen.«

Den Ratschlag, und wie er mir erteilt wurde, habe ich nicht vergessen, sowenig wie die exemplarische Geschichte von einem Stift:

Ludwig Renn lieh sich gelegentlich von mir, seinem Sitzungsnachbarn, einen Stift, um eine Rednerfloskel, die ihn ärgerte, aufzuschreiben. Da jene Floskel nur eine aus einem Tragkorb voller gewichtig vorgetragener Nichtigkeiten war, verließ ich den Raum, bevor Renn die Ärgernisse und seine Bemerkungen dazu pedantisch genau zu Ende geschrieben hatte.

Wochen später begegnete ich ihm im Hof der Staatsbibliothek in Berlin. Noch bevor ich grüßen konnte, holte er meinen Stift aus der Tasche, sagte, daß es ihm sehr peinlich gewesen sei, wochenlang meinen Stift behalten zu haben, und lud mich – sozusagen an Stelle einer Leihgebühr – zu einer Tasse Kaffee ein. Beim Kaffee erklärte er, warum *mein* Stift in seiner Tasche ihm schwer gewesen sei. Seine Mutter habe ihn von klein auf so erzogen, daß ein anständiger Mensch, wenn er sich wirklich einmal ein Ding leihen müsse, es keinen Augenblick länger behalten dürfe, als er es benötige.

»Einmal freilich«, erzählte er, »habe ich nicht so gehandelt. Es war in Spanien im Gefechtsstand unseres Bataillons. Ich zeichnete eben mit dem Stift des Adjutanten etwas in die Gefechtskarte ein, als plötzlich eine Kompanie Moros gegen uns anstürmte. Der Adjutant und ich stürzten hinaus zu unserem Maschinengewehr, und der Stift, den ich noch in der Hand hielt, wurde mir bis auf ein Stummelchen weggeschossen. Den Angriff konnten wir zurückschlagen, aber den geliehenen Stift konnte ich nicht zurückgeben. Es war mir schon sehr peinlich.« Nach einer Weile fügte er hinzu: »Ich glaube, es war das einzige Mal, daß ich jene Lehre meiner Mutter nicht befolgt habe.«

Weder an seinem Tonfall noch an seiner Miene war zu erkennen, wie er seinen Bericht verstanden wissen wollte. Gefragt, würde ich sagen, er habe nüchtern eine Tatsache berichtet.

Mit Renn irgendwo eine Tasse Kaffee trinken, im Klub des Kulturbundes Mittag essen, mit ihm – Welches ist dein hörendes Ohr? – Das rechte. Meines auch – und also er links, ich rechts – Unter den Linden zu schlendern und am Brandenburger Tor die Geschichte eines jungen Leutnants zu hören – alles selten und jedesmal zufällig –, der zu irgendeinem Kaiserfest vor seinem Zug hier durchmarschiert war, für die Öffentlichkeit war es ohne Belang. Renn war, aus eigenem Willen, aber nicht nur, kein Teilhaber an der Macht. Und ich wollte kein Ziehkind eines der Teilhaber sein.

Die Möglichkeit dazu bot mir einmal – und nicht nur dieses eine Mal – Johannes R. Becher, Erster Dichter der Republik und Minister für Kultur. Er besaß am Scharmützelsee ein kleines Haus, ein großes Segelboot und ein ministerielles Jagdrevier mit einem außergewöhnlichen Bestand an Rotwild. Es ist anzunehmen, daß sich das Wild ins Revier des Ministers drängte, weil der Minister selten Zeit fand, ein Jäger zu sein, und sich als Jäger – wie erzählt wurde – wenig Zeit nahm zu zielen.

Mitte der fünfziger Jahre verbrachte ich mit meiner Frau zwei Urlaubswochen im kulturbundeigenen »Eibenhof« am Seeufer. Während derselben Zeit machte Becher Urlaub in seinem kleinen Haus und kam täglich in den »Eibenhof«, um sich in zwei »Henkelmännern« Mittagessen zu holen.

Bei solcher Gelegenheit sagte er einmal zu mir: »Wenn du Lust hast – bei mir auf dem Boot kannst du segeln lernen.«

Ich hatte große Lust, doch die Leute im »Eibenhof« warnten – aus vorgegebener oder wirklicher Kenntnis – eindringlich: Becher brauche einen Schiffsjungen zum Plankenscheuern, Eierbraten und Geschirrspülen.

Dazu hatte ich keine Lust, sagte, ich wolle nicht segeln lernen, und Becher brummte mich an.

Wenige Tage später erwischte er als Essenholer mich wieder und erklärte: »Ich habe beschlossen, daß wir zum Zelten fahren: ich und meine Frau und deine Frau und du. Essen werden wir nur, was wir fischen und schießen, die Frauen werden kochen. Also übermorgen früh!«

Sprach's und nickte mir zu. Erst als er ins Auto kletterte, rannte ich hinterher und versagte mich seiner Romantik.

Ohne auch nur zu nicken, ließ er mich stehen.

Sein Groll hielt nicht an, am dritten Tag danach warf er mir hin, er fahre abends zu einer Bauernversammlung, und *das* müsse mich doch wohl interessieren.

Am späten Nachmittag kam er. Aufgeschreckt sah ich zwei Jagdgewehre im Fond seines kleinen offenen BMW, und er sagte: »Nach der Versammlung gehen wir auf Sauen.«

Ich erinnerte mich, den Dichter Stephan Hermlin sagen gehört zu haben, mit Becher dürfe man auf Jagd nur in einen hundertjährigen Eichenwald gehen und müsse dort immer in der Nähe des dicksten Baumes bleiben, und murrte: »Ich gehe nicht auf Jagd.«

Becher hielt meine Weigerung offenbar für kindischen Trotz, den man am besten übersieht, und redete vom Wildschaden, über den sich »seine« Bauern heftig beschwerten.

Während der Fahrt betrachtete ich bäuerlichen Auges

die Äcker und fand, daß sich die hier einstehenden Hirsche und Sauen ziemlich bescheiden von den Früchten des Feldes ernährten.

Im Dorf erwarteten uns ein tristes Gasthaus, ein übellauniger Wirt, ein amtlicher Bürgermeister und eine gute Skatrunde Bauern.

Der Minister eröffnete das Spiel mit der falschen Karte: Natürlich komme er für allen Wildschaden auf, doch zunächst für jeden ein Bier, einen Kurzen und eine Bockwurst. Der Wirt verschwand nach hinten, gleich darauf sah ich zwei Jungen loswetzen, ich wußte: von Haustür zu Haustür die Nachricht ausschreiend, es gebe Freibier und Freiwurst.

Die anwesenden Bauern fingen vorsichtig an zu reizen, von zehn Mark Schaden auf den Hektar waren sie gerade bei zweiundzwanzig angelangt, als der erste Trupp ihrer Kollegen angehechelt kam. Zehn Minuten später war der nicht eben kleine Gastraum voller wildgeschädigter Bauern, und der Schaden auf den Hektar wurde mit fünfzig Mark gereizt, und immer noch wollte keiner passen. Und das Bier floß, und der Wurstvorrat des Wirts schien unerschöpflich.

Becher geriet ins Schwitzen, zog die Jacke aus, krempelte die Hemdsärmel hoch und fing an, bajuwarisch zu reden, sicher in der Annahme, das klänge mehr bauernverbunden.

Schließlich – das letzte Wurstzipfelchen aufgegessen, aber Bier noch reichlich vorhanden, und der Wirt immer noch mit zwei Flaschen in der Hand: weiß oder braun? – hatten die Bauern den Minister und seine wilden Waldtiere vergessen, sie hatten genug eigenen Hader und eigenen Spaß. Nur der Bürgermeister saß höflich beim Jagdherrn, der drückte ihm einige Scheine in die Hand und winkte dem Wirt. Der Wirt schätzte die Anzahl der Männer im Gastraum ab, sah alle und alles doppelt, und Becher mußte einen Scheck ausschreiben.

Es war kurz nach Mitternacht, als wir, beinahe unbemerkt, das Wirtshaus verließen. Draußen standen drei Bauern, ließen das Freibier aus sich heraussprudeln, einer trat an den Wagen heran und erklärte fast weinend, ob er sich werde im Winter das Salz für die Suppe kaufen können, sei sehr ungewiß.

»Wegen deiner Viecher, Herr Minister!«

Am Dorfrand dann seufzte Becher unüberhörbar zufrieden auf.

»Bloß gut«, sagte er, »daß ich an die Würscht gedacht hab. So bin ich nun billig davongekommen!«

Ich freilich dachte, daß er, ein Null-Spiel in der Hand, sich hoch zu überreizen habe verleiten lassen.

Er seufzte ein zweites Mal auf: »Für die Sauen ist es jetzt leider zu spät.«

»Leider«, echote ich ohne Scham und lobte im stillen den verdienstvollen Wirt und seine beiden schnellfüßigen Söhne.

Die Nacht war mondlos, die Straße ein besserer Waldweg, und Becher fuhr vorsichtig, als bedächte er etwas. Vielleicht dichtete er – mir schienen Dichter immer zu allem fähig.

Unversehens – wir fuhren eben durch einen besonders finster-düsteren Wald – fragte er mich, was ich von seinen Gedichten halte.

Er war mein Minister, ich ein Schreiber am Anfang, gefangen in seinem Wagen, zwei Jagdgewehre in meinem Rücken, die Geisterstunde angebrochen. Da fiel mir sein Gedicht an Deutschland ein, aufatmend sprach ich den ersten Vers vor mich hin, aber für *ihn*, und fügte an, daß dieses Gedicht *mein* Gedicht sei.

Becher schwieg weit über den Düsterwald hinaus. Er schwieg bis zum »Eibenhof«. Dann sagte er – zum Lenkrad oder zur Frontscheibe oder einfach in die Nacht hinein – das Sonderbarste, was ich je einen Dichter über sich selbst habe sagen hören: »Ich bin zufrieden, wenn am Ende auf einen Kilometer Becher *ein* Vers bleibt, den die Menschen in hundert Jahren noch kennen.«

Es gab nichts, was hier noch hätte gesagt werden können. Ich glaube, ich bin wortlos gegangen.

Ein Jahr – oder zwei – später aber setzte ich mich ohne Widerstreben im Klub zu Mittag an Bechers Tisch. Er hatte versucht, eine neue Kulturpolitik durchzusetzen – sein Staatssekretär Abusch stellte sie uns im Vorstand des Verbandes vor: Freiheit der Kunst, solange sie nicht ihr eigenes Gesetz verletze: Kriege preise, Rassen diskriminiere, Völker aufeinanderhetze –, und Ulbricht hatte Becher Ministerstuhl und -tisch entzogen, und also war er kein Macht-Teilhaber mehr.

Wovon die karge Rede zwischen Suppe und Hauptgericht ging: Ich glaube, von meinen damals nicht eben erfreulichen Lebensumständen – Nachwehen von 1956, von denen er zu wissen schien. Beim Nachtisch jedenfalls hielt er plötzlich inne und fragte: »Wieso ist jenes Gedicht von mir *dein* Gedicht?«

Ich antwortete, wie ich heute darauf antworten würde: »Deutschland meine Trauer, du, mein Fröhlichsein.«

Über dieses Gedicht hinaus wußte – und weiß – ich wenig über den Dichter Johannes R. Becher. Ich meinte stets, er glaube, ein Olympier zu sein, und das war mir fern, allzu fern. Von ihm, dem Menschen, jedoch habe ich halbverwischte Bleistiftskizzen aufbewahrt, über Literatur nie mit ihm gesprochen.

Es scheint eine verbreitete Annahme zu sein, daß Künstler viel miteinander reden über die Kunst, die sie machen. Meine Erfahrung ist eine andere: Über das Entstehende lautet die Auskunft an einen Kollegen »es läuft so« oder »fünfzeilenweise mit leerem Kopf« und über das Fertige – ich hatte Hermann Kants Roman »Der Aufenthalt« gelesen und sagte in einer Sitzungspause zwischen Tür und Angel zu ihm: »Es ist dir zwar scheißegal, aber ich sage es dir trotzdem, daß ich dein Buch für ein gutes halte.« Und Kant darauf: »Woher weißt du, daß mir deine Meinung scheißegal ist?« Er hatte recht mit seinem Satz, ich hatte recht mit meinem Urteil – wir saßen viele Jahre in Sachen des Verbandes an einem Tisch, mehr als diese zwei Sätze haben wir über das Stück Literatur, das wir schufen, nicht geredet. Hätte mir das Buch nicht gefallen, wäre nicht einmal soviel gesprochen worden.

Ähnlich lapidar äußerte sich einmal Erwin Strittmatter

mir gegenüber: »Ich habe deinen ›Krabat‹ gelesen, es soll ja ein gutes Buch sein. Ich habe nichts verstanden und weiß nicht, was du damit wolltest.«

»Da stehst du in einer guten Reihe«, sagte ich, und wir grinsten uns an.

Wir waren sozusagen Seit' an Seite in die Literatur eingetreten, waren Fast-Landsleute, hatten dieselben Zeiten erlebt und überlebt, waren beide Dorfkinder und blieben Männer vom Dorf in vielerlei Hinsicht. »Der Wundertäter« Stanislaus Büdner war nicht sehr unähnlich dem Felix Hanusch, der seine »Semester der verlorenen Zeit« absolvierte. Und einmal stellten Strittmatters – Eva und Erwin – sogar fest, daß ich im Äußeren seinem Bruder ähnele. Wir besuchten uns, waren freundschaftlich verbundene Kollegen, die nicht weniges unterschiedlich beurteilten, einander achteten, sich mochten: Ob aber freundschaftliches Verhältnis Freundschaft geworden wäre, hätte er nicht so weit nördlich von Berlin gewohnt wie ich südlich davon, ist eine müßige Frage. Daß wir dann mehr – und anders – über unser Geschriebenes geredet hätten, scheint mir nicht sehr wahrscheinlich.

Warum ein erfahrener Schreiber nur sehr verhalten über das Buch eines erfahrenen Kollegen mit diesem zu sprechen gewillt ist – ob mit ihm befreundet oder nicht –, hat nichts mit Eifersucht oder gar Mißgunst zu tun, sondern mit Toleranz: jedem das Recht zugestehen, *seine* Sicht auf die Dinge zu haben und sie auf *seine*, ganz eigene Art schreibend darzustellen. Darum, glaube ich, ist es auch selten von großem Nutzen, miteinander tief und breit über das Entstehende zu reden. Es wäre, als wollte man unter einem blühenden Kirschbaum über die Früchte reden, die der Baum tragen wird: wie groß, saftig, süß. Doch was dann, wenn der Frost die Blüten verbrennt, wenn die Kirschfliege schwärmt, wenn der Hagel die halbreifen Früchte zerschlägt …?

Was vor der Blüte steht, das Aufbrechen der Knospen – Anna Seghers hat es einmal geschildert:

Auf einer Vorstandssitzung des Schriftstellerverbandes redete Alexander Abusch, Minister gerade, über weiß

Gott was, und in meinem Gedächtnis wäre weder er noch sein Weißgottwas haftengeblieben, hätte er nicht in irgendeinem Zusammenhang Paris erwähnt und wäre Anna Seghers, die sich langweilte, hier nicht eingeschritten.

Sie sagte: »Duuu, Abusch, warst du in Paris?«

Er, mit halber Ungeduld die Unterbrechung akzeptierend, murrte: »Natürlich!«

Daraufhin sagte Anna Seghers einen einzigen Satz, den folgenden: »Ich war nämlich – ich kann mich daran ganz genau erinnern, an die Örtlichkeit – das ist sonderbar, daß einem bestimmte Örtlichkeiten so ganz fest ins Gedächtnis gehen – zum Beispiel, da waren drei Stufen, ich wüßte gar nicht, warum man sich die Stufen merken sollte, vielleicht waren sie aus Holz – das ist ja auch egal –, die eine hatte ein Loch, nicht in der Stufe, sondern an der Rückwand, oder wie man das nennt – na, ihr wißt schon – ein Mauseloch vielleicht, vielleicht auch, weil das Holz morsch war und irgend jemand hat dagegengetreten, kann sein aus Wut, weil er wütend war über einen anderen Menschen, einen Freund, der ihn verraten hat, oder eine Frau, und er konnte es nicht begreifen – ich denke, wir machen bei uns, in unseren Romanen, Erzählungen, Filmen – was weiß ich – etwas nicht ganz richtig mit dem Begreifen, alles wird immer begriffen – ich zum Beispiel begreife nicht und kann also auch nicht erklären, was diese Stufen damit zu tun hatten, oder war es die Kammer, die war sehr eng und dunkel, und die Gerüche aus dem ganzen Haus – nicht der Geruch nach Kohl und billigem Essen, das auch, sicher, aber andere, vielleicht Angst oder die Wut des Mannes, der nicht begreifen konnte, den Verrat oder was es war – ich lag und konnte ganz plötzlich den Mann Georg Heisler denken und eigentlich den ganzen Roman – ich war nämlich damals in Paris – 'tschuldige, Abusch, jetzt kannst du weiterreden.«

Er redete weiter, ich weiß nicht, worüber, niemand weiß es, und seine Rede wäre geredet und vergessen, hätte nicht Anna Seghers gefragt: »Duuu, Abusch ...«

Und niemand hätte je erfahren, wie unwirklich wirklich »Das siebte Kreuz« entstanden ist.

3 Meine vielen Jahre im Vorstand

Wenn ich meine Jahre im Vorstand des Verbandes Revue passieren lasse, erscheinen Menschen, Bücher, Ereignisse – kaleidoskopisch und nicht in die Reihe zu bringen. Vielleicht darum nicht zu ordnen, weil ich selbst mittendrin bin, obwohl ich die Fotos schieße, die Filmkamera halte, Zeichnungen kritzele, Strichmännchen, Gesichter, Gitterrätsel, Labyrinthe, sogar ein Ölbild male, auf Sperrholz und gerade zwei Handspannen groß, es zeigt Willi Bredel.

Auf einem Verbandskongreß hielt er das obligate Referat, sprach zwei Stunden und stand die ganze Zeit auf Zehenspitzen am Rednerpult.

In der Pause befragte ich ihn nach dem Grund solcher Anstrengung.

Er führte mich ein wenig auf die Seite und flüsterte: »Behalt's für dich: Wenn ich schon kein großer Schriftsteller bin, will ich wenigstens kein kleiner Mann sein.«

Dann lachte er laut und fröhlich auf, und als einer hinzutrat und fragte, antwortete Bredel: »Ich habe ihn nur über meine Eitelkeit aufgeklärt.«

Der Dreher und Seemann aus Hamburg also in Öl gemalt.

Aus den frühen fünfziger Jahren zeigen ein paar Filmmeter Stefan Heym.

Er besuchte uns mit seiner Frau, ich zeigte ihnen unsere alte Stadt und unsere sorbischen Dörfer. Wir besuchten auch meine Eltern, und Heym schenkte meiner stets lesehungrigen Mutter seine »Kreuzfahrer von heute«.

An den Abenden saßen wir zusammen, erzählten uns

jüngste Vergangenheiten, bedachten nahe Künftigkeiten und fanden sowohl in diesen als auch in jenen Gemeinsamkeiten. Danach zog meine Frau die schweren Vorhänge im Wohnzimmer zu, damit die Lichter der Straße Heyms nicht beim Schlafen störten.

Am Morgen riß Stefan Heym die Vorhänge auf – von der falschen Seite her. Sie hingen herab wie nach einer polizeilichen Hausdurchsuchung. Meine Frau kletterte hoch und knipste sie wieder ordentlich an.

Am nächsten Morgen hingen sie wieder herab und am Morgen danach ebenso, und Stefan Heym stand zerknirscht vor seinem Werk. Ich knurrte, er sei ein hartnäckiger und lernunwilliger Vorhangaufreißer.

»Hartnäckig ja, aber lernunwillig nicht«, behauptete er und erklärte, bei unserem Geschäft könne es schon vorkommen, daß man einmal auf der falschen Seite zupacke.

Er sei eben rechthaberisch, sagte seine Frau zu meiner, während er schnell in die Stadt fuhr, um dann die halbabgerissenen Vorhänge mit einem Strauß Nelken wenigstens symbolisch wieder in die rechte Ordnung zu bringen.

Danach telefonierten die Frauen manchmal von Haus zu Haus, einmal besuchten wir die Heyms in Berlin, es war ... Hier reißt der Film ab, falsch belichtet, oder als hätte jemand seine Hand dazwischen gehalten, es waren viele Hände im Spiel damals, und der Mann H. und der Mann B. hatten vor wenigen Jahren gründlich erfahren, daß Nicht-Vertrauen das Leben zwar beschädigt, aber es zu behalten hilft.

Ich habe einen Brief von Anna Seghers, worin sie, die Präsidentin, mich dringlich bittet, doch den Stuhl des Ersten Sekretärs des Verbandes einzunehmen, entsprechend dem Beschluß der Abteilung Kultur beim ZK.

Dazu hätte ich nach Berlin ziehen müssen. Oder auch dürfen: Die Vorteile, die eine Hauptstadt bietet, waren besonders damals mannigfaltig. Ich weigerte mich. Man wies mich auf Parteidisziplin hin, zeigte mir eine Fünf-Zimmer-Wohnung in Stadtmitte, ein schönes Haus in Grünau, ich weigerte mich weiter, erklärte mit Nachdruck, daß ich kein Ja-Sager und Kopfnicker sei und also der Kulturabteilung dauernder Streit ins Haus stünde. Man versicherte emphatisch, daß man eben darum mich ausgewählt habe. Schließlich verzichteten sie auf den Umzug, und ihr äußerstes Angebot lautete: Montag früh holt mich ein Wagen ab, Dienstag abend bringt er mich zurück. Natürlich wußte ich, daß ein Zwei-Tage-Amten pure Illusion war, aber ich hatte keine Argumente mehr. In letzter Not ging ich zu Kurt Hager, er war höchst unzufrieden mit mir, doch am Ende entschied er zu meinen Gunsten und ließ mich grußlos gehen.

Wäre ich damals nach Berlin gezogen, wäre ich – wahrscheinlich – in eine der Berliner Gruppen, Grüppchen und Cliquen hineingeraten, wäre auf die eine oder andere Weise wieder in näheren Kontakt mit Heym gekommen. Doch so blieb ich, wo ich war, weitab von Berlin und den Berliner Kollegen und stets nur einseitig informiert über das, was dort vor sich ging. Heute nun, Stefan Heym ein alter Jude, ich ein alter Sorbe, meine ich, daß er es ähnlich sähe wie ich: So sehr weit voneinander haben die Zeiten uns nicht treiben können in dem, was wir schrieben, und da wir schrieben, wie wir dachten, also auch nicht in Sichten auf eben diese Zeiten: schwarze Finsternis und das Gras unter dir weiß die Sonne und der Mensch neben dir ihre Wärme und du schreibst die Finsternisse und die Sonne und den Menschen neben dir.

Doch die, die gleich nach uns kamen, wuchsen als Kinder in den Krieg hinein, und der Krieg – bevor sie noch die Kindertränen hatten ausweinen können – lehrte sie töten, und sie töteten, um nicht getötet zu werden. Sie hatten keine Druckkammer zwischen dem einen und dem anderen Leben für sich, sie starrten in die Finsternis, ein Märchen die Sonne, eine Illusion der Mensch neben dir, und unter allem, tief und nicht zu unterdrücken, das verlorene Kinderweinen.

Ich bin ihnen, den betrogenen Kindern, begegnet, als sie Männer waren; manche weinten, wo ein Mann nur schluckt oder die Fäuste ballt, und einem, von dem ich glaube, daß er weder geschluckt noch die Fäuste geballt, noch sich das Tuch an die Augen hat halten müssen, als ihm die Ärzte die letzte Frist verkündeten. Ich war nicht Zeuge, es ist nur mein *Bild* von ihm.

Ein später Abend im Frühjahr 1950, es donnerte und blitzte, und die leicht abschüssige Straße vor unserem Haus war ein Bach. An der Haustür klingelte es, ich öffnete, ein junger, schmalbrüstiger Mann nannte seinen Namen, und er sei zu mir geschickt worden. Wegen des Stückes.

Meine Frau führte ihn ins Bad, er solle so lange heiß duschen, bis er sich nicht mehr als Eismann fühle, und wir überlegten, was wir für »den Jungen« hätten, das er anziehen könnte, ohne darin zu verschwinden. Er nahm die Duschanweisung ernst, wir hatten gut Zeit zu erraten, um welches »Stück« es sich handelte: Vom sächsischen Kulturministerium hatte ich den Auftrag erhalten, »ein Laienspiel für die bäuerliche Bevölkerung anläßlich der Beendigung der Getreide-Erntekampagne zu erstellen«, wofür mir ein Honorar von eintausendfünfhundert Mark gezahlt werden würde.

So viel Geld reichte uns damals vier Monate zum Leben. Ich kaufte ein Pfund ideenfördernden Schwarzmarkt-Kaffee, begann unter dem Titel »Das Erntefest« ein Laienspiel »zu erstellen«, erfand Turbulenzen um eine »Erntekrone«, schuf einen »Erntekönig« mit zwei rivalisierenden Anwärterinnen auf den Platz an seiner Seite, ließ Tränen fließen und Optimismus strahlen und schloß mit großem fröhlichem Trara. Ich schickte das Stück ab und bekam es zurück mit bösen Bemerkungen eines Landesparteisekretärs, der »Erntekrone« und »Erntekönig« als »monarchistisches Gedankengut« befand. Im beiliegenden – verbindlichen – Brief bat mich der Auftraggeber, die »Bedenken der Partei« aus dem Wege zu räumen. Ich räumte nichts, sondern erklärte die Parteibedenken im Gegenbrief als lächerlich.

Das also war es, weswegen der Jüngling gekommen war. Parteibeauftragter! Und wir hatten ihn noch unter die heiße Dusche gestellt!

Dann erschien er, aufgekrempelt meine Hose, mein Hemd, meine Strickjacke, er machte keinerlei Umstände und erklärte auf eine fremde unbeteiligte Art, er habe den Auftrag, aus meinem abgewiesenen Stück ein spielbares zu machen, und sei angewiesen, sich meine Einwendungen anzuhören, was ihn aber zu nichts verpflichte. Meine Rechte seien ja durch das gezahlte Honorar abgegolten.

Wir wunderten uns und waren erleichtert, atzten ihn und versuchten, uns mit ihm zu unterhalten. Er war wortkarg wie ein Bergbauer, wir erfuhren nur, daß er aus einem Dorf irgendwo bei Chemnitz stamme, in amerikanischer Kriegsgefangenschaft gewesen sei, einundzwanzig Jahre zähle und nun Schriftsteller werde. Er sprach langsam und leise, manchmal hörte er mitten im Satz auf – er war nicht interessiert, uns zu unterhalten.

Meine Frau bereitete ihm ein Lager, am Morgen zog er seine wieder trockenen Sachen an, saß schweigend beim Frühstück und ging.

Vom »Erntefest« las ich in der Zeitung, ob gut oder schlecht, weiß ich nicht mehr, den Jungen sah ich wenige Jahre später in der Literaturabteilung des Verbandes sitzen, dann gab es Aufregung wegen eines seiner ersten Stücke und Aufregung seinetwegen immer wieder einmal, schließlich saßen wir gelegentlich in der Akademie der Künste zufällig nebeneinander, rauchten Zigarillos aus seinem, Zigarren aus meinem Behältnis, dann wählten wir ihn zum letzten Präsidenten unserer Akademie. Er brachte es noch fertig, zusammen mit Walter Jens in Ehren und in Vernunft die Vereinigung der Ost- und der Westakademie herzustellen, und dann starb er. Er hat Bedeutendes hinterlassen, und über ihn ist Gewichtiges geschrieben worden und wird noch geschrieben werden – das regendurchtränkte Foto eines sehr jungen Mannes, der im Frühjahr 1950 an meiner Haustür klingelte, zeigt den Dramatiker Heiner Müller an seinem Anfang. Er wurde als Mitglied des Verbandes aufgenommen, ausgeschlossen und wieder aufgenommen – er zuckte mit den Schultern und schrieb.

Der Verband hat als Interessenvertretung der Autoren in jahrzehntelangen Bemühungen für seine Mitglieder die soziale Absicherung, ein unkompliziertes Steuerrecht, günstige Normverträge und Alterssicherung erreicht, hat wesentlich zur Entwicklung der deutschen Literatur beigetragen, hat vielen Autoren beigestanden gegen Zensur und Reglementierung – und hat versagt dort, wo er – über die Literatur hinaus – historisch Bedeutendes hätte leisten können.

In den späten sechziger Jahren war offensichtlich geworden, daß »die Lösung der deutschen Frage« – wie es hüben und drüben hieß – wenn nicht in atomarer Verwüstung, in einem längeren oder kürzeren Prozeß der Annäherung beider deutscher Staaten erfolgen wird. Am Ende eines solchen Prozesses würde eine vergrößerte Bundesrepublik stehen, ein neues starkes großes Deutschland. Ich wollte es nicht, ich fürchtete es und war sicher, daß es kommen wird. Je weniger Entfremdung dann aufgebaut wäre, um so weniger menschliche Beschädigung stünde am Ende.

Nicht daß ich dagesessen und das erdacht und ergrübelt hätte, es entstand, wie eine Düne entsteht, Sandkorn zu Sandkorn, und irgendeines Tages wußte ich, daß wir – der Verband – ohne Vernunft handelten, indem wir mit dem fernen mongolischen Verband Freundschaftsabkommen aushandelten und zugleich vieles taten, um nicht in guter Nachbarschaft mit unseren Kollegen in der Bundesrepublik zu leben.

Ein Autor hatte eine Einladung erhalten: zu einer Lesung in Karlsruhe oder Buxtehude, zu einer Konferenz in Köln oder Oberammergau – das Präsidium diskutierte ernsthaft und ohne mit der Zeit zu sparen und kam zu dem – meist nicht einstimmigen – Schluß: Nicht die da drüben bestimmen, wer kommt, sondern wir, wer fährt. Manchmal fuhr dann keiner.

Einmal bot die Stadt Lüneburg dem Vorstand an, einen Autor – nach unserer Wahl! – ein Vierteljahr lang als ihren Stadtschreiber anständig zu behausen und ausreichend zu verköstigen. Das Präsidium befaßte sich nicht mit der Suche nach einem Anwärter dafür, sondern beschloß, kein Mitglied der Gefahr auszusetzen, in der Lüneburger Heide korrumpiert zu werden.

Einmal kam nach geduldigem Bemühen des West-Verbandes eine Vereinbarung über Lesungen, wir dort, sie hier, zustande und platzte, weil unter den bundesrepublikanischen Kollegen welche waren, die unser Verband bei uns nicht sehen wollte. Einige lasen dann hier in Kirchen oder Gemeindesälen. Wir lasen nicht dort.

Hinter all diesem stand die Befürchtung, unsere Autoren könnten durch engere Kontakte zu ihren Kollegen jenseits der Mauer Schaden an der Seele nehmen und, so beschädigt, ihren Leib nach drüben tragen. Das tat aber ohnehin jeder, der es ernsthaft wollte. Sie gingen mit Paß oder ohne Paß, manche blieben Wanderer zwischen den Welten, alle hatten ihre Gründe, wohlüberlegte – oder kurz gefaßte. Mit einem, dessen Name in Ungutem des öfteren in Sitzungen des Präsidiums genannt wurde, habe ich 1975 einmal zwei Wochen lang täglich gesprochen.

Reiner Kunze hielt sich als Gast des tschechoslowakischen Verbandes in dessen Haus in Marienbad zur Kur auf und ich mich mit dem Honorar für die tschechische Ausgabe von »Eine Liebesgeschichte« zum gleichen Zweck auf der anderen Seite des Parks im Hotel »Esplanade«. Wir trafen uns zufällig am Brunnen, ich kannte ihn kaum, hatte einiges von ihm gelesen und einiges im Präsidium über ihn gehört. Er war mir sympathisch, und wir verabredeten uns für den täglichen Brunnengang. Vom zweiten oder dritten Tag an schlenderten wir bis zum Abend durch den Park und redeten. Ich wußte, daß er an die Ausreise dachte, wußte aber nicht, ob er es wirklich wollte oder sich getrieben fühlte. Nach vierzehn Nachmittagen guter Gespräche war ich nicht klüger als zuvor. Reiner Kunze ging, wir warfen ihm noch ein paar Steine in den Weg und nach, die Steine trafen nicht ihn, sondern uns.

Das spektakulärste Unternehmen, uns selbst zu schaden, war die Sache mit und um Biermann: Ein Mann, des öfteren gescholten und zum Guten ermahnt, darf zu einer Tournee ausreisen und singt in Köln vor vielen Leuten und in *uns* nicht wohlgesinnte Fernsehkanäle hinein Lieder, die *uns* höchst unfreundlich klingen und *uns* empören, und *wir* sagen aus dem Bauch heraus: Soll der Mann hausen, wo der Pfeffer wächst, aber nicht mehr bei *uns*!

Ich hatte weder die Kölner Lieder gehört, noch kannte ich Biermann überhaupt, hatte da und dort Balladen von ihm gelesen und in Moskau bei Freunden an frechen Gedichten von Raubkopien Spaß und auch Vergnügen gehabt. Gesehen hatte ich ihn nur einmal, spätnachts auf meinem Weg ins »Hotel Unter den Linden«. Vor dem »Linden-Corso« waren eine bunte Frau und ein auf dem Bürgersteig sitzender Mann laut und heftig im Streit, ein Taxi kam, der Fahrer, ein Ober und die Frau hatten alle Mühe, den Mann vom Bürgersteig in den Wagen zu verbringen. Vor dem Hotel stand neugierig der Portier, er sagte mir, wem ich da begegnet war.

Biermann also war einer der wenigen bekannten Künstler, denen ich weder im Verband noch im PEN, noch in der Akademie persönlich begegnet war, und wo er lebte und wo er sang, kümmerte mich nicht. Als aber am Tag nach seiner Ausbürgerung – ich hielt sie spontan für unklug – der Verband mich anrief, ich solle Einverständnis und Genugtuung erklären, sagte ich nein.

Dann rief der Präsident an, und ich wiederholte mein Nein. Dann verbreiteten die Medien Einverständnisse und Genugtuungen, und es wurde vermerkt, daß mein Applaus fehlte. Dann erschien der für Kultur zuständige Bezirksparteisekretär – ein honoriger Mann – bei mir und begann eine Grundsatzrede zu reden. Nach dem dritten Satz unterbrach ich ihn, ich kenne das Partei-Abc und brauchte darin keine Nachhilfe. Nun sprach er von Biermann und las mir vor, was dieser gesungen hatte in die fremden Mikrofone. Manches gefiel mir durchaus nicht, manches gefiel mir, aber um die Lieder gehe es ja nicht, sagte ich, sondern um eine Entscheidung, die ich für unüberlegt und falsch halte und die ich im nachhinein als klug und richtig zu erklären nicht gewillt sei.

Der Sekretär Oss – wie ihn alle nannten – wich nicht von der Stelle, ich ließ ihn sitzen im Zimmer, er kam mir nach in den Garten, wir aßen zu Mittag, er saß am Tisch, danach legte ich mich oben hin, er hockte unten und memorierte seine Argumentation. Seine Aufgabe war, mir ein klares Ja abzuringen – er rang bis in die späten Abendstunden und fuhr unglücklich heim.

Anderntags begründete ich in einem Brief an Hager, warum ich mich außer der Reihe stelle, eine Antwort blieb aus, wohl dank dem Umstand, daß die ganze Angelegenheit plötzlich eine wirkliche Dimension gewann.

Biermann zwar war verbannt – nicht wie weiland der »arme Ovid«, der ähnliches verbrochen hatte, in irgendeine unwirtliche Gegend im Osten, sondern ins Sahne- und Honigland im Westen –, doch verbreitete AFP die Meldung, daß sich eine ganze Phalanx aus namhaften Berliner Schriftstellern, Künstlern und Wissenschaftlern gegen seine Ausbürgerung gebildet habe.

Ein falscher Beschluß zog andere falsche Beschlüsse nach sich, einige Unterzeichner der Protestresolution wurden aus ihren Verbänden ausgeschlossen, weit mehr als eine Handvoll verließ daraufhin das Land, und wieder wurde diesem, das zu verteidigen solche Beschlüsse vorgaben, nicht meßbarer Schaden zugefügt.

Die Ausschlußverfahren liefen in den Bezirksverbänden ab, den Ausschluß zu bestätigen oder zurückzuweisen, war Sache der Präsidien. Es gab viel Hektik und Gezerre hinter und auf der Bühne, und die Ausschlußlisten wurden gestutzt. Da ich nicht gegen Biermann das Wort genommen hatte, konnte ich füglich auch für die gestutzten Listen nicht die Hand heben.

Am Ende der Geschichte standen ein glorreicher Biermann, ein schlechter Ruf vor allem unseres Verbandes und eine an Kunst und Kunsterfahrung ärmer gewordene DDR.

Unser Verband hätte, weil wir in derselben Sprache und aus gleicher Tradition wie die Schriftsteller im Westen Literatur machten, als einzige geistige Institution von Gewicht die Möglichkeit gehabt, auf eine absehbare Entwicklung hin zu wirken und gute Nachbarschaften auf seinem ureigenen Gebiet zu schaffen. Niemand hätte uns hindern können, in Vernunft zu handeln. Wir handelten aus Räson.

Ein einziges Mal – und zwar in solchem Zusammenhang – fuhr mich während einer Präsidiumssitzung unser Präsident brüsk an: Nicht ich mache die Politik des Verbandes, »sondern wir«.

Wir also entsandten vier Mitglieder des Präsidiums – alle entweder dem ZK, der Volkskammer oder einem anderen *Bereich* zugehörig – zum Treffen europäischer Schriftsteller »Dem Frieden die Freiheit« nach Köln. Auf Intervention von Böll (wieso und warum er meinte, ich gehörte hierher, habe ich ihn nicht gefragt) wurde ich nachgeschickt und kam gerade zum Schluß des Abschlusses zurecht. Böll – dem ich nur hier begegnete – schenkte mir seinen tuchenen Kongreßbeutel. Unsere Gesandten traf ich auf der Straße, sie zeigten mir ihre eben gekauften Schweizer Offiziersmesser, ich solle mir auch eines kaufen, und beschrieben mir die Lage des Geschäfts. Nie war ich mehr fremd in meinem Verband.

Wie sehr dessen Ansehen im Ausland gelitten hatte, erlebte ich im Jahre »nach Biermann« in Schweden.

Wir – meine Frau und ich – waren als Touristen unterwegs, und unsere Botschaft wollte ein Treffen mit dem Vorstand der schwedischen Vereinigung arrangieren. Die Schweden lehnten ab, in die Botschaft zu kommen. Als Strohmann trat nun die »Freundschaftsgesellschaft« auf, lud zu einem Smörgåsbord in ein gutes Restaurant ein und versicherte auf Verlangen, daß ich gänzlich privat im Lande sei und keinerlei Akkreditierung unseres Verbandes in der Tasche habe.

Die Schweden kamen zum Smörgåsbord, auch war Gelegenheit, einen lebenden Sorben zu sehen, und einer hatte sogar den »Krabat« gelesen. Am Anfang waren sie steif wie ein erfrorener Elch, aber als sich zu ihrer offensichtlichen Verwunderung herausstellte, daß wir englisch miteinander sprechen konnten und also die Dolmetscherin, die ihnen nicht geheuer schien, nicht benötigten, und als einer – weiß ich, aus welchem Grunde – den Anfang der Odyssee im Original zitierte und ich ein paar Zeilen hinzugab, und da das Essen ausgezeichnet und der Wein aus dem Keller der Botschaft, am Binger Loch gewachsen, ein guter Jahrgang war, taute der Elch überraschend schnell auf. Ein bißchen erzählten meine Frau und ich, die wir als Gastgeber fungierten, über uns, die Sorben, sangen den Schweden sogar zwei Lieder vor, aber vor allem redeten wir wirklich über das Schreiben und die Umstände, die es behindern oder befördern, und hatten – für sie sonderbarerweise – so durchaus unterschiedliche Ansichten nicht. Als wir auch zur Mitternacht, obwohl weder Wein noch Smörgås mehr vorhanden, noch immer viel Lust hatten zu reden, lud ich die Schweden ein, das Gespräch auf der anderen Seite der Ostsee fortzusetzen, in Stralsund oder Rostock. Sie waren sofort einverstanden, unter einer Bedingung: daß unser Verband daran in keiner Weise beteiligt sein würde.

Daheim berichtete ich, unsere Verbandsoberen waren hocherfreut, endlich Kontakt zu den Schweden zu bekommen – »die ziehen ja ganz Skandinavien nach!« –, hielten es zwei Tage nach der Freude für absolut nötig, daß der Verband die Sache in die Hände nähme, und schickten ein ZK-Mitglied – ein guter Mensch und Vize des Verbandes – gen Schweden, um das Stralsunder oder Rostocker Treffen festzuzurren. Die Schweden kappten die Leinen.

Meine vielen Jahre im Vorstand des Deutschen Schriftstellerverbandes, der später das »deutsch« strich und sich einen Genitiv anhängte: Zu Beginn war ich darin der Autor einer weithin unbekannten nationalen Minderheit, als solcher ausgezeichnet für sein erstes deutschsprachiges Buch, und etwa ein Jahrzehnt lang Lehrling in Angelegenheiten des Verbandes. Etwa ebenso lange hatte ich volles Mitspracherecht und das Gefühl, gehört zu werden, errang Preise, erhielt einen Orden, und einmal lud die Präsidentin Anna Seghers mich aus dem Krankenhaus heraus zu einer ausgedehnten Kaffeestunde ins Hotel

»Newa« ein. Tastend und vorsichtig sprachen wir über die zwei Deutschländer und uns, die Schreiber, darin, es war viel Vages, am deutlichsten noch ihre Frage – plötzlich und scheinbar ohne Zusammenhang und mit dem besonderen Lächeln der Anna Seghers gestellt: »Glaubst du, daß die Mauer ewig stehen wird?« An meine Antwort erinnere ich mich nicht; vielleicht im »Newa«, vielleicht später nach einer Präsidiumssitzung, wo sie nur noch ungern erschien, weil ihr die zunehmende Forschheit darin nicht gefiel, sagte sie: »Die Preußen sind mir zuwider – dir nicht auch, du Sorbe?« Es waren nicht alle Preußen, aber das Denken wurde preußischer. Und der Ton auch.

Dann gab Anna Seghers auf, und ein gutes Stück meiner restlichen Zeit im Präsidium saß ich oft auf der Ersatzbank, durfte manchmal mitspielen in einem Spiel, in dem die Stammspieler nach Vorgaben agierten, die ich nicht kannte, und durfte zum Schluß – ein Platz ließ sich finden für den Dienstältesten der Riege – als Vorsitzender der unwichtigsten Kommission Stipendienberatungen leiten.

Als der Vorhang fiel – mit dem letzten Kongreß –, hatte keiner der Stammspieler den Mut, vor die Mikrofone zu treten, um zu erklären, warum wir unsere Chancen, Eigentore zu schießen, so weidlich genutzt hatten. Als ich sprach, rief mir Loest von hinten oben zu, ich sei ja Mitspieler gewesen.

Sicher, ich bin es gewesen, aber – um im Bild zu bleiben und bei Loest – er hätte wissen können, daß nicht ich ihm von hinten die Beine weggeschlagen und dann den Schiedsrichter aufgefordert hatte, dem Gefoulten die Rote Karte zu zeigen.

Fast vier Jahrzehnte also bin ich dabeigewesen, hatte ja gesagt oder nein, hier nun wollte ich nicht Vergangenes kommentieren – dazu würde noch weidlich Gelegenheit sein –, sondern Möglichkeiten skizzieren, die sich jetzt den Schriftstellern Deutschlands böten: *die* geistige Kraft zu sein in einem beginnenden Prozeß, den die Politik allein nicht würde bewältigen können.

Es war nicht der Ort und nicht die Zeit für solches

Überlegen, die Zeit war für Aufrechnungen und Abrechnungen. Vorgaben der Politik waren die Richtschnur, und als unser Verband zu exisieren aufhörte, verlor der andere an Bedeutung. Die deutsch-deutschen Unbeziehungen der Schriftsteller bündelten sich im Streit von PEN-Ost und PEN-West, in dem es durch acht lange Jahre um Abrechnung und Aufrechnung ging. Die Neuordnung einer literarischen Landschaft Deutschland fand nicht statt – es war zu rechnen und zu rechten.

Doch die Vernunft gewann an Raum.

Heute ist der 31. Oktober 1998, vor zwei Tagen trafen sich in Dresden Mitglieder der beiden PEN-Zentren und beschlossen ihre Vereinigung zum PEN-Zentrum Deutschland. Die Atmosphäre dabei war, wie sie manchmal ist für mich an einem Juniabend in meinem Garten: Die Tagesarbeit getan, das Herz geht ruhig, und der Kopf sieht gelassen dem entgegen, was morgen getan werden muß.

Mir schien, als sei allein die Wahl des neuen Präsidenten ein symbolträchtiger Akt bewußter Vernünftigkeit, und mir schien auch, daß er die Ehre als schwere Bürde empfand. Die Sätze sammelnd für eine erste Erklärung vor der Presse, saß er am Tisch, die Schultern rund, den Kopf gebeugt über die Papiere. Ich trat – der Älteste wohl in der Versammlung – zu ihm und wünschte ihm Glück: Möge nun ein neues, wirkliches Zentrum von Literatur und Geist sich bilden.

Die Summe

Die Summe eines Lebens ergibt sich aus Tun und Unterlassen, aus Ja und Nein: Teilchen, die positiv geladen sind oder negativ, die sich abstoßen, anziehen, verschmelzen und immer nur als Paar existieren, und das macht die Summe zu einer Variablen. Variable Größen sind als Meßlatte schwierig handhabbar, darum werden Raster erfunden, die es im gesellschaftlichen Konsens ermöglichen, das untrennbare Teilchenpaar zu trennen – ein Klischee entsteht. Es entsteht stets aus einzelnen Bildern, die allmählich auf ein Ganzes und vom Ganzen wieder auf das Einzelne übertragen werden. Das ist ein gängiger Prozeß, der immer wider die Vernunft ist und immer zum Schaden der Gesellschaft, wenn er sich als Doktrin aufbläst.

Besonders dann zum Schaden, wenn ein Volk sich schwertut mit seiner Geschichte und darin Gut und Böse nach einer Doktrin auf Individuen und Gruppen verteilt.

Ich bin schreibend – und in Wirklichkeit – manchem Sarg gefolgt, in dem nach gültiger Lesart der Zeit ein alter Nazi lag. Ich hatte ihn gekannt und wußte, daß ein Mensch zu Grabe getragen wurde; ich habe manchem Hochgeehrten der DDR nicht »die letzte Ehre« erwiesen, weil ich wußte, daß er seine Ehre in der Ausübung der Macht gesehen hatte, und ich habe geachtet und achte den, der seine Macht als Bürde empfindet.

Allergie gegen Macht – ich habe sie vom Vater geerbt und in eigenen Verhältnissen weiterentwickelt, sie gehört in meine Summe des Lebens. Macht nicht zu fürchten, wo sie das Leben bedroht, ist tödliche Torheit: vor ihr aber mit krummem Rücken zu stehen, wo sie einem nicht ans Leben geht, ist dumme Schwachheit, die der Macht erst volle Macht über einen gibt. Das, scheint mir, sind die Eckpunkte, zwischen denen die Menschen meiner Generation in unseren Gegebenheiten zu leben hatten.

Was ich unter diesen Gegebenheiten geschrieben habe, ist – und das erscheint mir selbst sonderbar – jener Teil der Lebenssumme, der mich am wenigsten bewegt. Zu dem einen und dem anderen Buch habe ich zwar ein besonderes Verhältnis, aber zum Ganzen fiele mir nur ein zu sagen, daß ich ehrlich meine Arbeit getan habe. Zur deutschen Literatur beigetragen und der sorbischen den Weg aus der Enge bereitet zu haben gehört dazu.

Als letztes zu der immer noch offenen Summe zähle ich jene Zeit, die von verschiedenen Standpunkten aus verschieden benannt wird: nach dem Umbruch, nach der Wende, nach der Vereinigung. Ihren Tag Eins habe ich nicht als Schock erlebt. Daß er kommen würde, war lange absehbar, bestimmt wurde er 1986 in Reykjavik, wo Gorbatschow vor Reagan – anders als einst die Karthager vor Scipio – nicht den Krieg wählte. Wie ein Schock traf es mich erst, als das Kapital das Vereinigungsbuffet leerfraß. Ich wünschte sehr, ich hätte dieses nicht in meine Summe einbeziehen müssen.

1 Sekretäre

Vor einigen Monaten schlenderte ein Ehepaar, Rentner schon, aber nicht alt und gebrechlich, durch die Straßen und Gassen einer alten Stadt. Immer wieder gegrüßt, begrüßt, gaben sie Auskunft über ihr Ergehen und befragten den bei ihnen Stehengebliebenen nach dem seinen – geachtete, wohlgelittene Bürger der Bürgerstadt Bautzen, aus der sie vor siebzehn Jahren weggezogen waren. Sie hatten einundzwanzig Jahre hier gewohnt, mit drei Kindern in einer Mietwohnung, die für fünf Leute recht eng war. Die Frau hatte, als die Kinder aus dem Gröbsten waren, im Konsum gearbeitet, der Mann war am 3. Oktober 1960 zum Ersten Sekretär der SED-Kreisleitung gewählt worden.

Es war ein regnerischer, windiger Abend. Meine Frau und ich saßen mit einer Handvoll Freunden im »Klub«, ich las aus dem Manuskript von »Mannesjahre«, wir erzählten, einer setzte sich ans Klavier, wir sangen – ein Abend wie manche Abende.

Ein Stockwerk über uns im großen Saal feierte der Bundesvorstand der Domowina den »Tag der Republik«, fröhlich und laut.

Von einer anderen Feier kommend, erschien dort der neue Erste, machte sich bekannt mit den Repräsentanten gegenwärtigen sorbischen Lebens und war verwundert, den nicht anzutreffen, den er von zwei oder drei Büchern her kannte. Er fragte, einer der Sekretäre wußte, wo ich war, kam mit dem Neuen herunter und stellte mich, im Flur stehend, mit einem Blick auf mein nacktes Revers mit der Bemerkung vor, daß ich nie ein Parteiabzeichen trage, »aber das bringen wir ihm auch noch bei«. (Mir brachte der Mann nichts bei, anderen manches und machte so unter Ulbricht eine große Karriere, aus der er fiel, als seine Art Beibringen nicht mehr zu den bevorzugtesten Tugenden gehörte.) Der Neue reagierte auf seine Weise, indem er mich zu den Feiernden im Saal führte, wo ich aus Höflichkeit ihm gegenüber ein paar Minuten blieb.

So lernte ich Heinz Körner kennen, der ein Westsachse war und mit den Jahren ein Oberlausitzer wurde und mit den Jahren mein Freund. Am Anfang freilich hielt ich Abstand, zu sehr hatte sich Paul Fröhlich, einer seiner Vorgänger, in mir verhakt. Vertrauter wurde ich mit ihm nach einer so simplen wie ungewöhnlichen Geschichte:

Die »sozialistische Umgestaltung der Landwirtschaft« hatte die Dörfer überrollt und Hof um Hof, Gehöft um Gehöft zermürbt.

Im Kreis, für den parteiamtlich Körner verantwortlich war, verweigerte sich der Sozialisierung aber noch immer ein ganzes kleines Dorf am Rande der Heide. Der Landrat – so wurde der Vorsitzende vom Rat des Kreises hier allgemein genannt – und der Erste Sekretär erhielten strenge Weisung, den Schandfleck zu tilgen. Der Landrat, seit dem Kriegsende im Amt, einer der führenden sorbischen Männer im Widerstand gegen Hitler, Sozialdemokrat aus Überzeugung, Bauernsohn und promovierter Jurist, hatte sehr bald herausgefunden, daß Körner zu ihm passe wie ein jüngerer Bruder, und dieser wiederum lernte in dem Älteren einen der aufrechtesten Männer kennen. Beide empfanden Macht als Bürde und sich als verantwortlich für Menschen und nicht für Vollzugsmeldungen. Das widerspenstige Dorf nun – sie meldeten sich für einen Besuch dort an.

Es war spätabends, als sie den Ort als dunkle Masse vor sich liegen sahen, kein Licht, kein Laut. Sie fuhren durchs Dorf, keine Menschenseele, die Hoftore geschlossen. Im Scheinwerferlicht des Wagens entdeckten sie die Männer des Ortes: alte und junge, standen sie aufgereiht an der längsten Scheune, die Brust gegen die Mauer, die Hände über dem Kopf.

Der Landrat, der sicherlich jeden zweiten kannte, fragte, was das solle.

Die Männer antworteten, gut eingeübt, im Chor: »Wir treten nicht ein. Wir stehen bereit. Erschießt uns doch.«

Der Parteimann Körner entgegnete auf gleiche Art: »Geht nicht. Erstens verboten. Zweitens kein Schießzeug vorhanden.« Aber reden könnten sie miteinander.

»Hat keinen Zweck. Wir gehen nicht in die Kolchose.«

Ein Gasthaus gab es im Dorf nicht, der Bauer Lorenz hatte eine große Stube. Am Ende, nachdem viel geredet worden war, gelacht auch, und als Landrat und Kreissekretär versichert hatten, weder Stift noch Papier für eine Kapitulationsurkunde in der Tasche zu haben, verzogen sich die Bauern, und übrig blieben nur noch der Hausherr, sein Nachbar und die beiden Kreisoberen. Da fragte der Bauer Lorenz den Parteimann, ob er Skat spielen könne. Der Parteimann konnte, aber nicht den richtigen Oberlausitzer Räuberskat.

Der Erste Sekretär der Kreisleitung der SED lernte nach Oberlausitzer Art spielen, zahlte manche Mark Lehrgeld am Tisch mit den Bauern, und einige Jahre später war der Bauer Lorenz Vorsitzender einer kleinen, nach *ihrer* Art gegründeten und geführten Genossenschaft.

Käme der Mann Heinz Körner jetzt, nach mehr als drei Jahrzehnten, wieder in jenes Heidedorf, er fände die Äcker immer noch vereint und auf dem Tisch in jener Stube – oder in einer anderen – Brot und Salz freundlicher Begrüßung.

Damals brachte ihm dieses Dorf eine Rüge wegen »falscher Duldsamkeit« ein, den Landrat Dr. Johann Ziesche kostete es, andere »Duldsamkeiten« dazugezählt, das Amt. Das zu verhindern, war Körner nicht stark genug, aber gemeinsam mit Hans Modrow, dem späteren Parteichef von Dresden, betrieb er ausdauernd die Rehabilitierung des Abgesetzten. Als äußeres Zeichen dessen wurde dem alten Mann ein hoher Orden verliehen. Er erklärte, den Orden nehme er an, tragen werde er ihn nicht, ihm genüge, daß er wieder seine Ehre trage. Heinz Körner stand dabei und war stolz auf den aufrechten Alten, seinen Freund.

Damals bestand schon längst Freundschaft zwischen Körner und mir, vielleicht, weil auch er einen menschengerechten Sozialismus im Sinn hatte und im Inneren nach dem Dritten Weg suchte. Doch das allein hätte nicht genügt, jenes Vertrauen zu schaffen, das die Grundlage für die Dauer einer Freundschaft ist. Wir sprachen in all den Jahren miteinander über alles, was uns – gut oder nicht gut – Sorgen machte, uns bekümmerte, freute, über seine Arbeit, meine Arbeit, über die Kinder, die Blumen im Garten und die Atomraketen in Deutschland.

Ihm las ich als erstem die Verse vom verlorenen Vaterland vor, er war traurig darüber und besorgt, berichtete in diesem Sinne nach Dresden und hielt es für richtig, daß ich das Gedicht Hager vortrüge. Es war noch Ulbrichts Zeit, und es gehörte viel Mut dazu für einen kleinen Kreissekretär, eine solche Absage an das Vaterland DDR durch Nichteinschreiten faktisch zu legitimieren.

Als ich mich zwölf Jahre später bei der Biermann-Affäre wieder ins Abseits stellte, war er nicht erfreut darüber, er sagte, ich müsse ja wissen, worauf ich mich da einlasse, hoffentlich könne ich es auch durchstehen. Daß er mir beim »Durchstehen« nicht in den Rücken fallen, sondern mir notfalls den Rücken stärken würde, mußte nicht gesagt werden. Er war, auch wenn er es nie so formulierte, gleich mir der Überzeugung, daß das eigene Gewissen die höchste Instanz für jeden sei. Er hatte es sehr schwer, danach auch zu handeln, vor allem, als die Parteiorder die »Sozialisierung« des Mittelstandes verlangte. Er hielt die Order für falsch, ihre Durchsetzung für schädlich, und weil er sein Gewissen über die Order stellte, wurde er »abgelöst«.

Nun also – und darum – konnte er mit seiner Frau durch »seine« Stadt schlendern und jedem in die Augen sehen, gegrüßt und freundlich begrüßt als ein Mensch, den man in gutem Gedächnis behalten hatte.

Daß dieser Mann damals nicht ganz in die Wüste geschickt wurde, dafür sorgte der neue Erste der Bezirksleitung Dresden, Hans Modrow, zu dem wiederum ich durch Körner in persönlichen Kontakt kam. Schon bei der ersten Begegnung mochte ich Modrow sofort, vielleicht, weil er in allem das Gegenteil seines Vorgängers Krolikowski war, der leidenschaftlich Waldtiere schoß, trank wie ein Kutscher im Winter, sich auf dem Fußballplatz von »Dynamo Dresden« dröhnend echauffierte – mich wollte er einmal, freilich nicht ganz nüchtern, »seines« Bezirks verweisen, weil ich mich freute, daß »Hansa Rostock« seine Dynamos geschlagen hatte –, der des öfteren lieber schnell entschied, als daß ewig nachgedacht worden wäre, sich gern amusisch gebärdete, doch mich, wie andere, bei Gelegenheit über die rechte Art, Kunst zu machen, belehrte und allen Ernstes meinte, am besten wäre, die Künstler in Genossenschaften einzuhürden und aus den Hürden auf angewiesene Weiden zu treiben.

Hans Modrow brauche ich nicht darzustellen, er ist beschrieben worden in Büchern und hat selbst geschrieben über seinen Traum von Deutschland und seinen Versuch, aus einer zerbrochenen Wirklichkeit eine neue zu formen. Der Versuch war ehrenhaft – und illusorisch, es war zu spät. Nichts machte das »Zu spät« deutlicher als die Bilder, die aus Dresden über die Fernsehsender liefen: der schmächtige, nicht hochgewachsene Hans Modrow an der Seite – besser: im Schatten – des kolossalen Kanzlers aus Bonn und dazu ein tausendstimmiger skandierender Chor »Helmut – Helmut«. Vielleicht haben einige auch »Hans« gerufen ... Mir krampfte es vor dem Fernsehschirm das Herz zusammen vor Mitleid mit dem Mann, der die volle Verantwortung übernahm, als der Verantwortung Macht nicht mehr zur Verfügung stand.

Er blieb Mensch, solange ich ihn kannte, und gerade das scheint mir verhindert zu haben, daß er die Macht erhielt, die es ihm ermöglicht hätte – als noch Zeit dafür war –, laut über das »andere Deutschland« nachzudenken. Es kann sein, ich irre mich darin, aber wohl nicht in dem, daß menschlich zu sein und Macht über Menschen zu haben nur in stillen Zeiten weder das eine noch das andere beschädigt. Wie es sich damit bei ihm wirklich verhielt in jenen Spätherbsttagen 1989 in Dresden, darüber kann nur er selbst Auskunft geben. Ich bin seither nicht mehr mit ihm zusammengetroffen.

Wir waren Freunde, wurden es nicht aus einem unkontrollierten Gefühl heraus, sondern tastend und – von meiner Seite aus wenigstens – vorsichtig erkundend. Er kam in unser Haus, brachte Blumen für meine Frau, wir saßen am Tisch, plauderten, lächelten, und manchmal wußte einer auch etwas, worüber zu lachen war: alles ein unbemühtes Begebnis.

Danach – nicht beim ersten Besuch, vielleicht erst beim dritten – wurde der freundliche Plauderer ein Mann mit Problemen und Sorgen und Gedanken darüber, die man – sich selbst befragend – vor jemandem aussprechen konnte, dem man sozusagen außerdienstlich vertraute und der im Leben erfahren genug zu sein schien, solche Gedanken vernünftig mit- und weiterdenken zu können.

Zu solchen Gesprächen gingen wir stets aus dem Haus auf die kleine Terrasse, wenn es kalt war, in dicke Mäntel gehüllt. Modrow wollte es so, auf keinen Fall meiner Frau wegen – dafür hätte schon ein Wechsel in mein Arbeitszimmer genügt. Ich habe ihn nicht gefragt, doch angenommen habe ich immer, er fürchtete Mielkes Ohren in unserem Haus.

Vielleicht rede ich wie ein Blinder von der Farbe: Hat er nicht die Macht gehabt, Mielke des Hauses zu verweisen? Ich meine nicht mein Haus …

Zum Ende jedes seiner Besuche fand eine kleine Lesung statt, Hans Modrow hat meinen »Krabat«-Roman lange vor dem Erscheinen gekannt. Einmal begleitete ihn sein erster Stellvertreter, der Mann für Wirtschaft. Ich las einen Abschnitt aus dem Manuskript, in dem ein Humangenetiker in einer ahumanen Gestalt auftritt – ich nannte ihn Lorenzo Ceballo. Der Wirtschaftsmann protestierte energisch, fast empört: So dürfe dieser negative Typ auf keinen Fall heißen. Denn der Gebietssekretär der KPdSU von Leningrad heiße Tschepalow! Er meinte das allen Ernstes und nahm als selbstverständlich an, daß ich das als »Meinung der Partei« akzeptierte. Hans Modrow lächelte dazu und mischte sich nicht ein. Nur darum habe ich die lächerliche Sache nicht vergesssen, eine kaum spürbare Enttäuschung für mich.

Und irgendwann und durch irgend etwas habe wieder ich Hans Modrow enttäuscht. Vielleicht erhielt er einen Bericht über etwas, das genau auf der Linie zwischen Licht und Schatten liegt: Es ist nicht gut, es ins Licht zu zerren, und es ist nicht gut, es in den Schatten zu stoßen. Und die Linie selbst – erscheint sie nicht wie ein Strich von der Licht- und wie ein breites Band von der Schattenseite aus?

Hans Modrow kam nicht mehr zu uns ins Haus.

Vor drei Jahren schrieb er mir einen Brief. Es ging um die Sorben und die DDR und die unrichtige Darstellung dieses Verhältnisses nach 1990. Er beklagte sich zu Recht; wir hatten zu seiner Zeit in Dresden keinen besseren Vertreter unserer Interessen gehabt als ihn. Und ich hatte mit ihm am Tisch gesessen, auf der Terrasse, und dabei sonderbarerweise stets vergessen, daß er die Macht war. Mein Gespür reichte offenbar in tiefere Schichten.

Dieses Gespür, Teil der Fähigkeit, über Menschen schreiben zu können, erwies sich bei einem anderen Mann wie ein Stück Blech, mit dem einer einen Marmorblock anginge, um dessen innere Struktur zu ergründen. Dieser Art etwa war mein Bemühen, Kurt Hager, den obersten Parteimann der DDR für Kunst und Kultur, kennenzulernen.

Natürlich war ich ihm manchmal begegnet, hatte ihm jenes Absage-Gedicht vorgetragen, hatte ihn reden hören, seine Artikel gelesen, fand ihn trocken, mit wenig wirklichem Verständnis für Kunst, zuweilen von dogmatischer Enge und unbeweglich – ein Mann, der – auch wenn er Kluges von sich gab – mich anging als Funktionär, nicht aber interessierte als Mensch.

Im Sommer 1976, wegen Biermann schwelte es schon in Berlin, war Hager als Vertreter des Politbüros Gast bei einem großen sorbischen Festival in Bautzen. In der Mittagspause trat er zu mir, er wolle nicht am offiziellen Essen teilnehmen. Ob ich ihn an einen ruhigen Ort führen könne, sein Fahrer würde ein paar Brote und etwas zum Trinken besorgen.

Zu uns nach Hause wollte ich nicht mit ihm und schlug vor, an den Stausee vor den Toren der Stadt zu fahren. Der See war noch nicht ganz gefüllt, und seine Ufer waren leer und still. Der Fahrer hatte auch zwei Klappstühle besorgt, wir saßen, aßen die Brote, tranken, die Sonne schien freundlich, und vor uns, jenseits des Wassers, die Silhouette der alten Stadt.

Hager sagte: »Deine Stadt ist schön.«

Dann sagte er noch: »Ich denke, du hast ein gutes Buch geschrieben.« Er meinte den »Krabat«, der eben erschienen war.

Dann sagte er: »Bei uns daheim, an der Enz, war einmal Hochwasser, ein großer See vor dem Ort. Irgend etwas schwamm heran, ich wollte es herausfischen und fiel ins Wasser. Ich war acht. Damals wäre ich beinahe ertrunken. Ein Freund hat Leute herbeigeschrien.«

Außer zwei oder drei Sätzen von mir war das alles, was da während einer Stunde gesprochen wurde am Ufer eines sich füllenden Stausees. Aber mich hatte der Mann, der mich gebeten hatte, mit ihm zu fahren, um auf das Wasser zu schauen, in die Sonne zu blinzeln und zu schweigen, zu interessieren begonnen.

Hager blieb außerhalb meiner Reichweite. Ich begegnete ihm, sozusagen von Berufs wegen, ab und zu, es schien – mit aller Vorsicht gesagt – ihn zu freuen, mich zu sehen. Ich suchte ihn, wohl zweimal insgesamt, in seinem Dienstzimmer auf, er holte eine Zigarre aus seiner letzten Kiste heraus – er hatte sich das Rauchen von einem Tag auf den anderen abgewöhnt –, ließ mich reden, was ich zu sagen hatte, machte sich eine Notiz, fragte nach. Mir schien stets, er höre aufmerksam zu. Bevor ich ging, erkundigte er sich nach meiner Familie und meiner Arbeit. Aber näher heran war ich an ihn nicht gekommen.

Einmal trat er für einen winzigen Augenblick aus seiner Schale. Er hatte vor den Vorständen der Künstlerverbände gesprochen, wir gerieten beim Pausengang zum Müggelseeufer zufällig – vielleicht auch nicht zufällig – Schulter an Schulter, er faßte mich am Arm und flüsterte: »Fandest du die Rede gut?«

Er schien es wirklich wissen zu wollen.

Die Rede war – für ihn – ungewöhnlich gut gewesen, wenn ich mich recht erinnere, eine Korrektur der Honecker-Rede auf dem berüchtigten 11. Plenum des Zentralkomitees. Ganz und gar ungewöhnlich aber war, daß ein Politbüromitglied einen Zuhörer darüber befragte. Unterstellt ein Kardinal seine Predigt dem Urteil der Gläubigen?

Im März 1989 sprach ich das letztemal mit Hager. An diesem Tag hatte ich einen Termin, den ich brieflich »wegen wichtiger sorbischer Angelegenheiten« erbeten hatte, bei Honecker und war für zwölf Uhr bei ihm angemeldet. Zur gleichen Stunde erschien bei diesem jedoch unangemeldet der sowjetische Botschafter. Ich sollte zwei Stunden warten. Von der Sitzung des Politbüros kommend, sah mich Hager auf dem Korridor und nahm mich mit zu sich.

Hager war wie aufgebrochen, keine Schale mehr, das Gesicht ein nacktes Menschengesicht, nicht zersorgt, nicht erschöpft – ich brauchte lange, es zu erkennen: das Gesicht eines Marathonläufers, der gerannt war und gerannt durch die Stadt, Menschen an der Strecke, und als ob ein Nebel aufkäme und sie verschlänge, lösten sie sich auf, die Menschen, die Häuser. Noch spüren die Füße die Straße, die unsichtbar gewordene, der Mann rennt nicht mehr, er bleibt auch nicht stehen, er geht weiter dem Ziel entgegen, das es nicht gibt.

Hager fragte nicht, er erzählte: Von einem Wald in England, ein richtiger König-Lear-Wald, in dem er lernte, ein Forstarbeiter zu werden und aus Ungeschick beinahe von einem stürzenden Baum erschlagen worden wäre. Er beschrieb den Wald, die Kumpel, wie sie waren nach der Arbeit, einer hatte zwei schöne halberwachsene Töchter.

Er erzählte von Spanien, keine Heldengeschichten,

und von Paris, und dann einmal – vielleicht hatte es einen Zusammenhang – sagte er, ich hätte da am Ende meines Buches, das wohl noch im Herbst erscheinen werde – er meinte »Mein Stück Zeit« – einen Satz geschrieben, den man ihm vorgelegt habe. Und dann – nun wirklich im Zusammenhang mit diesem Satz, der Sozialismus sei ein Experiment, das wir selbst scheitern ließen – sagte er mit einem sonderbaren, verlorenen Lächeln: »Lieber Jurij, ich glaube, sie haben uns ...«

Zu meinen, ich wüßte also, wer Kurt Hager war, der Arbeiterjunge aus Bietigheim in Baden und einer der mächtigsten Männer der DDR, wäre, als hielte mich jemand für fähig, aus dem heutigen trüben Novembertag die zurückliegenden neun Monatstage rekonstruieren und die restlichen zwanzig voraussagen zu können. Eines empfand ich freilich mit der Zeit immer stärker: daß er sich wohl fühlte auf seinem Stuhl und sehr bedacht war, ihn nicht zu verlieren, etwa, indem er seine Intelligenz mit allem Gewicht einsetzte gegen die jeweils stärkste Strömung.

Ich kannte Hager nicht, wollte aber schon, ich wüßte, wer er war.

Von Hager ging ich damals zu Honecker, zum ersten Mal ins Zentrum der Macht. Einen Augenblick müsse ich noch warten, sagte die ältere, freundliche Vorzimmerdame. Dann öffnete sich die Tür zu seinem Zimmer, er stand da, mit einem leeren Suppenteller und einem Löffel in der Hand, und dann, sichtlich noch verärgert über das unangemeldete Auftauchen von Kotschemassow, wohl auch über den Inhalt der Unterredung, entschuldigte er sich, daß ich dadurch – und weil er auch noch habe etwas essen müssen – zwei Stunden warten mußte.

Von dem Raum habe ich nichts aufgenommen außer dem, was im Augenblick unmittelbar zu Honecker gehörte: das Waschbecken, wo er sich nun die Hände wusch, im Winkel rechts der Tür und links der Tür ein kleines rundes Tischchen – ich saß eine knappe halbe Stunde daran und weiß nicht, von welcher Farbe und welcher Art Holz es war – und am Tischchen zwei Sessel, weich oder hart und wie bezogen – mein Hirn nahm es nicht auf.

Ich war konzentriert auf drei Sätze, die ich wohl zwei Tage lang bedacht hatte, hingeschrieben, geändert, jedes einzelne Wort wieder und wieder geprüft.

1969 hatte ein Politbüro-Gast auf einem Kongreß der Domowina dem Bund der Lausitzer Sorben aus dem Bauch heraus das Prädikat »sozialistisch« verliehen, die sorbischen Oberen hatten das enthusiastisch begrüßt, ohne nachzudenken ins Statut eingefügt und den überrumpelten Kongreß durch »Händeheben« Statut samt »sozialistisch« absegnen lassen.

Ich war nicht dabei, und ob ich den Mut aufgebracht hätte, in jener Halle aufzustehen und dem neuen Prädikat zu widersprechen – darüber nachzudenken, wäre Spekulation.

Der Schaden, der dem sorbischen Volk durch die Aufnahme dieses einen Wortes in das Statut seiner einzigen Organisation zugefügt wurde, läßt sich allein durch die vielen Austritte nicht messen. »Sozialistisch« schien für viele eng verwandt mit »atheistisch«, und da der überwiegende Teil der sorbischen Bevölkerung christlich war, verließ eine große Zahl Mitglieder nach und nach, enttäuscht und auch verletzt, den Bund, den sie nicht mehr als ihren ansahen. Den Schaden reicherten die eigenen Funktionäre an, indem sie sich mit Eifer bemühten, den Bund dem Prädikat entsprechend auszurichten. Den daraus sich ergebenden Interessenkonflikt hörten sie auf wahrzunehmen und ordneten sich unter als Bedienstete der Partei. Ein kleiner, unbedeutender Angestellter beim ZK namens Jurisch, der in keiner Weise befugt war, sich in die Angelegenheiten des Bundes einzumischen, übernahm durch solche Unterordnung faktisch die Macht im Sorbischen Haus und herrschte uneingeschränkt »im Namen der Partei«. In einer kurzen bitteren Erzählung unter dem Titel »Geheimer Bericht« habe ich ihn und sein Wirken beschrieben und die Erzählung dem für uns auf der mittleren Ebene des ZK zuständigen Abteilungsleiter Sorgenicht übergeben. Der Erfolg war gering und nicht von Dauer, vor allem auch, weil sich Vorsitzender und Sekretäre der Domowina daran gewöhnt hatten, im

Usurpator den legitimen Herrscher zu sehen, dessen Anordnungen zu folgen bequemer war, als Eigenes zu denken. Dadurch bekam die auf jenem Kongreß von beiden Seiten beschworene Gemeinsamkeit von SED und Domowina zunehmend einen wirklich üblen Geruch: Die nationale sorbische Organisation sei eine Dependance der SED.

Die logische Folge dessen waren weitere Austritte, wachsendes Desinteresse der Mitglieder vor allem in den Dörfern – ein einmal festes Gefüge begann zu bröckeln.

Der alte Vorsitzende, der im Tatsächlichen seinen Platz längst jenem Jurisch überlassen hatte, trat endlich ab, ein neuer wurde nicht gewählt, an seine Stelle trat ein Erster Sekretär. Den kannte ich seit langem, auch er fühlte sich im Auftrag der Partei an seinem Platz stehend. Mitte der achtziger Jahre aber begann er sich unter dem Eindruck der zunehmenden Lethargie im positiven Sinne rückzuentwickeln, indem er seine Aufgabe wieder als sorbische begriff. Doch er wagte nicht, seine Abkehr vom zementierten Bisherigen öffentlich zu vertreten und in der Leitung durchzusetzen. Mehr und mehr spürte er den lastenden Konflikt und kam nun des öfteren zu mir, der ich zwar im Bundesvorstand Stimmrecht hatte, aber in Wirklichkeit seit Jahren darin stimmlos war. Unsere ersten Gespräche waren sehr vorsichtige, er hatte Hemmungen, seine neuen Einsichten vor mir, der ich seine alten Ansichten kannte, darzulegen, und ich meinerseits vertraute ihm nicht.

Nach und nach erkannte ich, daß er tief besorgt war – wirklich *in der Seele* – und ehrlich nach einem Ausweg suchte. Er liege, bekannte er, in der Nacht schlaflos und grübele und grübele. Wir grübelten gemeinsam und fanden, der Anfang sei, daß zwei Sperren weggeräumt werden müßten: die usurpatorische Rolle des Mannes Jurisch und das Adjektiv »sozialistisch« im Statut. Er meinte, ich solle zu Sorgenicht gehen, den ich ja gut kenne, der werde es schon richten.

Sorgenicht und ich waren mit unseren Frauen zufällig an ein und demselben Tag in einem Hotelsanatorium im slowakischen Trenčianske Teplice angekommen, er durch die Kurliste des ZK, ich privat. Seine Frau und er erwiesen sich als freundliche, gebildete Leute, die uns vorschlugen, die kurfreien Stunden zusammen zu verbringen. Kurz nach der Biermann-Geschichte hätte mich Sorgenicht bei einem zufälligen Treffen am liebsten auf der Stelle auffressen wollen, obwohl ich nicht bestraft worden war, vielleicht weil gerade mit dem Nationalpreis versehen. Der Preis wog schwer, und also war Bezeugung von parteilichem Unmut oder Nichtbeachtung nicht angebracht.

In Trenčianske Teplice lernte Sorgenicht, anders als durch Jurischs Berichte, die sorbische Wirklichkeit kennen und ich ihn als einen umgänglichen, unkomplizierten Mann aus dem Holz, aus dem man treue Staatsdiener macht. Aber nicht als einen Mann, der einen Jurisch an die kurze Leine legen oder gar in die Wüste schicken würde. Und völlig undenkbar, er könnte sich auch nur vorstellen, das Wort »sozialistisch« an irgendeiner Stelle zu streichen.

Es blieb nur Honecker. Der Erste Sekretär der Domowina machte sich keine Illusionen, zu Honecker durchzukommen, aber mich, meinte er, würde der – vielleicht – empfangen.

Nun saß ich in einem Raum, den ich nicht wahrnahm, an einem Tischchen mit Honecker, dessen sakrosanktes Wort »sozialistisch« war, und sprach meine sieben erlernten Zeilen, in denen ich ihn anging, ebendieses Wort an einer Stelle zu streichen.

Ich kannte ihn nicht, wußte, daß er Mielke gewähren ließ, und hatte nicht die geringste Vorstellung, wie er reagieren würde.

Er reagierte völlig unerwartet: Natürlich seien wir keine sozialistische Organisation, wer habe denn solchen Unsinn aufgebracht, und der Kulturbund sei ja auch nicht … Er sprach mehr als sieben Zeilen, ich fiel aus der Anspannung in heitere Verwunderung und nickte und nickte. Dann schob ich ihm den Usurpator Jurisch zu, er sagte, er werde Sorgenicht Anweisung geben. Und offenbar noch beschäftigt mit der Hauptsache, geriet er auf den sonderbaren Gedanken, daß man nicht ein Wort streichen könne, ohne ein anderes dafür einzufügen. Ich bemühte mich, ihn zu überzeugen, daß in diesem Fall die Streichung durchaus genüge, er aber beharrte auf der Einfügung, forderte mich auf, mit nach dem rechten Wort zu suchen, »du bist von uns beiden doch der Schriftsteller«, fand selbst schließlich das schöne Adjektiv »allumfassend« und ließ es sich nicht mehr ausreden. »Allumfassend« war so unschädlich wie unsinnig, er freute sich, das Wort gefunden zu haben, sagte es ein paarmal vor sich hin, wiegte den Kopf und befand, es sei richtig und klinge auch gut.

Wir schieden im besten Einvernehmen, ich dankte ihm für die Ermöglichung des Gesprächs, er dankte mir dafür, daß ich mich so »für die sorbische Sache« einsetze, und während ich Mütze und Mantel nahm, sagte er zu der Frau im Vorzimmer, Günter Mittag könne nun kommen.

Ich fürchte, daß keiner, der damals, schon erwachsen, nicht in der DDR gelebt hat, diese Geschichte um ein Wort wird begreifen können. Doch war sie weder lächerlich noch banal. Auf der mittleren Ebene der Parteiverwalter – und sicher nicht nur dort – bildete sich eine Fronde gegen Honeckers einsamen Beschluß.

Im Juni fand wieder ein Festival der sorbischen Kultur statt. Der Generalsekretär der SED schickte, wie üblich, ein Grußschreiben, wie üblich ein paar Tage im voraus. Darin wurde die Domowina wieder als »sozialistische Organisation des sorbischen Volkes« tituliert, und darunter stand Honeckers Namenszug. Der Erste Sekretär der Domowina rief mich an, niedergeschlagen und offenbar überzeugt, daß entweder ich ihn über jenen Besuch belogen oder Honecker sich revidiert hatte.

Ich schrieb einen kurzen Brief, brachte ihn nach Berlin, lieferte ihn in der Poststelle des ZK ab und rief – für alle Fälle – die freundliche Frau in Honeckers Vorzimmer an, damit der Brief auch wirklich in dessen Hände geriete. Als ich abends heimkam, hatte die Frau schon angerufen:

Der Genosse Generalsekretär bedauere den Vorfall, lasse das Grußschreiben zurückziehen und sende ein neues ab. In diesem stand dann »allumfassend«.

Am Vorabend des Festivals gab der Minister für Kultur einen kleinen Empfang. Die Garde des ZK – Leute der dritten oder vierten Garnitur, die den rechten Ablauf des Festivals sichern sollten – zeigte mir nicht nur die sprichwörtliche kalte Schulter, sondern auch Gesichter aus Eis. Eine Frau fiel wirklich über mich, weil ich für sie Luft war, und selbst der moderate Minister hatte einen lahmen rechten Arm und konnte mir nur die linke Hand geben: Ihnen allen hatte ich ein Wort gestohlen, das immer und überall einsetzbar war, in Schonung des eigenen Hirns.

Mein Hirn war nicht eingerichtet für Versatzworte und besaß noch eine andere Anomalie: Es war offenbar fähig, meiner Physis Aufstand zu befehlen an Örtlichkeiten, wo solche Wörter gebündelt auftraten. Als ich im Februar 1949 in ein »Rotes Kloster« beordert wurde, um Marx, Lenin, Stalin zu lernen, provozierte das diesem widerstrebende Hirn schon im März die Physis, einen Infarkt zu bewerkstelligen.

1976 als Gast zum Parteitag eingeladen, wurde ich in der Nacht zuvor aus dem Hotel ins Krankenhaus gebracht, weil das Hirn einen Nierenstein auf den Weg gebracht hatte. Fünf Jahre später, zur gleichen Gelegenheit, wiederholte es dieses Verfahren in der Mittagspause des ersten Tagungstages. Modrow, dem ich aus regionalen Gründen zugehörte, fand das ziemlich sonderbar, und auch die Ärzte sahen nach einem Blick auf mein Krankenblatt von vor fünf Jahren recht ungläubig drein, aber mein Stein kam doch.

Vielleicht liegt es an dieser Anomalie, die möglicherweise mit einer Art Machtallergie einhergeht, daß jene, die mich 1936 für »politisch unzuverlässig« erklärten, und diese aus dem Sorbischen Haus, die ein gleiches Ergebnis ihrer Überlegungen zwanzig Jahre später weithin über Land unter die Leute brachten, damit recht hatten.

In welcher Abwandlung dieses Prädikat heute bei der sächsischen Obrigkeit für mich gilt, weiß ich nicht. Daß es mir verliehen ist, daran besteht – scheint mir – kein Zweifel. Die Ratschlüsse von Obrigkeiten sind unergründbar.

2 Das Schreiben und das Geschriebene

Es mag scheinen, es sei zu kurz gekommen in diesem Bericht, obwohl es über ein halbes Jahrhundert andauert – das Beschreiben leeren weißen Papiers.

Im ersten Aufsatz in der Oberprima des Gymnasiums – ein neuer Lehrer, neugierig auf seine unbekannten Schüler und also das Thema: »Welche fünf Bücher würde ich mitnehmen, wenn ...« – gab ich als eines an »Sieben vor Verdun« von Beumelburg: Es zeigte mir meinen Vater, wie er vor Verdun über Trichter und Gräben hetzte, als ich geboren wurde. Um sein Leben ging es für ihn, und nichts war ihm dort ferner als Kaiser und Reich. Anders, als es die Beumelburgs wollten, lernte ich darin den Vater – die Väter – kennen und das, was sie von »vor Verdun« nach Hause brachten. An die Stelle des fünften, letzten Buches setzte ich Blöcke leeren Papiers, »... auf daß aus leeren Blättern beschriebene würden«. So hingeschrieben im Frühjahr 1936, war es schon damals ein frommer Wunsch, dem alle Wirklichkeit entgegenstand, in der ich – anders als mein Vater vor Verdun und doch so ganz anders nicht – zwischen Trichtern und Gräben zu leben hatte.

Als ich zehn Jahre später glaubte, in ein normales Leben heimzukommen, fand ich so fremde Verhältnisse vor, daß ich meinte, einzig die Straßenverkehrsordnung von früher noch wiederzuerkennen. Im Sack auf meinen Schultern schleppte ich Angesammeltes mit: Ängste, die töten, wenn man ihnen nicht ins Gesicht spuckt, eine Haut mit Sensoren für Bedrohung und Gefahr, Augenblicke, in denen ein Mensch, zwei Schritt neben dir, ein zerrissenes Stück Fleisch wird, den Schaft der Maschinenpistole eines SS-Mannes, der vor der Stadt Pinsk den Kopf eines Kindes zertrümmert, und wieder und wieder den ungeheuren lautlosen Schrei des Davongekommenseins, – mein verfluchter Besitz, den nicht abwerfen zu können ich verdammt war. Selbst wenn sich mir ein Elfenbeinturm böte, er wäre mir zu nichts nütze.

Einmal – als dieses Land noch zwei Länder waren – habe ich einen in allen Lexika genannten Kollegen aus Höflichkeit, weil ich für einige Tage in seiner Nähe war, besucht. Mir scheint, er bewohnt einen solchen Turm, freilich mit Fenstern, aus denen er hinaus- und herabsehen, auch mit einer Tür, durch die er auf die Straße treten kann, um sich als Mensch unter die Leute zu mischen.

In den Kinderjahren von den Zeiten wenig betroffen, vom Kriege am Ende gestreift, hatte er sich in der renovierten Alten Ordnung, gegen die er als junger Mann aufbegehrt hatte, wohlbedacht eingerichtet, ohne zu übersehen, daß auch die beste Ordnung nicht ganz in Ordnung war. Es bestand kein Grund, sie als Ganzes in Frage zu stellen. Schreibend zu befragen waren einzig die Menschen, die darin zu Hause waren, wie sie sich verhielten in sich selbst, zueinander und zu den kleinen Unordentlichkeiten. Er mußte nicht blind fragen, denn auch er hatte Ängste empfunden, vor einer Prüfung, vor dem Zahnarzt, daß sein Mädchen schwanger würde, vor tödlicher Krankheit, auch war er Gefahren begegnet, als Autofahrer, als Skiläufer, Segler, der Tod hatte ihn an manchen Sarg gerufen und sich auch ihm vorgestellt ...

Er empfing mich mit jener distanzierten Freundlichkeit, die für ein Plauderstündchen am Kaffeetisch reicht. Ich hatte das sichere Gefühl, er vergebe mir den Sack auf meinen Schultern, Last der frühen Geburt, und auch, was mir *daraus* ins Schreiben geraten war. Doch offenbar keine Absolution für das später Geschriebene: Wie sich die Menschen bei uns – das wirre Astgeflecht des gestürzten Baumes der alten Ordnung noch nicht gänzlich entlaubt am Boden liegend, die in seinen kniehohen Stumpf eingepfropften fremden Reiser kaum erst ein dünnes Schattenspiel in der Sonne – ihr Leben einrichteten.

Solches zu bereden eignete sich nicht für den Kaffeetisch, abgesehen davon, daß zwar ich seine Bücher kannte, er aber von mir – vielleicht – einen ungefähren Titel wußte, und daß ich »Soz.-Realismus« schriebe.

Einmal las ich vor Germanisten der Universität Lund an der schwedischen Seite des Öresund. Ein junger Assistent empfing mich mit der Höflichkeit eines reinrassigen Barsoi einem mopsigen Straßenköter gegenüber und ließ mich die eine Stunde, die ich, durch die Anreise bedingt, zu früh gekommen war, im Korridor auf der Fensterbank sitzend warten.

Vor Wut las ich dann aus dem »Krabat«, was ich für das beste hielt, und las es wie ein gelernter Vorleser. Während der anschließenden sehr angeregten Diskussion flüsterte derselbe junge Mann seiner Professorin etwas zu, verschwand und erschien nach einiger Zeit mit einer Einkaufstüte wieder. Aus dieser Tüte überreichte die Professorin mir am Schluß drei Flaschen besten französischen Burgunder, und der Applaus des voll besetzten Raumes war laute – und lautere – Bekräftigung dieser Geste.

Vor zwei Jahren saß ein mittelständischer Unternehmer aus dem badischen Ländle mit seiner Frau bei mir im Garten. Sie erzählten, wie sie sich gemeinsam den »Krabat« er-lesen hätten. Damals besaßen sie von mir außer diesem Buch nur noch »Bild des Vaters«; im Oktober '97 listete er mir in einem Brief siebzehn weitere Titel auf, die er hinzuerworben habe.

Bei jenem Besuch entschuldigten sich Mann und Frau für ihre frühere Unkenntnis, ich verwies sie auf den Kalten Krieg, dessen geistige Politur auch durch den Austausch von Literatur beschädigt worden wäre und der nun mutiert sei zum Kampf um Marktanteile.

Daß damit das oft und oft beschworene Zusammenwachsen behindert wird – »der Markt« bleibt die Heilige Kuh auch dann, wenn sie BSE hat.

Mir scheint der Vorgang simpel: Das Eigene wird allein dadurch besser, indem man das Fremde, Andere tiefer stellt.

Das Fremde, Andere also auch das, was ich geschrieben habe und das ich für mich allein in vier Fächer ordne.

In das erste kommen die Bücher für Kinder, sie füllen das Fach, und sie zu schreiben – selbstauferlegte Pflicht –, war am Ende stets Freude. Nach diesem Bericht will ich wieder eines schreiben. Die so gänzlich andere Art des Erzählens ist wie ein Ausatmen nach langem Lauf, der Puls fällt langsam zurück, und von weit her, aus den Kinderjahren blinkert die längst verlorene Naivität der frühesten Geschichten.

Im zweiten Fach steht weniges, worüber auch wenig zu berichten ist. Es sind die Schriften aus der Zeit, da ich ein Agitator, ein Propagandist des Sozialismus war oder, auch weniger anrüchig: als ich mich als Lehrer und Belehrer sah in Umständen, die so neu wie schwierig waren. Ich schrieb aus meiner Sicht und meiner Erfahrung und meiner im engsten Raum angesiedelten Hoffnung. Ich habe nichts weggeworfen von dem, auch nicht den ersten Roman, auch nicht die drei Bändchen sorbischer – ich wollte schreiben: Gedichte –, es sind auch solche darunter, die das Prädikat verdienen. Zeitzeugen, Zeugen auch gegen mich oder für mich, das mag ein jeder halten, wie er will. Für mich sind sie Zeugnisse wie jene aus der Schulzeit, wie jenes Abiturzeugnis eines polnischen Gymnasiums: wichtig damals und ohne Gewicht heute.

Im dritten Fach finden sich, geordnet nach einem nur mir bekannten Prinzip, Bücher aus den Jahren, in denen ich den Platz hinter dem Katheder, drei Stufen hoch, getauscht habe mit einem Platz unten davor.

Das Hinabsteigen war notwendig, freiwillig, aber ohne daß ich den Platz bewußt wählte und auch bewußt wahrnahm.

Nun aber, mein halbes Leben später, kann ich die Notwendigkeit benennen und den Vorgang beschreiben.

Die Notwendigkeit ergab sich aus meinem erklärten Willen, gute Literatur zu schreiben, *und* aus der Erkenntnis, daß ich bis dahin schreibend in die Irre gelaufen war.

Der Vorgang – das Hinabsteigen – begann wohl mit dem Brett des Paul Fröhlich und der Scham, die wie eine tief verwachsene Narbe war, die schmerzt, wenn man sie anrührt. Sie brach auf, als mich die selbsternannten Richter 1956 vor Gericht zitierten und ich ihr Urteil unterschrieb. Indem ich unterschrieb, machte ich es ihnen schwer, mich aus dem Hörsaal zu fegen. Ich aber sah sie als Teil der Macht, die in Ungarn, in Polen das Volk schuldig sprach, und *sie* standen hinter dem Katheder, gesichtslos, und sprachen aus *einem* Mund: *Die Menschen sind für den Sozialismus da und nicht der Sozialismus für die Menschen.* Ihre Sprache war die der Macht, die Lehre als Alibi nicht nötig hat. Ich begann die Geschichte des Felix Hanusch zu denken.

Im ersten Band – »Der Gymnasiast« – steht meine Hoffnung: Das Aschemädchen Agnes, der Löwenmähnige in der Arbeiterkneipe, die Brüder Roßmann sind ihre Erscheinung. Der ihnen zugehörende Randalierer Rumbo ist ihr Widerbild; wenn *sie* vor den Spiegel treten, ist *er* ein Schmutzfleck, abwischbar mit einer Handbewegung.

Ein anderer Fleck sitzt tiefer, unter der Politur, es kann sein, er wird schrumpfen, es kann sein, er wird sich auswachsen. Faust, sagt das Aschemädchen, ist ein gewissenloser Bürger, der ein Proletariermädchen verführt und zugrunde richtet. Klassenkampf mit »Faust«, – und wie geht das weiter? Mit Kathedralen, Madonnen, dem Altar des Matthias Grünewald, mit Thomas Mann und Rilke ...?

Eine erste, leise Befragung, ein Kratzer auf dem Spiegelglas der Hoffnung.

Das Buch wurde gut aufgenommen, und niemand fragte nach dem Kratzer. Einer – irgendeiner – beschimpfte mich: daß ich immer ein Gymnasiast bliebe und nie zum Klassenkämpfer reifen würde.

Im zweiten Band – »Semester der verlorenen Zeit« – zerbröckelt die Hoffnung, und auf dem Spiegelglas läuft ein Riß von der linken oberen Ecke in die rechte untere. Felix Hanusch sagt zu seinem Freund Roßmann, dem Kommunisten, er werde nie das rote Leben leben. »Ihr seid absolut wie die Kirche. Wer nicht an euern Gott glaubt, ist gottlos.« Er spricht es – noch – nicht aus, aber er denkt den Satz zu Ende: »... und für Gottlose der Scheiterhaufen, damals wie heute.«

Später zögert er nicht mehr und erklärt dem Mädchen Dascha: Weil er an die Menschen glaube, glaube er nicht an *einen* Menschen und dessen Allwissenheit. Und wenn der die Kornblume vielleicht gelb sähe, er sehe sie blau – und sie würden ihn zum Feind erklären, früher oder später, weil seine Augen sich weigern, die Kornblume gelb zu sehen.

Ich schrieb das nicht für die Geschichte, sondern für mich in der Gegenwart. Auch als Widerruf des jüngsten Schuldbekenntnisses und auch als Erkenntnis, unten vor dem Katheder erworben: Daß selbst die hehrste Idee ihre Selbstauflösung betreibt, wenn sie sich zur Ideologie verkrustet.

Der Kulturminister verriet mir vertraulich, die Kommission für die Nationalpreise habe einstimmig beschlossen, das Buch auszuzeichnen. Zwei Wochen etwa vor dem Akt jedoch bedauerte der Vorsitzende der Kommission, Hans Koch, mir gegenüber, daß Ulbricht sein Veto eingelegt habe. Ulbrichts Leute hatten die wenigen Sätze der Verteidigung des Individuums gegen den Absolutismus der Macht nicht überlesen.

Ich schrieb einen wilden, wütenden Brief an die Kulturabteilung des ZK – kein Wort mehr würde ich deutsch schreiben.

Natürlich schrieb ich weiter, und die Wut reichte noch für den dritten Band – »Mannesjahre«. Ich brauchte lange, bis ich den rechten Schauplatz fand, auf dem der »real existierende Sozialismus« und der mir möglich erscheinende menschengerechte gegeneinander auftreten könnten. Schließlich wählte ich ein Dorf im Umbruch der Zeiten, weil mir schien, hier könnte ich aus guter Kenntnis der Realien und der Menschen am ehesten die geistige Auseinandersetzung aufführen. Die Hauptakteure aber importierte ich aus der Riege derer, die 1956 in Personalunion meine Ankläger und Richter gewesen waren. Es war mir ein boshaftes Vergnügen, sie – nicht in ihrer Gestalt – in ihrem Wesen darzustellen: als starren, machtsüchtigen Bürgermeister, als schmierigen Posthalter, als glatten, wendigen Stasi-Offizier – eine Premiere in der DDR-Literatur –, als am Suff zugrunde gehenden Altbauer. Ihnen gegenüber trat *ich* auf als Uschka, die Magd und Schauspielerin, als die schöne Beate, als ihr Mann Simon, die nicht aufgaben, nicht den Hof und nicht sich, und natürlich als Felix Hanusch. Autobiographisch – wie es apostrophiert wurde und wird – war die Trilogie nicht vor allem in den zufällig übereinstimmenden Daten, meinen und denen des Hanusch, der beiden ersten Bände, sondern im Inhalt des dritten. Ich glaube, ich habe kein Buch mit mehr Leidenschaft geschrieben als dieses – ein zorniger Aufschrei für Vernunft.

Die Ohren der Partei hörten ihn nicht, und ich meinte zu sehen, daß alle Kunst im Lande vergeblich anrannte gegen die Mauer aus importiertem Moskauer Zement. Aus Moskau kam aber auch Ehrenburgs »Tauwetter«, ich las dieses Buch, las Granin, Solschenizyn, sie ergänzten, was ich wußte, was ich ahnte. Ich habe in meinem langen Leben kein Buch gelesen, das mich so erregt hätte wie »Der erste Kreis der Hölle«, gebündelt Mensch und Antimensch. Ich kaufte den Roman im Westen und nahm ihn nicht mit nach Hause, ich wollte ihn nicht noch einmal lesen. Es war ein grausames Verdikt, es machte mich hoffnungslos: Kein Tauwetter würde das Eis schmelzen können.

Es ist möglich, daß diese Bücher Einfluß darauf hatten, daß ich den »Krabat« so schrieb, wie ich ihn geschrieben habe.

Ich glaube, ich hätte mich an »Krabat« nicht herangewagt, hätte ich nicht als Erfahrung den Denkprozeß des dritten »Hanusch«-Bandes gespeichert. Auch die Leser im Lande begriffen, daß ich nicht zwei Bücher über die Zeit vor 1945 geschrieben hatte, um im dritten eine simple LPG-Geschichte zu verfassen. Anders wäre nicht zu erklären, daß insgesamt eine dreiviertel Million der drei Bücher über den Ladentisch ging.

Jene Kunst der DDR, die dem Humanismus verpflichtet blieb, brach zwar keinen Stein aus der Mauer der

Macht, aber sie ließ nicht nur das Menschsein im Menschen nicht verkümmern, sondern stützte und stärkte es in einem Maße, daß die Macht am Ende vor der eigenen Mauer stand, die Hände erhoben. Die Waffen blieben gesichert. Kein Mensch hing, aus den Häusern der Macht hergeschleppt, an Laternenpfählen.

Die Aufarbeiter der Vergangenheit sind kurzsichtig oder schieläugig im Hinblick – wenn sie überhaupt hinblicken – auf die Kunst und ihren Anteil in einem zwei Jahrzehnte langen Prozeß. Der 9. November 1989 kam von weit her …

Für die Hanusch-Trilogie erhielt ich dann doch den Nationalpreis. Ich nahm ihn – mit leerem Revers – von Ulbricht entgegen und hatte ein angenehmes Empfinden in Kopf und Bauch. Im Bauch – die alten Griechen meinten ja, in der Milz niste eine besondere, nicht eben sehr tugendreiche Art von Freude. Auf die Dauer aber erwies sich ein anderes als wesentlicher Gewinn. Mein junger Lektor Lewerenz kam sehr bald mit meiner Art des Schreibens so gut zurecht, daß wir uns mit den Jahren sozusagen beinahe blind verstanden und er in seinen älteren und ich in meinen älteren Jahren ohne Zeremonie und andere Bekundung Freunde wurden.

Preise gab es damals nicht so viele wie heute, wo jede zweite Stadt ihre Schreiber bepreist. Einige von den wenigen habe ich erworben, manche mit unerwarteter und nicht leicht nachvollziehbarer Begründung. So erhielt ich den Preis der Gewerkschaft ausgerechnet für den Roman »Bild des Vaters«. Von den Preisverleih-Institutionen schloß mich der demokratische Frauenbund aus. Die älteren Damen des Bundes fanden offenbar, daß meine Frauen nicht dessen Intentionen entsprachen. Ein maßgeblicher Kritiker hat einmal behauptet, ich stellte meine Frauen mit Hilfe eines Kurvenlineals her, in Wahrheit stand mir für fast alle eine lebende und liebende Frau Modell. Abgesehen davon scheinen mir unter allen Geschöpfen des HERRN Frauen die gelungensten zu sein: als hätte er aus den Fehlern bei der Fertigung des einfachen, unkomplizierten Adam gelernt und also die Eva mit verborgenen Schüben und Fächern und neuartigen Schaltstellen ausgestattet. Der Versuch des Mannes, die Frau zu ergründen, ist seit Jahrtausenden gescheitert. Das immer wieder zu versuchen liegt an der einfachen Konstruktion seines Hirns, das das Unmögliche nicht als unmöglich begreifen kann. Die Versuche mißlangen, die Versuchung blieb, und daraus wurde Kunst.

Dem nicht erworbenen demokratischen Frauenpreis habe ich nicht nachgetrauert, aber einem anderen, in grauen Vorzeiten des Anfangs erstrebten doch. Die Redaktion der »Täglichen Rundschau« schrieb 1950 einen Wettbewerb für Kurzgeschichten von hier und heute aus, die beste werde mit fünftausend Mark honoriert.

Zwischen meinem Dorf und der Kreisstadt passierte damals eine, zu jener Zeit vielleicht nicht sehr seltene, Geschichte: Ein Zwei-Kühe-Bauer lieferte ordnungsgemäß ein Kalb auf sein Fleischsoll ab. Das Kalb wurde auf dem Hof gewogen, für nicht zu leicht befunden, auf den kreisamtlichen Viehwagen gezerrt – und ward nicht mehr gesehen, weder lebend noch in seiner Verwandlung in Mark und Pfennige und auch nicht als erfüllte Soll-Pflicht. Es war zwar vor Zeugen abgeholt worden, aber ohne irgendein Zeugnis zu hinterlassen verschwunden.

Der Halbbauer beklagte sich bei mir, ich begab mich auf die Suche, wurde fündig, und einige Leute wurden eingesperrt.

Daraus machte ich eine Krimi-Geschichte für jenen Wettbewerb, und ein Fabelhund agierte darin als Detektiv.

Der Vorsitzende der Jury, Willi Bredel, versicherte mir bald vertraulich vorab, daß die fünftausend Mark sozusagen schon auf meinem Konto stünden. Dann wurden die Preisträger bekanntgemacht, ich war nicht einmal mit fünf Pfennigen dabei.

Sehr viel später erfuhr ich, ein Jury-Mitglied, der Dichter Stephan Hermlin, habe mich als Plagiator entlarvt. Mein Detektivhund war ein sprechender Hund, der

Dichter erinnerte sich dunkel an einen anderen sprechenden Hund eines sowjetischen Autors, und da sowohl dieser Autor als auch der jurierende Dichter als Autoritäten galten, wurde mein sehr junger Sowjetzonenhund zu einem längst ergrauten, mir gänzlich unbekannten sowjetischen Hund und ich ein betrügerischer Hundehalter.

Zwanzig oder vielleicht dreißig Jahre später sagte ich gelegentlich zu Hermlin: »Weißt du, daß du mir noch fünftausend Mark schuldest?«

»So?« fragte er, sorgsam die Pfeife stopfend. »Und wofür?«

»Für einen Hund«, sagte ich.

»Ja, weißt du, in Hunden kenne ich mich nicht aus«, sagte er, entzündete die Pfeife und lächelte mich an, ein bißchen elitär, aber doch fast so, als wären wir gleich zu gleich.

Ich revanchierte mich bei Hermlin für meinen verleumdeten Hund, indem ich den Philosophen Friedrich Emanuel Leberecht Seidelbast erfand, ihn in einer Rede im Vorstand auch den Ohren Hermlins nahebrachte und Hermlin zehn Minuten lang in seinem Gedächtnis nach diesem Mann graben ließ. Da er nichts ausgrub, es ihn aber in seiner Selbstachtung störte, einen Philosophen, den *ich* zitiert hatte, nicht zu kennen, fragte er mich.

Ich lächelte ihn an, sozusagen wieder aus der Milz heraus, und bekannte mich als Erfinder. Hermlin war nicht zu schlagen: Er sagte, meine Zitate seien ihm sowohl dem Zeitgeist als auch dem Sprachduktus nach ganz echt erschienen, und zitierte zum Beleg dessen einen französischen Philosophen vom Anfang des 19. Jahrhunderts, den – natürlich – ich nicht einmal dem Namen nach kannte.

Daß Stephan Hermlin sich damals dazu durchrang, sich bei mir nach irgend etwas zu erkundigen, hat mit Krabat zu tun. Er hatte den Roman gelesen und fragte mich bei zufälliger Gelegenheit, wie lange ich daran geschrieben habe. Ich gab genaue Auskunft: Sechs Jahre und sechs Monate minus einen Tag. Er sah mich an, ließ die linke

Hand mit der Pfeife aus Kinnhöhe auf Herzhöhe sinken und sagte, das sei nicht zu lange.

Lange oder nicht zu lange – ich war eben fünfzig, als ich mich entschloß zu versuchen, den »Krabat« zu schreiben, der mich schon seit zehn Jahren im Unterbewußten beschäftigte und mir, wenn er ins Bewußtsein trat, stets Angst machte: Ich wußte nichts über eine dumpfe Ahnung hinaus.

1964 versuchte ich mich heranzutasten, indem ich in einem umfangreichen Essay »Krabat oder Es ist an der Zeit, Fragen zu stellen« (vorgetragen in einer Zusammenkunft sorbischer Studenten) aus dem Ungefähren einiges ins Begriffliche stellte, was – vielleicht – zu befragen war. Erst damit erkannte ich die Dimension des Vorhabens und wurde – wieder bestimmte die Psyche die Physis – ernstlich krank vor Angst: Ich wußte, ich würde Jahre in die Arbeit investieren müssen – mit fünfzig zählt jedes Jahr doppelt – und am Ende möglicherweise vor einer Investruine stehen.

Doch ich war überzeugt, einen großen Stoff in der Hand zu haben – man bekommt ihn im Glücksfall nur einmal im Leben –, und sah mich vor die Wahl gestellt, entweder das Risiko einzugehen, mit dem Bankrott am Ende, oder aber mich zu bescheiden und risikolos Geschichten zu schreiben, was ich ja nun gelernt hatte. Für mich selbst hieße in diesem Fall die Bankrotterklärung so: aus Angst zu verlieren nicht angetreten zu sein.

Ich wählte das Risiko, meine Frau, unerschütterlich im Glauben, hielt den Bankrott für ausgeschlossen, und also ging ich den Krabat an.

Als erstes schrieb ich die ursprüngliche Sage, wie sie mir in den Kinderjahren erzählt worden war, neu für Kinder auf. Wochenlang hockte ich dann davor und wartete, daß sie sich öffne. Schließlich konnte ich sie auswendig aufsagen, aber ihr Inwendiges blieb verborgen. Ein zufälliger Nebeneffekt des Suchens ergab, daß ich den Roman gar nicht anzufangen brauchte, wenn ich nicht fähig war, mich frei in Raum und Zeit zu bewegen. Ich versuchte es zu erlernen, indem ich der alten Sage Kern und Skelett entnahm und »Die Schwarze Mühle« schrieb. In der Ahnung, es könnte die fundamentale Frage des Romans sein, tastete ich vor allem das Verhältnis von Wissen und Macht ab – hatte ich doch den Kern der Sage entdeckt: Wissen ist Macht, und Macht macht frei.

Das Buch erschien im Frühjahr 1968, bekam den Jugendbuchpreis und wurde dank der Illustrationen meines Freundes, des Malers Werner Klemke, der später auch »Geschichten vom Wasser« illustrierte, ein sehr schönes Buch. Ende des Sommers, am 2. September, schrieb ich die erste Zeile zum Roman, der eben jenem Kernsatz und seiner heutigen Gültigkeit nachfragen sollte. Ich hatte nur die Frage, aber kein Fädchen einer Geschichte.

Ein gutes Jahr später vermerkte ich in meinem Arbeitsbuch – zum erstenmal führte ich ein solches – im ersten Eintrag, daß ich nichts erreicht hatte, außer daß fünfzig oder hundert Seiten Papier beschrieben worden waren. Zwei Monate danach heißt es dort:

»Mir scheint alles bisher Geschriebene klein und unwichtig, am liebsten würde ich wieder verzweifeln an der Nichtkonvergenz von Vorhaben und Vermögen. Vor allem scheint mir, daß ich auf bisherigem Wege Krabat und Reissenberg kein Profil zu verschaffen vermag. Die Serbin-Leute bleiben anekdotische Figuren, Smjala ist nichts und Jakub Kuschk noch weniger.«

Im Nachsatz taucht aber zum erstenmal der Gedanke auf, daß Krabat und ein Serbin eine gemeinsame Identität besäßen. Es sei zu prüfen ...

Das Arbeitsbuch berichtet von immer neuen Zweifeln, Beinahe-Verzweiflungen und immer neuen Versuchen. Im dritten Jahr kam ich eines Abends aus meiner Schreibstube und gab meiner Frau den Block zum Abschreiben. Sie blickte hinein und stöhnte auf: »Schon wieder das erste Kapitel, Mann! Schreib doch endlich das zweite!«

Ich hatte das zweite längst fünfmal, siebenmal ins Blaue geschrieben und abgelegt auf den Stoß der nutzlos beschriebenen Blöcken. Solange nicht ein erstes Kapitel vor mir lag, das ich für richtig hielt, brachte ich das zweite nicht zustande.

Wie in einem Schock begriff ich, daß ich das Schreiben nie wirklich erlernt und mein Hirn nicht auf die rechte Bahn gebracht hatte. Ich hatte nie gelernt, eine – sei es auch kleine – Geschichte in ihrem Ablauf erst zu *denken* und dann zu *schreiben*. Zwar tue ich vor einer größeren Arbeit wochenlang nichts. Ich werkele im Garten, laufe im Wald umher, hocke im Sessel, gucke in die Luft vor meinem Fenster, betrachte die Kiefern am Waldrand, die ich in ihrer unsystematischen Wipfelung seit vielen Jahren kenne und die mir nie langweilig erscheinen, und grübele, versuche eine Gestalt zu ergrübeln. Ich denke nicht Vorgänge, Abläufe, die finden sich gespeichert im Hirn, aber der Mensch, der *eine* Mensch, dem die Geschichte widerfährt – ihn muß ich wissen bis in seine kleinsten Verästelungen, bevor ich den ersten Satz schreibe. Wenn ich ihn kenne, so gut wie mich selbst – besser als mich selbst (mich selbst bis in die letzte Falte zu erforschen, habe ich nie für wichtig empfunden), brauche ich für das weitere keine Konstruktion, die ich mir ohnehin nicht ausdenken kann. Einmal – für die Jantschowa – bastelte ich mir ein Gerüst, mein Stift ignorierte das Gerüst und schrieb eine völlig andere Geschichte. Von da an vertraute ich dem Stift: Wenn er erst den vernünftigen ersten Satz geschrieben hätte, würde ich mir mit dem Rest schon Rat wissen.

Manchmal – um es hier einzufügen – trat der Stift in Gestalt eines Traumes auf. Ob Stift oder Traum – es existiert ein autonomes System in meinem Kopf, das – offenbar zufällig – Wesentliches aufnimmt, verarbeitet und in einem gewissen Stadium dem Bewußtsein vorstellt. So habe ich nie daran gedacht, ein zweites Krabat-Buch zu schreiben. Aber in der Nacht zum 24. November 1991, dem Geburtstag meiner schwer erkrankten Frau, träumte mir Wort für Wort die erste Seite des Buches, und vom Traum schrieb ich sie am Morgen ab. Weiterzuschreiben war dann Abwehr von Verzweiflung – ich wußte, daß kein Arzt und keine Arznei meine Frau noch retten konnten.

Ich tat etwas, was ich nie getan hatte: Ich unterbrach die Arbeit und schrieb ein kleines, heiteres Dackelbuch für meine Frau. Ich las es ihr Stück für Stück vor, sie hatte Freude daran. Als das Büchlein erschien, lebte sie nicht mehr.

Daß ich tags Heiteres schreiben konnte, während ich nachts dalag und mich – zum ersten Mal in meinem Erwachsenenleben – ohne Scham weinen ließ, begreife ich nicht. »De tranquillitati animi« – von der Gelassenheit der Seele, fällt mir ein, schrieb der alte Römer Seneca. Wir lasen das in der Oberprima, ich habe nur den Titel behalten und nicht die Lehre. So blieb mir nur, das Heitere gegen den Tod zu stellen.

Der letzte Eintrag im Arbeitsbuch wurde hingeschrieben am 28. November 1996. Darin wird vermerkt, daß ich in der Nacht vor dem zweiten Jahrestag des Todes meiner Frau die ersten Seiten von »Die Leute von Salow« geträumt und am nächsten Morgen aufgeschrieben habe. Ich hätte mir den Kopf zerdenken können und doch nie eine Cordialisch-Anomenische Großgrafschaft erfunden und keinen Ambrosius Benedikt Christofer Deodorantus Graf Cordialis. Der Traum erfand sie, der Kopf nur die Geschichte dazu.

Als allerletztes steht im Arbeitsbuch ein nacktes Datum: 25. 1. 97. Was dort hinzuschreiben war – ich hatte nicht die Kraft und habe sie heute nicht. Es betrifft nicht das Schreiben …

Im Arbeitsbuch wird noch auf einigen Seiten über die Arbeit am »Krabat« berichtet. Einmal, im dritten erfolglosen Jahr, daß ich statt zu verzweifeln gelegentlich töricht lache und mich verhalte, als hätte ich noch alle Zeit des Lebens. Etwa in derselben Zeit verzweifelten Lektor und Verlagsleiter. Der eine schlug mir vor, zur Erholung eine neue »Christa«-Geschichte zu schreiben, der andere erboste sich: »Laß doch den verdammten Krabat und schreib den vierten Hanusch-Band!«

Aufforderung zur Kapitulation – ich sagte: Nach dem fünften Jahr, wie ausbedungen, hisse ich die weiße Fahne, und bis dahin gilt, der Verlag bringt so viele Nachauflagen heraus, daß es uns zum Leben reicht. Sie knurrten und hielten sich weiter an unsere Abmachung. Das war ehrenwert, änderte aber nichts daran, daß ich weder eine »Christa« noch einen »Hanusch« schreiben wollte und den »Krabat« nicht schreiben konnte. Verbissen in die Idee, eine einfache, überschaubare Geschichte erfinden und ihre Struktur bauen zu müssen, drehte ich mich im Kreise wie ein Brummkreisel und lag am Ende wieder da wie er: ausgespielt. Jedesmal nahm ich das zur Kenntnis – und setzte den Kreisel neu an.

Ende des vierten Jahres fanden in München die Olympischen Spiele statt, am 31. August trat unser Frauenquartett zum Finale im Staffellauf an. Ich saß oben in der Schreibstube, mein Sohn unten vor dem Fernseher. Er schrie, sie kämen zum Start, ich ließ den Stift fallen, sprintete hinunter, stolperte, hielt mich am Treppenlauf fest, und unten in der Biegung riß es mich herum. Nachdem unsere Frauen gesiegt hatten, lag ich besiegt auf dem Teppich, konnte weder stehen noch gehen und Minuten später auch nicht mehr liegen. Nur auf allen vieren fühlte ich mich noch – beinahe – ganz in Ordnung. Diese Bewegungsart blieb mir für sechs oder acht Wochen erhalten, und sitzen konnte ich gut in einem bestimmten Sessel, vor mir ein Tisch, auf dem Tisch eine Kiste und auf der Kiste meine Beine. Die Kiste wanderte am Abend ins Bett, ich kroch hinterher. Danach wurde ich vierbeinig, die Krücken waren leicht und stabil. Der Arzt verpaßte mir anfangs zwei Spritzen täglich, dann eine – bis Jahresende. Die Spritzen produzierten zu Silvester einen Herz-Kreislauf-Kollaps, was weitere Wochen ruhigen Verhaltens zur Folge hatte.

Zusammengezählt ergab es fast ein Dreivierteljahr Hausarrest, nie im Leben hatte ich soviel ungestörte Zeit für mich gehabt.

Plötzlich – am Anfang dieser Zeit – »wußte« ich Krabat: »Seine Geburt freilich ist nirgends verzeichnet, und daß er gestorben sein sollte, ist undenkbar. Über sein Dasein gibt es viele Ansichten: ein Held; ein Schelm; ein

Bruder Witzig und – Hitzig; ein Philosoph, der nie ein Weib geküßt hat; ein Sänger, dem keine Schürze zu fest gebunden war; einer, der die Welt in den Sternen suchte, und einer, der die Sterne in der Welt entdeckte; ein Ewigjunger; ein alter, müder Mann, der seinen Tod nicht findet« – und wußte, daß es nicht galt, eine gängige Geschichte zu ersinnen, sondern daß Krabat zu befragen war nach Wissen und Macht, nach dem Ethos dazwischen und welche Art Freiheit dem Menschen in der Welt, wie sie ist, zugestanden werden muß und welche Grenzen zu setzen sind, damit er seine Menschlichkeit bewahren und entfalten kann.

Wie von selbst entstand nun das erste *richtige* Kapitel, und danach schrieb es sich – nicht wie im Rausch – stetig und ruhig Block um Block zwei Jahre lang. Dann aber störte mich ein Traum auf, den ich wachend nicht mehr zum bloßen Traum machen konnte: daß aus den dreihundertfünfundzwanzig fertigen Seiten hervorgehe, ich habe meinen Stoff nicht bewältigen können.

Das Arbeitsbuch vermerkt die Versuchung, aufzugeben, doch das wäre unehrenhaft. Man müsse bis an die Grenze seiner Leistungsfähigkeit gehen.

Die Eintragung endet: »Wir hatten, meine Frau, mein Sohn und ich, den Giewont in der polnischen Tatra ersteigen wollen. Auf halber Höhe machte mir das Herz Schwierigkeiten, wir rasteten, das Herz richtete sich wieder ein, wir stiegen weiter und erreichten den Kamm unterhalb des Gipfels. Den Gipfel erreichten wir nicht.«

Am 1. Mai 1975 kam ich abends von oben, gab meiner Frau den Block und sagte: »Ich glaube, es ist fertig.« Ich war müde zum Erbrechen.

Mein Sohn rannte in den Keller und holte eine Flasche Sekt, ich trank ein halbes Glas.

Mein Plan war gewesen: Ich lade einen Bus voll, Familie und Freunde, wir fahren nach Horni Hajnk, dort lasse ich die gehorteten Raketen steigen – die Genehmigung lag vor –, wir trinken den Keller leer, stoßen an auf Krabat und lachen und singen …

Nun stand ich da, hölzern und leer, konnte gerade

noch Frau und Sohn danken für Geduld und Zuspruch und auch dafür, daß des Sohnes Radio nur im Kopfhörer hatte wummern und donnern dürfen.

Zwei Monate, die ich für eine andere, kleine Arbeit verbrauchte, abgerechnet, war ich mit dem Roman sechs Jahre, fünf Monate und neunundzwanzig Tage älter geworden, viel Zeit für das kurze Leben.

Wie wiegt sich das auf? Auf wie geeichter Waage?

Auf der des Kritikers, der es als Werk des Sozialistischen Realismus lobte? Auf dessen, der es einem »phantastischen Realismus« zuordnete?

Ein anderer meinte, ich hätte den Roman benutzt, um meine klassische Bildung vorzuführen. Als wäre irgendwo eine klügere und einfachere Geschichte über das Verhältnis von Macht und Wissen erdacht worden als die Geschichte von Perseus und dem Haupt der Medusa – und ich sollte sie nicht nutzen? Wir sind Zuflüsse des Urstroms Europäische Kultur.

Einer, dem ein hoher Stuhl im Raum der Literaturbetrachtung zugestanden war, fand im Roman »... gute und wohl auch kluge Gedanken« und bedauerte, »daß der Schriftsteller für sie kein geeignetes Transportmittel gefunden hat, um seine Gedankenfracht an den Leser heranzubringen«.

Dieser Professor Hankau – wie ich ihn in einer bösen kleinen Erzählung nannte – befand sich in guter Gesellschaft mit einem General W., der im Gegensatz zum Professor das Buch wirklich gelesen hatte und mir nun einen Brief schrieb: Er sei im Besitz aller meiner bisherigen Bücher, sie seien für ihn »in seiner verantwortungsvollen politischen Tätigkeit stets von großem Nutzen gewesen«.

Nun aber der Krabat! Was solle dieses Geschreibe: von Adam und Eva bis übermorgen? Sehr bedauerlich, daß ich so weit ins Westliche abgedriftet sei.

Sozialistischen Gruß, und einer Diskussion stehe er nicht ablehnend gegenüber.

Ich antwortete, es tue mir leid, daß ihm der Krabat den rechten politischen Nutzen nicht bringe, aber der Roman sei in Moskau mit viel Lob bedacht worden. Ich grüße

Sie, und einer Diskussion stehe ich nicht ablehnend gegenüber.

Postwendend bekundete der General, daß er an sich und grundsätzlich nichts gegen den Krabat habe sagen wollen.

Etwa ein halbes Jahr später fand die Diskussion wirklich statt. Das heißt, sie fand nicht statt, weil der General die Offiziere seines Stabes samt Frauen eingeladen hatte – alle waren vergattert worden, mein Buch zu lesen – und nun in seiner Vorrede erklärte, den Roman inzwischen zwei weitere Male gelesen zu haben und also darüber zu einer sehr anderen Auffassung gelangt sei. Die Offiziere, eingeschworen darauf, Krabat und mich zu überrollen, und nicht bekannt mit der Sinneswandlung ihres Generals, schwiegen die neue Lage minutenlang aus. Der General entließ seine schweigsame Garde, goß in seinem Zimmer sich und mir zum Trost einen Kognak ein, und im Gespräch dabei erwies sich, daß er sich wirklich im Buch auskannte: Er sagte, während er hinter einer offenen Schranktür sich, den General, auszog und in einen älteren Herrn Jedermann verwandelte und ihm eine gleiche Szene aus dem Roman einfiel: Wenn ich wieder einmal über Generäle schriebe, solle ich doch bitte etwas freundlicher mit ihnen umgehen.

Lob und Tadel waren vorauszusehen, alles normal, alles gewöhnlich; nicht unerwartet auch der Nationalpreis – hatte ich zudem doch den sechzigsten Geburtstag, und war man erst einmal in die Reihe gelangt, gehörte eine Auszeichnung dazu; unerwartet und sehr begrüßt der Kauf der Filmrechte durch das Fernsehen: Daß sie das Buch nie würden verfilmen können, war mir klar, aber sie zahlten anständig, und meine Ressourcen waren ausgeschöpft.

Alles blieb in gewohnten Bahnen. Auch die Blindaugen der Rezensenten, die nicht gewillt waren zu sehen, daß ich nicht unterschied zwischen westlicher und östlicher Macht und ihrem Zugriff auf das Wissen aus gleicher Intention, waren blind aus eingeübter Vorsicht. Erwartet freilich hatte ich vorsichtiges Fragen, vielleicht auch empörten Protest.

Bei einer Abendveranstaltung der Akademie zu »Krabat oder Die Verwandlung der Welt« trug Franz Fühmann seine Gedanken zum Buch vor. Er hatte nicht nur keine Schwierigkeit gehabt mit der »Gedankenfracht« und dem nicht »geeigneten Transportmittel« jenes Professors, sondern besaß den Mut, das wirkliche Anliegen des Romans klar zu benennen und es für legitim zu erklären. Ich war sehr glücklich über Fühmanns Rede, wenn außer Konrad Wolf auch niemand mehr auf sie einging.

Bald danach aber begann der Tanz doch: Professor G. vom Institut für Humangenetik in Berlin-Buch meldete sich in »Sinn und Form« zu Wort. Er entnahm dem Roman den geistigen *Schauplatz* – die Erforschung der Gene des Homo sapiens – und ritt in die Arena ein als Fachmann gegen mich, den Laien.

Meine ganze Schwierigkeit beim Schreiben hatte ja gerade darin bestanden, daß ich den rechten »Schauplatz« nicht hatte finden können. Ein Zufall spielte mir eine Zeitungsmeldung in die Hände: Eine Handvoll der führenden Männer bei der Erforschung menschlicher Gene habe sich in London getroffen, um im kleinen Kreis über die dabei sich abzeichnenden ethischen Probleme zu reden. Ich wußte im Augenblick, daß ich den Schauplatz gefunden hatte, auf welchem Wissen, Ethos, Macht in dinglicher Gestalt erscheinen könnten.

Ich las alles mir materiell und geistig Zugängliche über Humangenetik. Es ging nicht darum, das *Fach* zu verstehen, sondern darum, einen festen Grund unter den Füßen zu haben, indem ich das *ethische* Problem darin begriffe.

Als ich glaubte, es im wesentlichen erkannt zu haben – hat der Forscher das Ergebnis seiner Forschung auch moralisch zu verantworten, oder ist Forschung an sich und immer moralfrei –, bat ich zwei der angesehensten Forscher des Landes um ein Gespräch. Ich erhielt zwei Antworten auf meine Frage: Professor Steenbeck erklärte – wohl aus eigener Vita heraus –, der Forscher sei einzig auf

Erkenntnisse aus und könne sich dabei keinem Moralkodex unterordnen. Es bedrücke ihn, daß das so sei. Professor Ardenne war der Überzeugung, der Sinn der Forschung bestehe darin, dem Menschen zu helfen. Aus dem Sinn ergäben sich die Grenzen seines Forschungsdrangs.

Ich teilte Ardennes Auffassung und wollte die Steenbecks nicht teilen, ihn fragte ich: Darf ein Schriftsteller, der in der Welt von heute keine Welt von morgen mehr erblicken kann, die Menschen in schwarzen Pessimismus treiben, der sie wehrlos macht und so erst wirklich einer Un-Zukunft ausliefert?

Der Professor zögerte und meinte schließlich, der Schriftsteller wisse, was er schreibe, das Ergebnis liege stets in seiner Hand. Der Chemiker hingegen, der Physiker, Biologe forsche ins Unbekannte. Zum Beispiel gelingt es ihm, ein Atom zu spalten – für die Bombe, die aus seiner Entdeckung entsteht, ist nicht er verantwortlich.

Beides – das Nichtanerkennen ethischer Grenzen und die mögliche Anwendung *jeden* Forschungsergebnisses auch im sozialistischen Lager – leugnete Professor G. und verengte das Problem auf die Frage, ob das, was ich im Roman als machbar darstelle, auch tatsächlich machbar sei, und nannte meine Vorstellungen absurd. Heute, gute zwanzig Jahre später, haben mich die Forscher längst überholt. Sie haben gelernt, ein Säugetier zu klonen. Der Mensch ist ein Säugetier. Die Macht wird sich ihres Wissens bemächtigen.

In »Sinn und Form« haben damals viele Biologen das Fachproblem diskutiert – das Verhältnis Wissen und Macht und ob ein Ethos dabei einen Platz hat und wo und mit welchem Gewicht, darauf sind nur wenige eingegangen. Ich selbst habe G. kurz geantwortet: daß die Genetik im »Krabat« für mich ein pars pro toto war, eben der Platz, auf dem das Nachdenken vor sich geht; daß diese Wissenschaft ein unblutiges Ende der Menschheit vorbereiten könnte, das Ende des Menschen, wie wir den Menschen sehen.

Professor G. benutzte damals alle ihm zur Verfügung stehenden Möglichkeiten, um »Krabat« und seinen Verfasser zu diffamieren. Er reiste viel umher und redete viel und erreichte unter anderem, daß zwei große Auflagen der Reclam-Ausgabe ihre Leser vor allem unter der studentischen Jugend fanden. Aus Dankbarkeit habe ich ihm und seinem Eifer fünf oder sieben Zeilen in »Mein Stück Zeit« gewidmet.

Nach acht Jahren hatte auch ein Philosoph, gewesener Staatssekretär und promovierter Zahnarzt, den Roman entdeckt und mit der Erfahrung seines ursprünglichen Berufes ebenso den faulen Zahn darin. In der »Zeitschrift für deutsche Philosophie« veröffentlichte er sein Verdikt: Buch und Autor seien nicht nur wissenschaftsfeindlich, sondern nagten gefährlich auch an den Grundfesten von Staat und sozialistischer Gesellschaft.

Eine Abschrift meines unfreundlichen Briefes an ihn schickte ich Hager, Antwort erhielt ich von keinem. Den schweigenden Verfasser des Verdikts bildete ich dann in »Bild des Vaters« und als den »alten Bleyle« in »Mein Stück Zeit« ab, auf diese Weise bleibt er der Nachwelt erhalten.

Von den Wortmeldungen der Literaturwissenschaft denke ich besonders gern an ein Kolloquium an der Universität in Leipzig, wo fundierte Untersuchungen zum Thema vorgetragen wurden. Daß Dissertationen zu »Krabat« in Litauen, Rußland, Polen und auch hier im Lande verfaßt wurden, tröstete mich wenig darüber, daß das Buch in der literarischen Öffentlichkeit der Bundesrepublik offenbar als nicht erschienen galt. Einzelne Leser waren damals – und sind heute – verwundert, daß der Roman in der DDR habe gedruckt werden können. Vermutlich ist das der Grund für sein Totschweigen: Das Buch paßte nicht in das Klischee, das für Schreiberzeugnisse nichtdissidierender Schriftsteller der DDR ausgestanzt worden war. Gräfin Dönhoff bekam den »Krabat« 1990 in die Hände, sie schrieb mir: »Was für ein hervorragendes Buch ist der ›Krabat‹ …« Obwohl ich so erst im fünfzehnten »Krabat«-Jahr belobt wurde, tat es mir wohl. War ich doch – damals wie heute – überzeugt, mit diesem Buch zur *deutschen* Literatur beigetragen zu haben.

Der Roman schloß wortgleich mit dem Anfangssatz: Nichts war entschieden zwischen Krabat und Reissenberg, zwischen Macht und Menschsein. Schreibend hatte ich meine Illusion eines guten Ausgangs verloren in der Welt, die in ihrer moralischen Entwicklung weit hinter ihrer technischen zurückgeblieben war.

Folgerichtig heißt dann der Untertitel des zweiten Krabat-Romans: »oder Die Bewahrung der Welt«: Nur wenn sich Macht und Vernunft in einem Pakt – und sei es auf Zeit – einten, bestehe die Chance, die Welt als Menschenheimat zu erhalten.

In jener Abendveranstaltung der Akademie fragte mich Konrad Wolf, ob ich ein Optimist sei, ich antwortete, ich sei ein Optimist wider besseres Wissen.

Dieses Wissen wuchs, der Optimismus schrumpfte, es blieb die irrationale Hoffnung auf eine Kehrtwende der Macht, die unbenennbar ist, sogar sich selbst.

Und uns bleibt, in Würde unser Leben zu leben. Was das ist, versuchte ich im Roman »Bild des Vaters« – einer sehr authenischen Geschichte – vor allem für mich selbst zu ergründen. Er erschien 1983 – nicht wahrgenommen »im Westen« – und fand ein großes Echo.

Eine junge Frau aus Namibia schrieb mir auf das Buch hin, sie verstehe nun ihren Großvater (der bei ihr lebe) besser und wolle sich bemühen, ihr Verhalten ihm gegenüber zu ändern.

Es erscheint mir wahrscheinlich, daß sich während der Arbeit an diesem Buch – weil ich Authentisches schrieb – im Unterbewußtsein der Gedanke festsetzte, mein Stück Zeit zu beschreiben.

In den sieben Jahrzehnten meines Lebens hatte sich die Welt verändert, war in ihrer äußeren Komplexität undurchschaubar und in ihrer inneren Zerrissenheit unbegreifbar geworden, und hatte ich das kleinste Volk Europas zu ihrem Mittelpunkt und meinem Standort gemacht. Ein winziger Punkt, leicht auszulachen und gut zu verspotten gewiß, aber die Fernsicht ist ausgezeichnet, und das Nahe verschwimmt nicht vor den Augen.

So ergab es sich, daß ich mir vornahm, anhand meines

Lebens das Geschick meines Volkes während der letzten fünfzig Jahre darzustellen. Ein Bericht und ein Plädoyer: der Bericht über unser Leben-Wollen, das Plädoyer für ein natürliches Miteinander mit den Deutschen, ohne das wir nicht überleben können. Bewußt mich ausschließlich an den nichtsorbischen Leser wendend, schrieb ich zum erstenmal ein Buch nur in deutsch. Das hatte eine für enges Denken typische Reaktion zur Folge, indem es – außer in einem törichten Pamphlet eines Studentleins – in der sorbischen Öffentlichkeit nicht registriert wurde.

»Mein Stück Zeit« erschien am Tage des Mauerfalls, gelangte noch unter die Leser, wurde dann aber vom Staub der fallenden Mauer bedeckt. Die Neuauflage, unverändert, nur mit einem Vor- und einem Nach-Wort versehen, nahm die Presse freundlich auf, doch bedauerten die Rezensenten unisono, daß die literarische Vita zu kurz gekommen sei und der Bericht nicht über die sechziger Jahre hinausgehe.

Das erste stimmt, aber ich hatte nicht über *mich*, sondern über *uns* schreiben wollen; das zweite scheint nur zu stimmen. Im letzten Kapitel heißt es: »... heute, Ende Februar 1989.« Trotzdem haben die Rezensenten recht, denn die Zeit – von etwa 1970 bis Februar 1989 – ist in einer Geheimsprache erfaßt, die zwar einige versierte Leser in der DDR hätten entschlüsseln können, für alle anderen bleibt es ein »reizvolles Geheimnis«, wie es ein Rezensent bezeichnet.

Tatsächlich lag zwischen dem Berichten-Wollen und -Dürfen eine unüberwindbare Sperre. Sie nicht zu akzeptieren, hätte bedeutet, das Erscheinen des Buches von vornherein unmöglich zu machen. Die phantastische, mit Realem durchsetzte Rahmenhandlung – sie zu schreiben, brauchte es all meine Schreiberfahrung – gab mir die Möglichkeit, das Wesentliche der beiden letzten Jahrzehnte zu *denken*, zum *eigenen* Gebrauch und *eigenen* Selbstverständnis. Es war notwendig, mich meiner selbst zu vergewissern in einer zu Ende gehenden Zeit, um nicht an der Schwelle der kommenden blind, taub und gelähmt dazustehen. Diese romanhaften Stücke im authentischen

Bericht sind pure Reflexion des Ichs, das sich und den Punkt, auf dem es steht, mit fremden Augen von außen betrachtet.

Mit fremden Augen von außen – das bedeutet nicht: mit kalten Augen, wie manche meinen. Alles Schreiben, das nicht ausschließlich auf Markt und Mark ausgerichtet ist, ist Parteinahme, so oder so. Mein ganzes Schreiberleben lang habe ich Partei genommen für die, die den dikken Kanten Brot dünn mit Butter bestreichen müssen. Ohne freilich zu übersehen, daß ihre Hände beim Essen nicht immer sauber sind und nicht immer eine Decke auf dem einfachen Tisch liegt. Und ohne andererseits saubere Hände am schön gedeckten Tisch in »irgendein« Abseits zu stellen, ein klassenkämpferisches gar.

Und mein kleines Volk – ich sehe die Enge, die Zerrissenheit, Lebenswillen und Lethargie, sehe, wie der Raum der Sprache bröckelt, ich schreibe Bücher für ein paar Schock Leser heute, morgen werden es weniger sein. Ich sehe mit fremden Augen von außen zu und befinde mich, wo ich mich immer befunden habe, in seiner wirklichen Mitte. Ich *sehe* von außen und *schreibe* von innen.

Wo ich nur außen bin, will und kann ich nicht schreiben. Wo ich nur innen bin, bin ich stummes Empfinden.

Es gibt ein Grab, in das ich drei Hände Erde warf. Das Grab ist offen geblieben.

3 Dreimal: zu Hause

Kein Ort ist, wie er ist; erfahren oder zur Kenntnis genommen – danach hat er Maß und Gewicht, ist er trächtig oder leer, unbestimmt oder bestimmend.

Ich bin wieder daheim, wo ich daheim war als Kind, gehe, wo ich gegangen bin, stolpere über Steine, über die ich gestolpert bin, und finde die Pfade nicht mehr, die auch meine Füße ausgetreten haben: die Spur zur Eßbaracke der Väter auf den Steinbruchhügel hinauf, den Großen Dschungelweg durch Schilf und Ried, die gefährlichen Pilzpfade »Am alten Steinkreuz«, Revier der Kreuzottern. Ich grüße wohlbekannte Winkel und lerne nichtgekannte kennen, und meine Augen, schwächer als damals, sehen mehr, als meine Kinderaugen sahen. Oder sehen auf andere Weise. Und anders als damals sehe ich auch für andere und zeige das Meine vor.

Je nachdem, wer mit mir geht und wann – an einen Ort führe ich jeden, der mir ein lieber Gast ist, und jeden auch, der nach der alten Jantschowa fragt, nach Felix Hanusch und Rumbo und ihren Vätern. Ich führe sie an den Rand des einstigen Steinbruchs, am liebsten an einem späten Sommertag. Ich lasse sie hinabsehen in das häusertiefe Steinloch, wo das Wasser langsam steigt, Monat für Monat um Zentimeter. Nackt, zerklüftet liegt der Krater, den Meißel, Schlägel und Hammer in den härtesten Granit getrieben haben. Ich erzähle von geschundenen Rücken, von Fäusten, zerbissen von Frost und Stein, von Schädeln, hart wie dieser Granit, Geschichten von Jakub Riedel und meinem Vater vielleicht, vom alten, glatzköpfigen Schmied, der die Meißel schärfte und mit stumpfbleibenden Meißeln den einen Nazi aus dem Bruch zu vertreiben half …

Das verlassene Steinloch ist die Bühne, auf der ich die auftreten lasse, von denen wir kommen: Verbeugung vor den Vätern.

Ich wende mich um und sehe hinab auf die flächigen Felder, die einmal Äckerchen waren, Kühe im Geschirr und Hundegespann, und was im Steinbruch nicht erschuftet wurde, mußte das Äckerchen bringen.

Ich schaue hinunter, mählich fällt das Land ab, breites Tal eines Urstroms. Mitten im Tal der Bach, gewundenes Band von Bäumen und Sträuchern in der Wiesenaue, an seinen Ufern unsere Dörfer, und ein jeder sieht, daß sich gut darin wohnen läßt. Das Licht des späten Tages liegt über dem Land, die Hügel im Süden und Westen sind blaue Berge, alle Farben ohne Grelle, die Konturen ohne Schärfe, und mein Gast sagt: Wie ein Gemälde von Caspar David Friedrich.

Das mag so sein, und ich versuche nicht zu erklären, wie arm das Wort Daheim wäre, begnügte es sich, dieses zu sein.

Kaum einer besuchte mich und fragte nicht nach Krabat. Jeden führe ich auf dem Feldweg zur nahen Pestsäule. In den granitenen Sockel sind längst vergessene Namen eingemeißelt, alle aus Krabats Geschlecht. Der Feldweg ist eine uralte Straße, Jahrhunderte haben sie abgeschritten, und keines, das nicht Krabats Traum von Recht und Freiheit gekannt hätte. Der Weg ist steinig, versteinerte Ängste und Seufzer Geschlagener, die den Nichtgeschlagenen zeitlebens auf ihrem Rücken trugen.

Weit vom Süden her lief der Weg weit nach Norden, die schwarze Pest schleppte sich auf ihm durchs Land, und der rote Tod fremder Heere trug auf ihm seine Fahne gegen uns.

Vergessene Jahrhunderte und unvergessene Jahre der Kindheit: Unweit der Säule besaßen wir einen Acker, den mein Urgroßvater mit der Hacke bearbeitet hat. Dort hat mein Vater mich pflügen und mit der Sense mähen gelehrt. Dort habe ich ihn knien sehen, Kornhalme abbrechen rund um ein Lerchennest, um nicht beim

Mähen das Nest zu zerstören, und dort habe ich in der ersten Osternacht nach dem Krieg nach altem Brauch einen Weidenzweig in die junge Saat gesteckt, Segen und Frieden.

In vielen Sommern war der alte Weg ein Hohlweg zwischen zwei Mauern aus Roggenhalmen, und der Duft reifenden Korns der wirkliche Zauber hohen Sommers – mein Weg in die Welt und aus der Welt nach Hause, dreitausend Schritte vom Dorf der Kindheit bis zum Hügelchen der alten Jahre: ein langer Weg, Widerbild des Feldwegs, verbuckelt, uneben, Gefälle und Steigung.

So vor längerem geschrieben, scheint es mir heute, als wäre es damals gedacht als der Anfang des letzten Abschnitts in diesem Bericht.

Das Haus im Dorf, wo ich geboren wurde, während mein Vater vor Verdun von Trichter zu Trichter um sein Leben hetzte, und in dem er starb, als ich die letzten hundert Seiten zu »Krabat« schrieb, – es steht leer, und was darin war, verflüchtigt sich mit mir.

Verflüchtigt schon die Kinderängste, zu tief versunken in den Jahren, zu sehr überwuchert von den Ängsten des Mannes, die nicht in der Erinnerung versinken. Ich kann sie beschreiben, es gehört zu meinem Beruf, das zu können – es ist kein Akt des Erinnerns.

Die blauen, zuckenden Lippen der Mutter – ich weiß sie, so wie ich weiß, daß Christoph Kolumbus Amerika entdeckt hat –, die dunkle, fremde Bedrohung, die plötzlich da war, wenn die Mutter sich mitten aus der Arbeit auf einen Stuhl sinken ließ, auf eine Garbe, die sie eben aufgerafft und gebunden hatte, – meine Schreiberfahrung kann sie – vielleicht – darstellen, so daß der Leser sie als wirklich annimmt, aber zu empfinden vermag ich sie nicht. Das Sonderbare: Die Herzanfälle entfremdeten mir die Mutter, ich dachte, warum macht sie das.

Wie ein Hauch, den nur ich noch wahrnehme, hängen in dem Haus die Geschichten der Väter. Sie waren Generation vor Generation hier daheim, in einer grobgefügten Hütte aus Baumstämmen und Lehm sicherlich zu der Zeit, als im Dreißigjährigen Krieg die Kirchenbücher verbrannten – Auskunft über ein, über zwei Jahrhunderte davor.

Die eine, die weiteste Geschichte: Wie eine schwedische Reiterhorde einen der Vorväter zwang, sie nächtens durch die Wälder zu führen, um im Morgengrauen die Stadt Kamenz zu überfallen, wie er sie in die Sümpfe führte und selbst entkam, – ich habe Bruchstücke behalten im tiefsten Keller des Gedächtnisses. Wie aber und wo der Obrist des Haufens einem der Nachfahren – Hunderte Jahre später – auflauerte, – die Mutter erzählte es, und ich habe nur das Bild des fußlosen Pferdeleibes behalten.

Aus diesem Haus bin ich, noch nicht sechsjährig, in die Dorfschule gegangen, und hier habe ich meine ersten Geschichten erfunden. Von hier bin ich in die Stadt gezogen, um ein Gymnasiast zu werden, und meine Zeugnisse machten der Mutter blaue Lippen. Hier bin ich, flaumbärtig, weggegangen, indem ich dem Vater wütend vorwarf, ein Arbeitsloser zu sein, um zwei Jahre später zurückzukehren: Er und ich mähten Roggen, saßen zur Vesperpause auf dem Rain, und ich sah zum erstenmal seine schweren, zerarbeiteten Hände wie kraftlos auf den Knien liegen. Damals wurde ich sein Sohn.

Hier bin ich weggegangen am späten Abend, und am frühen Morgen kam die Gestapo. Hierher bin ich heimgekommen zur halben Nacht und ins Gefängnis abgeholt worden am Morgen. Hier habe ich den Persil-Karton gepackt und bin in den Krieg gezogen. Das Amulett aus Messing, das mir die Mutter aufnötigte, steckte in der Tasche auf meiner linken Brustseite. Ein Granatsplitter demolierte es. Ich kehrte heim und gab es der Mutter zurück. Sie brachte es zur Madonna von Rosenthal.

Noch einmal, und nun endgültig, bin ich weggegangen, um der Mann einer Frau zu werden, *bis daß der Tod* uns *scheidet*. Die Mutter sagte den alten Segensspruch auf, und der Vater legte mir die Hand auf die Schulter. Ich verließ das Haus und nahm zweiunddreißig Jahre Leben mit. Es schien mir so. In Wirklichkeit sammelte ich es ein aus allen Winkeln erst, als wir den Vater aus dem Haus trugen, dreimal abgesetzt auf der Schwelle. Das Haus, bis unters Dach aus mächtigem, grobem Granit erbaut, hörte auf zu atmen.

Auf meinem Zeugnis der ersten Lehre heißt das Eingesammelte: Hat gelernt zu leben. Vier dürre Wörter. Ich könnte sie kommentieren, etwa: Das Leben hängt vom Kopf ab. Das Herz ist ein Luxus, unabdingbar und teuer. Leichtsinn kann tödlich sein, leichten Sinn zu behalten ist ein Stück Glück. Vertrauen ist gut, zu prüfen ist besser, aber es macht ärmer.

Etwa so könnte ich die vier Wörter dehnen und am Ende sagen: Die Waage hat zwei Schalen, was in welche zu legen sei – es ist richtig getan, wenn keine die andere überwiegt.

Einmal sollte dieses Haus ein Haus der Begegnung von Kunst und Alltag werden, zusammengetragen und ausgestellt dort auch die Werke der Dichter und Erzähler dieser darin nicht armen Region.

Das Haus steht leer und kann nicht zerfallen. Selbst das Dach, das ich als Junge neu eindecken half, hält noch jedem Wetter stand. Das Gebälk freilich, das mein Urgroßvater, ein Zimmermann, errichtet hat, vermorscht. Der Wurm tut seine Arbeit, leise, langsam – ich steige nie hinauf auf den Boden, der an Regentagen ein Stück meines Kinderparadieses war mit dem Guckkasten der Sedanschlacht, den verrosteten Reiterpistolen, den Büchern der Stollbergs, und unerschöpflich das Spiel mit dem lagernden Korn, die Kegel, daraus gebaut – warum zerfließen sie immer kreisrund und werden nie so hoch, wie ich wollte, daß sie werden.

Ich steige nie hinauf, mich jammert das Haus, das von oben her stirbt, die Balken zuerst, dann die Dielung, dann frißt sich das ins Obergeschoß, in unsere Schlafstuben, dann die Treppe hinunter, immer will ich das Haus als ein fremdes von außen sehen – es gelingt nicht. Ich zwinge mich, nicht an die zu denken, die hier lebten, mich nicht als Kind darin zu denken, – einmal gruben mein Vater und ich eine mächtige Kiefer frei, bis sie krachend stürzte, ich fühlte ihren Schmerz, als die Pfahlwurzel splitternd riß ... Was weiß man im Ursprünglichsten wirklich über sich. Gerade daher rührt mein Mißtrauen gegenüber Tagebüchern, die vorgeben, wahr über den Schreiber zu berichten. Immer steht eine Barmherzigkeit bereit, einer unguten Wahrheit den Platz abzunehmen.

Nach einem Monat erfolgloser Wohnungssuche räumte eine Woche vor unserer Hochzeit die sowjetische »Kohlenkommandantur« in Bautzen eine geräumige Villa. Ich okkupierte zwei Zimmer für uns, meine Frau besaß ein Bett, ich besaß ein Monstrum von Couch – wir zogen ein, lebten mietfrei, zapften unentgeltlich Strom und Wasser und waren glücklich miteinander einen ganzen Sommer lang. Im Herbst endete unser illegales Villenleben, und wir übersiedelten in eine ebenerdige Mietwohnung, geräumig, hell und schön gelegen.

Nach einem Jahr – ich hatte meinen Infarkt überstanden, meine Dienststelle verlassen und zu schreiben angefangen – wurde die Wohnung über uns einem Polizei-Oberen zugewiesen. Er war ein umgänglicher Mann und seine Frau eine freundliche Kuchenmamsell im »Café Lehmann«, das bemüht war, die gute alte Caféhauskultur wiederherzustellen.

Als eines Tags vier Polizisten ein Klavier zu ihrem Oberen hinaufschleppten, bemerkte ich das zwar nicht eben freudig, aber wirklich Böses schwante mir nicht. Doch dann hatte der Mann Urlaub, seine Frau brachte von ihren Caféhaus-Musikern leihweise Noten nach Hause, und er setzte sich nach dem Frühstück ans Klavier und schloß den Deckel kurz vor Mitternacht. Meine Frau, die das beurteilen konnte, meinte, er spiele Noten, aber nicht Musik. Er arbeitete sich durch den Notenstoß, wie seine Frau ihn hingelegt hatte, Haydn, »Heinzelmännchens Wachparade«, Mozart, »Das Weiße Rössl« bunt durcheinander, unentwegt und unermüdlich. Wenn der Stapel durchgespielt war, drehte er ihn um und fing von neuem an – einundzwanzig ganze Urlaubstage lang. Als ich um Barmherzigkeit bat, beschied mich seine Frau, daß das Klavier seine große Leidenschaft sei und der Urlaub vorübergehen werde.

Machtlos gegen den Polizeimann und seinen Urlaub am Klavier haute ich irgendeines Tages wütend ein paar Verse aufs Papier – ich besitze sie noch: »Das Klavier über mir ...« – und schickte sie an Hans Rodenberg, der früher Schauspieler und nun ein Kulturmächtiger in Berlin war und aus mir nicht bekanntem Grunde besonderes Interesse an meiner Entwicklung bezeigte. Aus ebenso unbekanntem Grunde wünschte er immer ausgerechnet mit mir Skat zu spielen. Ein Zufall brachte es einmal zustande. Franz Fühmann war bei uns, weil wir am nächsten Tag zu einem Kongreß nach Prag fahren sollten. Rodenberg, unterwegs im östlichen Sachsen, kam hinzu, und wir spielten, Fühmann gewann alles, und Rodenberg war rot vor Ärger. Ich spiele nur aus Spaß am Spiel, darum wurde aus einer zweiten Partie mit Rodenberg nie etwas.

Mein wütender Aufschrei gegen das Klavier fand ein märchenhaftes Echo. Die Regierung hatte den Bau von »Intelligenzhäusern« beschlossen, von Häusern, die vom Aussehen her wenig intelligent waren, aber viel Intelligenz behausen sollten. Eines dieser Häuser wurde nun nach Bautzen beordert, ich durfte den Platz aussuchen und zu Stalins letztem Geburtstag in das Vier-Zimmer-Haus einziehen. Dank einem Klavier über mir.

Daß Rodenberg den Text an irgend jemanden weitergab, der ein paar Worte darin verschob und einen Schlager daraus machte, tat mir nicht weh: Mein Honorar war das Haus. Es stand am Ende einer Straße, längs des Zaunes ein Trampelpfad und dahinter freies Feld.

Die Miete war angemessen, und der Vertrag sicherte mir das Wohnrecht bis zum Tode zu oder bis ein Gericht mich schuldig befände, des Diebstahls etwa oder – was wenige Jahre später so durchaus abwegig nicht war – der Staatsfeindlichkeit. Ich hatte weder das eine noch das andere im Sinn, sondern trank ein Glas Sekt mit den Bauleuten, Dank an sie, Dank an die Regierung und *lang lebe Stalin*, und richtete mir ein Schreibzimmer ein: Regale und ein Tisch, vier dicke eichene Füße und eine eichene Platte, groß genug, darauf jene ordentliche Unordnung herzustellen, die heute noch – auf einem Nachfolgetisch –

jeden Besucher schockt. Und das ist eine der tiefen Fragen, die ich mir in jedem Jahrzehnt mindestens einmal stelle: Warum kann mein Arbeitstisch nicht so aussehen, wie er bei anderen ordentlichen Menschen – selbst wenn sie Schreiber sind – aussieht und ich doch auch ein Mensch bin, der Gesetz und Ordnung achtet? Es bekümmert mich, darauf keine rechte Antwort zu wissen. Eine vage Ahnung meint, die Nicht-Ordnung sei mein kleines Stück Freiheit in der großen Unfreiheit der Welt.

Hier böte sich an, in meinem Unterbewußtsein zu graben, dem Bericht stünde es gut an, gäbe er auch darüber Auskunft. Doch beförderten dieser Art Grabungen wahrscheinlich bloße Vermutungen zutage, nutzlos für mich und ein bißchen Geblinker für den Leser. Und außerdem, glaube ich, hätte ich bei solchem Tun zwei linke Hände. So mag es also bei der Feststellung bleiben, daß unsere Katze in dem Wust aus gebundenem und ungebundenem Papier auf meinem Tisch – der Platz schien ihr angemessen – eines frühen Morgens vier Junge zur Welt brachte, dort, wo ich vorhatte, meine Werke zur Welt zu bringen.

Am Anfang standen eine Überlegung und ein Entschluß: Weil alle meine Schulzeugnisse mir mangelnden Fleiß vorwarfen und die Möglichkeit, zwischen Arbeit und Nichtstun zu wählen, nicht fleißfördernd war, unterstellte ich mich einem eigenen strengen Regime: acht Seiten am Tag zu schreiben. Vielleicht ein Jahr lang hielt ich mich daran, obwohl von den acht Seiten am Ende meist nur eine übrigblieb. Ich reduzierte das Muß auf sechs, wieder ergab sich die eine Seite, dann auf vier, und ganz allmählich – in Jahren, denke ich – zerbröckelte das Muß der Seiten, ich brauchte es nicht mehr: Ich ging zur Arbeit, wie jeder zur Arbeit geht. Ging – wie diese – auch, wenn ich müde war, unlustig, irgendwo in mir ein Schmerz hockte, ein Ärger mir an der Leber fraß, ein Zorn das Hirn zu blockieren suchte. Vielleicht schrieb ich dann nur einen Satz, aber ich schrieb ihn. Und ich begann – auch bei bestem Wohlbefinden – mir einen neuentdeckten Luxus zu leisten: einen ganzen Tag lang *einen* Satz zu denken, bis er schreibfertig ausgedacht war.

Arbeit war auch das Lesen, meine Regale füllten sich mit Weltliteratur. Ich holte vieles nach, lernte Neues kennen – Bobrowski war ein goßer Gewinn, Böll, der junge Walser –, grub Altes aus, war fasziniert von Aischylos und Sophokles, mochte Euripides nicht, war darin sehr einverstanden mit seinem erbarmungslosen Kritiker Aristophanes, und las auch Agatha Christie, zur Erholung und um Englisch nicht aus dem Kopf zu verlieren.

Zu den Büchern gesellten sich Schallplatten. Ich legte Beethovens Fünfte Sinfonie auf, wenn ich in das tiefe Loch des Zweifels an der eigenen Fähigkeit gefallen war; und seine Sechste war große, wundersame Ruhe nach einem harten Tag.

Einmal kam ein Onkel, ein Steinarbeiter, in meine Schreibstube, bestaunte wortlos drei Bücherwände und fragte dann, ob ich alle die Bücher gelesen habe. Ich sagte, die meisten, und er sagte, als halbe Frage nur: »Und daraus machst du dann deine Bücher ...«

Damals verneinte ich lächelnd, heute – vierzig Jahre später – würde ich sagen, ja, daraus mache ich meine Bücher, daraus und aus deinem Leben, aus meinem Leben und dem Leben vieler, die ich kenne, gekannt habe und kennenlernen werde.

Das Kennenlernen von Menschen und Verhältnissen war ein anderer Teil meiner Lehrlingszeit. Ich betrieb es nicht bewußt, mit Eifer zwar, aber ziellos. Als solches Jahre später zum Pflichtziel erklärt wurde, verspottete ich des öfteren jenen »Bitterfelder –« als Feld-, Wald- und Wiesenweg, auf dem ich hergekommen war und auf dem nun manche mit gutem Gewinn gingen. Ein Leipziger Kollege, angenehmer Mensch und mit der Landwirtschaft soweit bekannt, daß er annahm, Kartoffeln wüchsen auf dem Acker und Schinken am Schwein, beschritt den Weg, indem er ein stadtnahes Dorf besuchte und einen Dorfroman zu schreiben gelobte. Für dieses Vorhaben erbat er Stipendien: eines im Verband, eines beim Bauernverband, eines bei der Gewerkschaft und eines – weil auch Frauen im Roman einen Platz haben würden – bei den Demokratischen Frauen. Da auch hier die rechte

Hand nicht wußte, was die linke ausstreute, gedieh das Vorhaben ökonomisch gut, literarisch freilich gelangte es nicht über ein mageres Exposé hinaus.

Im Grunde genommen – im nachhinein betrachtet – begab ich mich damals auch auf jenen Weg, allerdings in umgekehrter Richtung.

Kenntnisse als Voraussetzung, daraus schreiben zu können, besaß ich in ausreichendem Maße nur in der Lebenssphäre, in der ich aufgewachsen, erwachsen geworden war. Dazu kamen Bruchstücke aus meiner Zeit als Gutsinspektor, als Gefängnisinsasse, als Soldat, als Gymnasiast auch, der alle Straßen und Gassen der Stadt kannte und die Chance, darin heimisch zu werden, verlor, als er bewußt wieder Sohn seines Vaters wurde.

Wie es nun aus dem neuen Haus an der Parkstraße heraus vor sich ging, daß sich die Fremdheit verlor und ich die Stadt Bautzen als meine Stadt anzunehmen begann – es hat nichts mit ihren alten Türmen, Mauern und wohlbekannten Winkeln zu tun und nichts damit, daß ich auf Spuren jenes Gymnasiasten Erinnerungen gesucht hätte.

Vielleicht begann es damit, daß der Buchhändler Kretzschmar mir nicht nur Bücher empfahl, sondern mit mir über Literatur zu streiten anfing, über Literatur und bald auch, worüber sonst in jenen Zeiten zu streiten war. Je länger wir stritten, um so mehr achteten wir einander, und der Buchhändler wurde mein erster Freund unter den alteingesessenen Bürgern der Stadt. Von den drei angesehenen Buchhandlungen war nur noch die seine geblieben, und also hatte er einen guten Kundenstamm. Wenn es eine Statistik darüber gäbe, würde sie – vermutlich – ergeben, daß in dieser Stadt mit ihren knapp einem halben Hunderttausend Einwohnern Kultur und Kunst in langer Tradition und unverhältnismäßig großem Maße zum alltäglichen Leben gehörten. In dieser Atmosphäre war es sehr natürlich, daß der Buchhändler K. mit dem einen und anderen seiner Kunden über den Mann B. sprach, der sich anschicke, ein Schriftsteller zu werden, zwar *in der Partei* sei, aber möglicherweise doch etwas zustande bringe.

Es kann auch sein, daß mein erster Propagandist der Professor Haring war, Chef der Inneren Abteilung des Krankenhauses und mein Retter aus einer bösen Lungenentzündung. Er hatte mein erstes Buch gelesen und hielt die Erzählung über die alte Jantschowa für ein gutes Stück Literatur. Er besaß eine umfangreiche Bibliothek, darunter auch die wichtigsten Werke antiker Schriftsteller. Er sagte mir einmal, er schlage jedes Buch auf mit der Hoffnung, Neues zu entdecken, und mit der Befürchtung, Bekanntem in neuem Gewand zu begegnen. Aber er sei noch nie auf Hautnähe einem ihrer Verfasser begegnet. Er fragte mich Genesenden aus nach Idee und Konzeption, und ich wußte nur verstotterte Antworten: Wie ein Buch wirklich entsteht, war mir fast so unbekannt wie ihm.

Später schenkte ich ihm die »Zweiundfünfzig Wochen …«, und er befand die Gabe – bei aller Höflichkeit – als verunglückt. Er blieb mein Arzt und mein Leser und Verbreiter seiner Meinung, daß aus mir vielleicht ein richtiger Schriftsteller werden könnte. Der Umstand, daß in der Stadt außer mir kein anderer Anwärter auf diesen Status lebte, bewirkte, daß ich als solcher galt, bevor ich es tatsächlich war. Das Bildungsbürgertum, konservativ im Lebensstil und im öffentlichen Bereich eher loyal als auf Konfrontation bedacht, nahm mich, mit gebotener Vorsicht erst, dann freundlich, an, und so geriet ich allmählich in eine Art Nachbarschaftsverhältnis zu den Kaufleuten, Handwerksmeistern und Ärzten der Stadt. Es war meine Chance, eine neue Lebenssphäre kennenzulernen. Die Waage, auf der ich bis dahin das Leben der Leute gewogen hatte, wurde neu geeicht. Oder richtiger: Hatte ich bisher mit groben Gewichten auf der Kornwaage gewogen, so benutzte ich nun auch die feinen Messinggewichte des Samenhändlers und – wo es mir nötig schien – die Apothekerwaage.

Welchen Anteil – wider Willen – Leute wie jener Paul Fröhlich an meinem Gewinn hatten, indem sie mir Verluste anrechneten, ist nicht meßbar. Sicher ist, daß sie mir Sichten aufnötigten, die sich nicht mit den ihren deckten, und ich keine Möglichkeit hatte, im politischen Alltag die meine gegen die ihre zu setzen.

Diese Umstände bewirkten, daß ich begann, mich von der Vorstellung zu lösen, Literatur könne – oder solle – unmittelbar Einfluß auf politisches Geschehen haben. Das schreibt sich heute so hin, in Wirklichkeit war es ein langer, widersprüchlicher Prozeß: Das scheinbare literarische Loch der späten fünfziger Jahre nach den »Zweiundfünfzig Wochen ...« war endgültig geschlossen erst mit der »Schwarzen Mühle«.

Das Haus in der Bautzener Parkstraße war der Ort meiner zweiten Lehrzeit. Ich erlernte das Schreiben mit angereichertem Wissen über Menschen, Mächte und die Welt – und ohne »Politaia« – das Teilnehmen an öffentlichen Angelegenheiten – aufzugeben.

Es war viel Freude in diesem Haus, ein Sohn wurde uns endlich geboren und wuchs auf als fröhliches Kind. An vielen Sommertagen ging ich zur Bäckerstunde »auf Arbeit« in meine Stube, um den Tag für Frau und Sohn zu haben. Für ihn schrieb ich Büchlein und baute eine Eisenbahn, mit ihm spielte ich Fußball und lehrte ihn die kleine und dann auch eine größere Welt kennen.

Auch viel Sorge, Furcht und Leid gab es im Haus. Ein Knoten in der Brust, eine Operation – meine Frau bettelte das Schicksal an, ihr wenigstens noch so viel Zeit zu gönnen, bis der Sohn seinen Schulweg sicher allein gehen könne. Die Furcht blieb hängen wie ein graues Spinnengeweb.

Wir gewannen Freunde in jenen Jahren, und meine Feinde verloren an Gefährlichkeit. Wir waren gut zu einander und hatten Streit mit einander – nie nahmen wir den Streit über die Nacht in den Morgen –, wir feierten die Feste der Jahre und fuhren zum Urlaub, wir fegten die Straße und polierten das Auto nicht, zahlten pünktlich die Miete und gingen folgsam zur Wahl. Ein ganz normales alltägliches Leben in unserem Haus. Der Sohn machte sein Abitur, studierte, meiner Frau versicherten die Ärzte, daß alle Gefahr gebannt sei, und ich schrieb die letzten Zeilen zu »Krabat« und wurde sechzig. Dann kauften wir das Haus für den Sohn Simon und seine Frau Beata und zogen aus.

Wir hofften auf gute Jahre, Gesundheit und Schaffenskraft, und im Haus in der Parkstraße lag der erste Enkel in der Wiege.

Auf dem winzigen Hügelchen hatte bis 1823 die Försterei für die Klosterwälder im Oberland gestanden, und also hieß der Ort Horni Hajnk – der »Obere Förster« –, und als die Behörden für diesen, inzwischen auf drei Katen angewachsenen Flecken einen behördlichen Namen brauchten und der sorbische, obwohl er sogar für Ostfriesen und Bayern mühelos aussprechbar war, ihnen schlecht in den Ohren klang (was er, Gottswunder, auch heute noch tut), benannten sie die drei Katen »Dreihäuser«.

Die ehemalige Försterei, gut dreihundert Jahre alt, bewohnte zu Anfang des letzten Krieges eine alte Frau, deren zwei Söhne im Krieg waren. Der eine Sohn fiel, die alte Frau starb, die Kate starb auch. Der Brunnen, zwölf Meter tief in die Erde getrieben und mit Feldsteinen ausgesetzt, war noch da. Als Kind hatte ich oft von seinem Wasser getrunken, von unserem Feld brauchte ich hundert Schritte bis dahin. Nun war der Brunnen eine Grube, grün von Fäulnis und Verwesung. Der heimkehrende Sohn füllte die Grube mit dem, was von der Kate übriggeblieben war, und warf die letzten Steine zu einem Haufen zusammen, ein Grabhügelchen für die Kate.

Als ich nach einem Platz für ein »Arbeitshaus« zu suchen begann, stand die mächtige Linde noch, die einmal Kate und Brunnen beschattet hatte. Unter dieser Linde stehend, der Acker, der einmal uns gehört hatte, nahe, der Feldweg, an seinem Rand die Pestsäule, die weite Aue, die Wälder der Kindheit, am Blickrand mein Dorf – hier wäre der Ort.

Der Erbe, dem der sandige Fleck, nun eine magere Wildwiese, gehörte, beschwor seine Ahnen bis ins vierte Glied und seine Urenkel: Niemand von ihnen würde es ihm verzeihen, gäbe er das Land seiner Väter in fremde

Hände. So sprach er und sprach es immer wieder; ich bot ihm den dreifachen Preis, bat um die Pacht für zwanzig Jahre – die Ahnen und die Urenkel widerstanden jedem Angebot.

Wieder einmal abgewiesen, hockte ich auf dem Steinhaufen unter der Linde, die Großmutter aus der nächsten Kate kam und fragte, ich führte jene Ahnen und Urenkel vor, und sie sagte, wenn ich unbedingt hierher wolle – sie befand das offenbar für sehr sonderbar –, sie würden mir ein Stück Land verkaufen. Freilich, sagte sie, müßte ich diesen einen Acker ganz nehmen, es sei ein halber Hektar. Ich schrak zurück, sie zeigte mir den Acker, ein mageres Kartoffelfeld – und ich sah mein Haus da stehen, und nirgendwo in der Welt stünde es schöner für mich.

Als wir endgültig hier einzogen, war das Haus – ein großer Raum nach gekritzeltem Entwurf meiner Frau angebaut – groß genug für Mann und Frau, hatte sich der Hungeracker verwandelt in einen Minipark mit Bäumen und Sträuchern und einer Margeritenwiese, bewohnt von *Amsel, Drossel, Fink und Star und der ganzen Vogelschar,* von Wühlmäusen auch und Maulwürfen. Alljährlich kam eine Ringelnatter her und brachte wiselige Junge zur Welt, unters Herbstlaub verkrochen sich Igel für den Winter, und irgendeines Tags im Frühjahr stattete uns ein Seeadlerpaar seinen Antrittsbesuch ab. Die Schwäne auf dem fünfzig Schritt nahen Waldteich rief ich beim Namen – Tina und Hadrian –, und sie führten uns nachbarlich ihre Jungen vor. Im Wald wuchsen Pilze und reiften Beeren, nachts bellte ein Rehbock, ein Fuchs, und von meinem Arbeitsplatz aus sah ich die Jahreszeiten kommen und gehen ... Eine Reporterin fragte mich einmal, ob ich auf etwas stolz sei und worauf. Ich brauchte nicht nachzudenken: daß ich unser Haus hierher gebaut hatte und aus dem Hungeracker ein kleines Stück ganz eigene Schönheit gemacht.

Das Haus, dieser Garten – der rechte Ort, um hier Philemon und Baucis zu sein, zu werden. Manchmal dachten wir daran, ein blaues Stündchen Müdigkeit, ein rosa Quentchen Spöttelei. Die Wochentage waren Arbeit: Ich schrieb »Bild des Vaters«, ein Dank auch an die Väter, die letzte Generation, die sich aus überkommener Erfahrung ins Leben bildete. Ich schrieb zwei Buchgeschichten für Zwölfjährige. Die Wochenenden gehörten der jungen Familie von Simon und Beata, lange Streifzüge durch die Wälder, für die Enkel voller Geschichten aus meiner Kindheit, ferne, unwahrscheinliche Vergangenheit. Manchmal auch gingen wir allein *so für uns hin*, Schulter an Schulter, auch wohl Hand in Hand, eine Grete und ein Hans im Wald, und kein Hexenhaus darin. Kein Hexenhaus auch die Montagskirche in Leipzig und ihre stummen Kerzen.

Freunde in Ravensburg luden uns ein, ihr Haus zu hüten, wir fuhren hin und hüteten das eigene nicht.

Wir sahen auf dem Bildschirm die Grenze in Ungarn brechen, ein Menschenstrom durch Österreich nach Bayern, Reportern überschlugen sich die Stimmen vor Triumph – plötzlich sah ich die Ströme aus dem Sudetenland, 1938, *heim ins Reich*, und nun könnten die stillen Kerzen doch ein brüllendes Feuer entfachen.

Wir fuhren heim, der Offizier an der Grenze wunderte sich: Alle fliehen, und Sie kommen zurück, und daheim kamen eben der Sohn und seine Frau nach Hause, mit Kerzen in der Hand.

Die Gatter öffneten sich, ein Runder Tisch begann zu reden, Abgesang oder Einstimmen, ein junger Sorbe saß auch am Tisch und probierte neue Wörter aus, Pluralität und Basisdemokratie und Umstrukturierung. Dann sagte Gorbatschow nicht njet, und Mitterrand sagte oui und die Thatcher yes, und Bush, der Fromme, dankte Gott, und Kohl kam nach Dresden, und es war ein Jubel, den selbst die Reporter nicht überschreien konnten.

Dann kehrte der Verlag »Neues Leben« ins alte Leben zurück, indem er neben anderen Autoren auch mich mit einem dürren Brief entließ und sich Karl May zuwandte. Einen Rest der letzten Auflage von »Krabat oder Die Verwandlung der Welt« schenkte er mir wie auch ein Viertelchen Palette von »Ansichten und Einsichten«, mein gesammeltes Nachdenken über Literatur und Leben. (Daß ein hochgeehrter Kollege sehr weit westlich der Linie, die Deutschland teilte, einige Jahre später meinen Titel für ein eigenes Buch übernahm – mit einer winzigen, fast nur graphischen Änderung –, verwunderte mich und verwundert mich nicht mehr: ein ganz gewöhnliches Zeichen der Nichtachtung.)

Wir stößelten die auf den Index des Marktes geratenen Bücher im Keller auf, setzten uns zusammen und betrieben das schwierige Geschäft einer Eröffnungsbilanz. Sie war nicht rosig. Aber wir hatten den Krieg überlebt, die mageren Jahre unseres Anfangs, wir hatten das Haus und die Rente – es würde reichen für das Leben in der neuen Ordnung, die uns Alten so neu und unbekannt nicht war.

Und du wirst schreiben, sagte meine Frau. Zum ersten Mal für die Schublade, sagte ich. Oder für mich zum Vorlesen, sagte sie, und wir lachten.

Noack, der Freund und Verlagsleiter nun von »Arena« in Würzburg, brachte die »Schwarze Mühle« neu heraus, ein Erfolg für Verlag und Autor, und danach den »Kater Mikosch«, der sehr vielen Kindern seine Abenteuer erzählte und weit außer Landes gelangte.

Ein Verleger in Ravensburg wollte eine Weihnachtsgeschichte für den Verlag »Otto Maier« und eine »Geschichte der Arche Noah«. Beide Geschichten erschienen auch im sorbischen Verlag, für den ich zudem ein kleines »grünes« Buch schrieb: »Bruder Baum und Schwester Lerche« – ein Loblied auf Garten und Haus in Horni Hajnk und die Adler darüber. Es war reine Freude zu schreiben – und die Zunge gezeigt dem »Markt«.

Die Zunge aber nicht gezeigt der »Kommission«, die sich telefonisch anmeldete »zur Klärung von Angelegenheiten«. Sie erschienen selbdritt, gut bebartet – ein Gesetz hatten sie nicht hinter sich, mir Fragen zu stellen. Es galt, Beschuldigungen eines anonymen Briefschreibers möglichst als wahr zu erweisen.

Zuerst das Haus: Hat es mir die Regierung geschenkt oder nicht? Meine Frau war Buchhalterin, kein Problem für sie zu beweisen, daß die Regierung uns nicht einmal einen schlecht gebrannten Dachziegel geschenkt hatte.

Die Bärte murrten. Dann also der Swimmingpool, illegal gebaut, weil keine Genehmigung amtlicherseits vorliege. Ich bat die Kommissionäre in den Garten und zeigte ihnen den Sauna-Bottich, einen Kubikmeter Wasser fassend. Ihr erneutes Murren schien jetzt dem Anonymus zu gelten. Noch Fragen? Ja: die Wasser- und Stromversorgung. Ich gab zu, alle möglichen Ämter so lange genervt zu haben, bis die vier Gehöfte hier gutes Wasser und Strom, ausreichend für mehr als zwei Glühbirnen in jedem Haus, erhalten hatten. Es hatte mich manches verschenkte freundlichst signierte Buch und einige Flaschen harten Getränks gekostet.

Als letztes, aber schon deprimiert, fragte die Kommission nach der Straße, die dreihundert Meter von unserem Haus ein Dorf mit einem anderen verbindet: Sie sei den Angaben nach extra für mich gebaut worden.

Die frühere löchrige Sandstraße war eine asphaltierte Rennstrecke geworden, vor drei oder fünf Jahren. Wie lange die Bürgermeister des einen und des anderen Dorfes um den Ausbau der Straße gekämpft hatten, möge die Kommission auf deren Ämtern erfragen.

Nichts für ungut, sagten die Verbarteten und zogen von dannen, ihre Bärte schienen mir ein wenig schütterer als beim Eintritt.

Vielleicht ist der Mißerfolg dieser Kommission ein Grund, weswegen ich der landfremden Landrätin noch nie – auch nicht an meinem achtzigsten Geburtstag – auf Handschlagnähe begegnet bin. Vielleicht auch dafür, daß unser Ort, der zehn Jahre lang amtlich Horni Hajnk hieß, seinen schönen geschichtlichen sorbischen Namen amtlich wieder hergeben mußte.

Aber sonst war alles in guter Ordnung, ich kaufte sogar ein neues Auto. Damit planten wir durch Finnland nordwärts und durch Schweden heimwärts zu fahren.

Wir saßen nebeneinander am Tisch und studierten die Karten. Plötzlich begann der linke Unterarm meiner Frau sich zuckend zu werfen ...

Der Onkologe sagte, nach siebenundzwanzig Jahren, das ist unmöglich, es sei denn, ein letzter Kern habe sich verkapselt, eine langdauernde außerordentliche psychische Belastung …

Außerordentliche psychische Belastung: Mein Leben hatte mir einen Schutzpanzer anwachsen lassen, meine Frau war schutzlos.

Während die DDR noch verröchelte, brach plötzlich und unbegreifbar eine wilde sorbische Kampagne gegen mich auf, ein Häufchen Leute nur, aber sehr lautes Gejaule. Zwar konnte mir auch der Dümmste nicht die Stasi an den Rock hängen – der Dümmste schrie geifernd, ich hätte 1952 das gesamte jugoslawische Volk beleidigt, indem ich Titos Orden zurückgeschickt hätte. Ein anderer verklagte mich seiner Verführung, weil er als junger, unschuldiger Mensch meine Verse vom Vaterland habe lernen müssen. Ein Pfarrer schrieb mir einen pastoralen Brief, ich solle bekennen und tätige Reue bezeigen, barmherzige Verzeihung werde nicht ewig auf sich warten lassen, auch sei ich doch schon recht alt, und ich wolle ja in Ehren ins Grab gesenkt werden. Ein zweiter bezeichnete mich einem schwedischen Reporter gegenüber als »Kumpan von Honecker«, sicherlich in dem Glauben, ich werde die Zeitung nie zu Gesicht bekommen. Ein dritter schließlich versicherte mir im Sommer 1990 durchs Telefon, ich werde im nächsten Jahr meinen fünfundsiebzigsten Geburtstag einsam begehen, er werde dafür sorgen, daß niemand mir gratuliere. Er erreichte immerhin – ein einmaliger Vorgang in der sorbischen Kulturgeschichte –, daß der Jahreskalender seinen Lesern meine Noch-Existenz vorenthielt.

Warum nun gerade Männer dieser Profession so auftraten, bleibt mir um so weniger begreifbar, als jeder von ihnen zu DDR-Zeiten sich öfter die Ehre gab, in unser Haus einzutreten, zu freundlichem Gespräch und gelegentlicher Bitte auch, den Minister um ein paar Bogen mehr Papier für die Kirchenzeitung anzugehen. Auch war ich getauft geblieben, kein eifriger Kirchgänger freilich, und hatte weder ein kirchen- geschweige denn ein glaubensfeindliches Wort geschrieben.

Der eine, der ungezählte Pamphlete verfaßte, hatte vordem keine Gelegenheit ausgelassen, sich als persönlicher Freund des Hauses zu zeigen: Meine Frau mochte ihn sehr, und ich mochte ihn auch, den lustigen, unfrömmelnden Pfarrer.

Nun begriff ich zwar nicht, daß ausgerechnet er einem Fünfundsiebzigjährigen alle guten Wünsche verweigern wollte, doch ich nahm es gelassen. Meiner Frau aber krampfte es das Herz ab; sie – die Sanfte, immer Verzeihende – begann den Mann zu hassen, schwor, ihn – selbst wenn er in vollem Ornat käme und mit geweihtem Wasser – von der Schwelle zu weisen. Es kam vor, daß sie mich nachts weckte und etwas fragte, worauf sie keine Antwort finden konnte.

Sie grübelte sich wund. Eines Tages barst die Kapsel.

Ich bin nicht tolerant genug, Schuld am Tod meiner Frau zu vergeben. Ich habe meine Frau nie so geliebt wie in ihren zwei letzten Jahren Lebens. Sie blieb mit uns in ihrem Haus, bis sie beim Frühstück im Rollstuhl am Tisch die letzte Tablette verweigerte und ins Koma fiel.

Vielleicht lebte sie noch, wenn wir frühzeitig erfahren hätten, was dann ans Licht kam: Daß jener Mann mit seinem lauten Gebaren Prävention betrieben hatte, um Milde zu finden, wenn seine Mitarbeit bei den *Diensten*, über das anderen zugestandene Maß hinausreichend, entdeckt werde.

Schreib über deine Frau, hat mir jemand geraten. Unsere fast fünfzig Jahre gemeinsamen Lebens gehören ihr und mir, und die letzten davon – schriebe ich über sie, verkaufte ich sie.

Vom Grab ging ich nach Hause, ordnete, was zu ordnen war, stellte ihr Bild auf den Schreibtisch, nahm Block und Stift und schrieb »Braškowe powědanja« (»Die Erzählungen des Hochzeitsmeisters«), bittere, aufbegehrende und resignierende Parabeln auf allerjüngstes sorbisches Geschehen. So, wie ich die persönlichen Angriffe weggesteckt hatte – ein Tempo-Taschentuch für den Geifer und in den Abfallkübel damit –, so fraß es mir an Hirn und Herz, daß wir, die Sorben, plötzlich Lemminge zu sein schienen, kopflos ins Verderben rennend.

Es war viel zu ändern und viel zu ordnen im Sorbischen Haus: Tische waren zu säubern von falschem Eifer, Stühle zu befreien von festgesessenen Hintern, Bilder von den Wänden zu nehmen und hohle Sprüche aus den Schränken, Schichten von vorgedachtem Denken abzukratzen und das Dach – das Dach mußte neu eingedeckt werden.

Ich glaubte, wir würden es tun, irgendwie fröhlich und in guter Vernunft.

Aber da waren die Wörter vom Runden Tisch, gute und richtige Wörter, wo es um ein ganzes Land ging und um Millionen Menschen. Es hätte bedacht werden müssen, wie sie klingen in unserer kleinen Sprache, in unserem engen, durch die Geschichte in hundert Stücke zerrissenen Raum.

Es wurde nicht bedacht, und eine Gruppe – ein Grüppchen nur – wollte mit jenen Wörtern zunächst den »Bund Lausitzer Sorben« wegen seiner Röte der letzten vier Jahrzehnte ganz auflösen. Reißt man ein Haus ab, weil das Dach nicht mehr gefällt? Klügere Leute – Fremde – in der Landesregierung fielen ihnen in den Arm, und also machten sie aus der nationalen Organisation einen Verein von Vereinen, so wie er von den Urgroßvätern vor dem ersten Weltkrieg als Kern eines damals nicht genehmigten Bundes gegründet worden war.

Der Bund, durch die braunen Jahre illegal bewahrt, wurde degradiert zum Namenspatron, das Volk stand ratlos da, und einige hundert Leute bildeten Vereine.

So sah ich es damals, als ich die Parabeln schrieb. Doch schon damals fingen jene Wörter und ihr Hauptsprecher an zu verstummen, und das Volk begann sich wieder selbst um sich zu kümmern, und wir waren keine Lemminge mehr. Mein Sohn, Referatsleiter für sorbische Angelegenheiten nun in der sächsischen Staatskanzlei, hatte sich mit seinem Wissen, seiner natürlichen Freundlichkeit und toleranten Beharrlichkeit bald im neuen Wirkungsbereich zurechtgefunden und konnte so zur Konsolidierung unserer Verhältnisse beitragen.

Er war auch der beste Vater seiner drei Kinder und in

meinen alten Jahren mein engster Freund, und ich stellte – wie es in der *Schrift* heißt – meine Hoffnung auf ihn. Als uns dann Sachsen und Brandenburg – und endlich auch die Bundesrepublik – Recht und Schutz zusicherten, bedeutete das eine Hoffnung für uns alle.

Aber zum ersten Mal seit einem halben Jahrhundert verwaisten unsere Kindergärten und füllten sich die Schulzimmer der Erstkläßler nicht. Immer noch Optimist wider besseres Wissen, zähle ich die Urenkel meiner Eltern: Es sind achtzehn Kinder, die von Haus aus sorbisch sprechen – und deutsch so gut wie jeder Deutsche. Es kann sein, daß ein Europa der Vielfalt der Kulturen uns eine neue Chance bietet.

Vielleicht mag manchem Leser scheinen, ich habe hier zuviel von uns geschrieben. Ich bitte ihn zu bedenken, daß das Schicksal dieses kleinsten Volkes Europas ein Schicksal in Deutschland ist, mitten in Deutschland in mancherlei Hinsicht.

Mein autonomes System hatte mit den »Erzählungen des Hochzeitsmeisters« einen Roman vorbereitet, den ich – wieder aus dem Traum heraus – gänzlich unbedacht zu schreiben begann, als neue tödliche Bedrohung aufkam: Beim Sohn wurde ein Tumor entdeckt. Ich schrieb den lustig-bösen Treuhand-Roman »Die Leute von Salow« gegen meine Angst, gegen Verzweiflung, die nicht beherrschbar war, sobald ich nicht schrieb. Einmal, der Schnee lag kniehoch, stapfte ich abseits der Straße durch den Wald, übers Feld zur Madonna von Rosenthal. Sie erschien mir als die Pieta, die den toten Sohn beweint. Sie hatte mein Gesicht.

Ich lebe und schreibe über mich.

Es ist nicht die ganze Wahrheit. Es gibt keine Wörter für sie, es gibt nur Wörter für ihre Erscheinung. Und die Wahrheit der Berge ist nicht die Wahrheit der Täler. Niemand kann sie in eine zusammenfügen. Es sei denn, er nähme als Schreibstift die Lüge.

Das wäre dann eine dritte Wahrheit: die glatte der Ebene.

Aber daß ich achte, gesund zu bleiben, mich sorge um die Enkel und ihre Mutter, fröhlich bin mit ihnen, wenn sie mich besuchen, daß ich mit Kinderaugen heute, am Drei-Königs-Tag, das erste Gänseblümchen des Jahres bestaune, daß ich lache über den Dackel Kifko, der einen Brummer zu fangen versuchte und nun mich schuldbewußt anschaut, weil ein Blumentopf zu Bruch gegangen ist, – daß ich eben jetzt den weiß und blau vertupften orangen-goldfarbenen Abendhimmel über dem Gewipfel des Kiefernwaldes bewundere, und nichts ungeschehen gedacht, was geschehen ist – es gibt noch eine vierte Wahrheit: Der Mensch trägt ein zweites, ein unsichtbares, gestaltloses und unbegreifbares Leben in sich. Er ist das sonderbarste Wesen aller Wesen.

Ich war ein Kind, als unser alter Nachbar starb. Wir beteten für seine Seele – ich hatte sie nie an ihm gesehen: Die Mutter sagte, du kannst sie nicht sehen, sie ist in uns drin, auch in dir. Ich fragte, und kann sie mich sehen? Die Mutter zögerte, dann sagte sie, sie kann dich sehen.

Ich fand es seltsam, und ein bißchen unheimlich, doppelt zu sein: einmal anschaubar im Spiegel und einmal beguckt aus dem eigenen Bauch heraus.

Der Mensch ist doppelt in sich, auch für sich selbst.

Ich habe Tausende Wörter auf die Schnur der Jahre gereiht, um am Ende zu erkennen, daß es kein Wort gibt, das ihn in Leib und Seele in Wahrheit wahr benennte.

Das habe ich im dritten Zuhause gelernt. Und – vielleicht – noch etwas »von der Gelassenheit der Seele« des Seneca aus Rom.

Inhalt